U0602839

当代

中国职业本科
教育发展研究

张汝山　刘飞飞◎主　编

中国青年出版社

图书在版编目（CIP）数据

当代中国职业本科教育发展研究 / 张汝山，刘飞飞
主编 . — 北京：中国青年出版社，2024.5
ISBN 978-7-5153-7250-1

Ⅰ . ①当… Ⅱ . ①张… ②刘… Ⅲ . ①高等职业教育
—研究—中国 Ⅳ . ①G718.5

中国国家版本馆CIP数据核字（2024）第 042491 号

当代中国职业本科教育发展研究

作　　者：张汝山　刘飞飞
责任编辑：曾熠　李晏
装帧设计：嘉鸿永徽科技

出版发行：中国青年出版社
社　　址：北京市东城区东四十二条 21 号
网　　址：www.cyp.com.cn
编辑中心：010-57350419
营销中心：010-57350515
印　　刷：廊坊市广阳区九洲印刷厂
规　　格：787mm×1092mm　1/16
印　　张：11
字　　数：220 千字
版　　次：2024 年 5 月北京第 1 版
印　　次：2024 年 5 月北京第 1 次印刷
印　　数：1-2000 册
定　　价：69.80 元

如有印装质量问题，请凭购书发票与质检部联系调换。
联系电话：010-57350337

前言
PREFACE

本科层次职业教育作为现代职教体系的重要组成部分，是实现"不同类型、同等重要"的重大举措，是我国产业转型升级对高层次技术技能人才的现实需求，是推进中国职业教育走向国际的关键之举，是职业教育未来发展的关键所在。

近年来，我国职业本科教育在党和国家的有力推动下取得了显著的进展和成效，但也面临着一些挑战和困境，例如职业本科和应用本科的区别、职业本科的师资构成问题、高层次技术技能人才培养的具体策略和路径问题、职业教育的评价问题、职业本科教育的有效国际交流问题等，都需要进一步加强研究和探索。

本书旨在系统地分析和评价当代中国职业本科教育的发展状况、特征、问题和对策，探讨职业本科教育的发展历程、教育的现状与问题、特点与规律、发展方向与目标、发展模式与路径、改革与创新策略、保障与支持措施等方面的内容，以深化对职业本科教育的认识，提出促进职业本科教育高质量发展的建议和策略，为构建中国特色现代职业教育体系提供理论支撑和实践参考。

感谢本书的参与者和合作者，他们在本书的研究编写过程中，给予了很多宝贵意见和建议，提供了很多数据和信息，分享了很多经验和见解，使本书的研究更加丰富和深入。感谢本书的出版社——中国青年出版社，他们在本书的出版过程中，给予了很多帮助和支持，对本书的内容和格式进行了细致的审校和修改，使本书的呈现更加规范和美观。

本书的研究结论和建议主要基于对职业本科教育的现状分析和特点总结，没有充分考虑职业本科教育的复杂性和多样性，以及外部环境的变化和不确定性，可能存在一定的理想化。由于作者编写水平有限，本书错漏之处在所难免，希望读者批评指正。

编　者

2024 年 1 月

目录
CONTENTS

第一章

绪论

第一节 职业本科教育内涵辨析

一、职业本科教育相关概念界定

（一）职业教育

《教育大辞典》从两方面定义了职业教育，一是指"传授某种职业或生产劳动知识和技能的教育。其中不仅指培养技术工人类的职业技能教育，还泛指为谋取或保持职业而准备、养成或增进从业者的知识、技能、态度的教育和训练，不仅包括技能性的，还包括技术性的，与'职业技术教育'同义"。二是指"第一次世界大战后中国兴起的一种职业教育思潮"①。《中华人民共和国职业教育法》中的职业教育是指："为了培养高素质技术技能人才，使受教育者具备从事某种职业或者实现职业发展所需要的职业道德、科学文化与专业知识、技术技能等职业综合素质和行动能力而实施的教育，包括职业学校教育和职业培训。机关、事业单位对其工作人员实施的专门培训由法律、行政法规另行规定。职业教育是与普通教育具有同等重要地位的教育类型，是国民教育体系和人力资源开发的重要组成部分，是培养多样化人才、传承技术技能、促进就业创业的重要途径②。"中华职业教育社发起人之一黄炎培将职业教育定义为："职业教育之定义，是为用教育方法，使人人依其个性，获得生活的供给与乐趣，同时尽其对群之义务。而其目的：一为谋个性之发展；二为个人谋生之准备；三为个人服务社会之准备；四为国家及世界增进生产力之准备。"

（二）职业本科

职业本科概念最早可追溯至 1998 年，有一些学者提出了"在现有基础上增补本科高职教育"③。一直到 2014 年国务院印发的《国务院关于加快发展现代职业教育的决定》（国发〔2014〕19 号）使用"本科层次职业教育"这一概念，2021 年教育部印发的《本科层次职业学校设置标准（试行）》（教发〔2021〕1 号）和《本科层次职业教育专业设置管理办法（试

---

① 顾明远：《教育大辞典》，上海教育出版社，1998，第 80 页。

② 《中华人民共和国职业教育法》，2022 年 4 月 21 日，http://www.gov.cn/xinwen/2022-04/21/content_5686375.html，访问日期：2022 年 11 月 1 日。

③ 叶尚川、陈敬良、袁明芳、李川：《322 模式：职业教育向高层次发展的突破性选择》，《上海高教研究》1998 年第 12 期。

行）》(教职成厅〔2021〕1 号），以及 2021 年学位办印发的《关于做好本科层次职业学校学士学位授权与授予工作的意见》(学位办〔2021〕30 号）等文件也沿用这一概念。而 2021 年中共中央办公厅、国务院办公厅的《关于推动现代职业教育高质量发展的意见》则使用"职业本科教育"。

学术界自 2019 年起大幅使用"本科层次职业教育""职教本科""职业本科"等概念。无论使用哪一种名称，"职业本科"概念的本来面目是清晰的，但政策口径的差异、地方执行的偏差以及基于政策解读上的学术讨论落入窠臼，使得人们对职业本科这一概念的理解陷入了混乱[①]。

在我国"高职本科""本科层次职业教育""职教本科""职业本科"都曾经或在当下存在，属于一个概念的不同表述，其内涵是一致的。在国外相关学术文献中，Vocational undergraduate education，Undergraduate vocational education 以及 Vocational education of undergraduate 等名称也均有存在。细究这几个概念，尽管语义和内涵上没有差异，但不同表述仍有其在演进历程及特定语境中的细微差异。

首先体现在历史流变上。我国中等职业教育简称为"中职"，是初等职业教育的高一级职业教育。在高等教育领域，我国存在专科、本科、研究生三个层次，其中专科层次简称为"高专"或"大专"。当我国职业教育发展到高等教育这一层次时，仅局限在专科这一细分层次。因此，高职专科教育与普通专科教育常作为一种层次合称为"高职高专"。我国教育部高教司就下设了高职高专教育处。随着职业教育类型化特征的显现，教育部设置职业教育与成人教育司，把高职和中职统一划归该司职能。当职业教育发展到需要在本科这一层次举办的时候，高职就包含了专科和本科两个层次，为了与高职专科相对应，早期文献中称作"高职本科"居多。

其次体现在意志倾向上。本科层次职业教育和职教本科、职业本科两种表述的差异主要体现在表征职业教育类型和表征本科层次的顺序上，前者在职业教育体系中强调本科层次，后两者在本科层次中表征职业教育类型。为了重塑人们认为高等职业教育只有专科层次的固有认知，"本科层次职业教育"自 2014 年起逐步盛行，出现在各类文件中，主要目的在于强调了此类职业教育的层次为本科。而"职业本科"以及作为"职业教育的本科层次"缩写的"职教本科"，都是在职业教育这一类型体系中谈论一个具体的细分层次，更体现了职业教育的类型特征。

最后体现在应用效能上。"本科层次职业教育"尽管在现阶段适用面广，意义显著，但名称较长，不适合推广应用，更不便于传播交流，在一些限制字数的表述中使用受限（如新闻标题、课题名称等）。另外，为了与"职业高中""职业专科"相对应，"职业本科"的

---

① 伍红军：《职业本科是什么？——概念辨正与内涵阐释》，《职教论坛》2021 年第 2 期。

表述不仅凸显了职业教育的类型特征，体现了职业教育体系的完整性，还有利于表达与宣传。且"职业本科"后面可以加"教育""学校""专业"等词汇，用于对该教育、该学校、该专业的性质、类型及层次进行界定，符合汉语偏正结构词汇使用习惯，且与应用本科、技术本科等其他类型的本科教育概念表述习惯一致，便于广泛应用。

在界定"职业本科"概念之前，需梳理若干前置性概念。一是理论与应用的关系，这是界定普通本科与应用本科的前提。一般来说，理论是通过推理、演绎、抽象等研究来发现知识、归纳知识，因而普通本科带有明显的学科取向；而应用是通过实践来发现问题、探索问题、解决问题，因而应用本科有着典型的专业取向。二是职业与技术的关系，这是界定职业本科与技术本科的前提。西方把"职业教育""技术教育""专业教育"统称为"应用型教育"，而我们通常把职业教育和技术教育合称为"职业教育"[1]。职业的源头是产业系统，体现的是职业化方向，培养的人才拥有某一职业资格，或具备从事某一行业岗位的工作能力；而技术的源头是科学系统，体现的是专业方向，例如通常所说的专业技术资格或技术等级等，培养的人才拥有某一技术领域的执业资格，因其专业门槛而具有排他性。三是技术与技能的关系，这是界定职业本科与技术本科差异的另一种理解。目前高职教育培养技术技能人才，技术技能并用于界定人才培养的定位。教育部职业技术教育中心研究所研究员姜大源先生将技术分为离身技术和附身技术，分别对应 technology 和 technique[2]。前者是人类在认识和改造自然过程中形成的解决生产问题的方案、经验和工具；后者是以人为主体，反映人在职业活动中所具备的操作经验和能力。而技能是掌握和运用专门技术的能力。也就是说，离身技术通过附身技术应用到生产实际，形成操作方案（工艺方案）；附身技术依附在技能的背后指导技能实践，技能是附身技术具象化的呈现与实际落地。职业本科和技术本科的共同特性都是需要专门的科学知识和经验支撑应用，都解决生产生活中的实际问题。技术本科以技术支撑为主，但职业本科领域技术与技能有机耦合，共同支撑了职业教育人才培养目标的双元性与复合性。

据此分析，可将职业本科的内涵界定划分为以下两个方面：一方面是从职业本科自身出发，重点聚焦职业本科的培养目标，即通过剖析培养什么样的人、怎么培养人来说明职业本科的内涵。例如，王毓认为职业本科的人才培养应凸显"职业"特点，通过以专业为核心来明确具体专业的设置标准、教学标准以及职业人才能力标准，并系统设计其实施路径来保证职业本科的人才培养质量[3]。方泽强认为本科职教是一种培养具有较强技术理论、技术应用和初步研究能力的高层次、职业性人才的教育，面向生产、建设、管理和服务第

① 田犇：《对"职业技术教育"称谓的评价——兼论高职教育的本质》，《宁波大学学报(教育科学版)》2005 年第 1 期。
② 姜大源：《技术与技能辨》，《高等工程教育研究》2016 年第 4 期。
③ 王毓：《职业本科：人才培养定位与实现路径选择》，《职业技术教育》2013 年第 16 期。

一线[①]。李必新、李仲阳认为职业本科的培养目标是高层次技术技能人才，遵循职业知识理论逻辑和个人职业能力成长教育规律，以指向职业能力的职业活动为培养路径[②]。

另一方面是从职业本科的外部出发，即重点关注职业本科与应用本科之间的关系，从而明确职业本科的内涵。例如，别敦荣认为职业本科是应用本科的一个亚类，是培养职业高级技术技能人才的教育，是面向社会职业需求，对学生开展的以专门技术和技能培养训练为核心的本科教育，其特点主要有职业导向性、技术技能训练的复合性和教学与生产贯通[③]。王旭初、黄达人认为，"职业本科在建立现代职业教育体系的过程中诞生，与应用本科形成'同层不同类'的双轨，且两者之间既存在着异质性，也存在着同质性[④]。"

综合上述观点，可以认为职业本科是职业教育中的本科层次，又是本科层次教育中的教育类型。它遵循职业教育人才培养规律，以职业为逻辑起点，以技术技能教育为主要内容，培养面向产业、面向市场、面向地方的具有较强技术理论、技术应用和初步研究能力的高层次技术技能人才。这一概念主要包含四大要素。第一，教育类型框定于规范的、狭义的职业教育范畴，而非宽泛的应用型教育范畴。职业本科必须框定在职业教育范畴内，因为这是职业本科的基因所在。第二，面向的产业包含两种类型，一是产业（链）中的高端环节，例如涉及复杂的工艺，或经历过数字化、智能化改造的生产环节。二是高端的产业，例如人工智能、区块链、大数据等产业（技术应用领域）。第三，人才培养的目标定位是高层次技术技能人才，高层次体现在比专科更深厚的知识基础、更高水平的职业技能，以及更强的岗位迁移能力、可持续发展能力和创新能力，典型职业为现场工程师。第四，职业本科教育的具体载体包含职业本科院校和职业本科专业；职业本科教育的实施主体可以为职业本科院校、职业专科院校、普通本科院校等。此外，定义中未约束职业本科教育的受体，职业高中毕业生、职业专科毕业生、普通高中毕业生、技术工人等均可能成为职业本科教育的实施对象。

（三）职业本科教育

2014年国务院印发的《国务院关于加快发展现代职业教育的决定》（国发〔2014〕19号）明确提出"探索发展本科层次职业教育"，这是政策上第一次明确"本科层次职业教育"的表述。在此之前，国内学者对职业本科教育内涵都有不同的认识，主要的表述有："技术

[①] 方泽强：《本科层次职业教育：概念、发展动力与改革突破》，《职业技术教育》2019年第13期。

[②] 李必新、李仲阳：《职业本科教育的辨析维度和内在逻辑——类型教育的视角》，《现代教育管理》2022年第5期。

[③] 别敦荣：《学术本科、应用本科和职业本科概念释义、办学特点与教育要求》，《中国高教研究》2022年第8期。

[④] 王旭初、黄达人：《历史同源与类型竞合：职业本科与应用本科关系的厘清与重塑》，《国家教育行政学院学报》2022年第9期。

本科""本科高职""职教本科""本科职教"。

郭扬认为本科职业教育是较长学制的高等职业教育——技术本科，主要为一些开始进入高技术阶段的发达地区提供其所需要的更高层次的技术应用型人才[1]。石伟平、徐国庆将其定义为本科层次的技术教育，即技术本科，即一种和专科高职在教育性质上完全相同，同属于职业教育体系的更高级的教育[2]。杨金土从技术和科学，以及技术人才和技术教育的关系入手，提出我国本科教育层次所实施的高等技术教育，应该归类于或定位于高等职业教育范畴[3]。张秉福将其定义为本科层次的高等职业教育（以下简称"本科高职"），它的基本培养目标是服务于经济社会第一线的高级技术（应用）型人才[4]。张衡、高云将其描述为"本科高职"，即本科层次的高等职业教育，以培养高素质应用型技术人才为主要目标[5]。程忠国等人提出了一个新的概念——高职本科，意在突出高职教育特征，注重技术密集产业的高技术应用型人才的培养[6]。徐国庆等人认为，职业本科教育应归属于本科层次的职业教育，是职业教育发展提升到本科层次的结果，是要一律按照职业教育人才培养模式举办的本科教育[7]。方泽强则从理论和实践两个视角来分析，认为本科职教培养职业技术型人才，归属于高等职业教育体系，培养的人才具有高层次性和职业性[8]。

综合来看，大部分的学者认为，职业本科教育的逻辑起点是职业岗位或岗位群所需要的各种技术能力的要求之体现，它是由于技术技能知识与操作的复杂程度增加而产生的，不会是职业专科教育的加长版，也不能是普通本科教育的复制版[9]。职业本科教育是职业教育延伸到本科层次的结果，是一种完全按照职业教育人才培养模式进行的本科教育，这种教育的本质是实践性的[10]。

1.职业本科教育的办学定位

办学定位涉及一所学校办学类型、办学特色等方面的体现和相应目标的实现。办学定位是建设职业本科教育首要回答的关键问题，直接影响着后续规划的制定与实施。教育部

---

[1] 郭扬：《关于我国发展技术本科的策略研究》，《职业技术教育》2002年第1期。

[2] 石伟平、徐国庆：《试论我国技术本科的发展》，《职业技术教育》2003年第31期。

[3] 杨金土：《我国本科教育层次的职业教育类型问题》，《教育发展研究》2003年第1期。

[4] 张秉福：《本科高职实施通才教育的必要性与基本途径》，《高教探索》2006年第1期。

[5] 张衡、高云：《本科高职发展的困境分析与路径选择》，《教育发展研究》2009年第21期。

[6] 程忠国、李玉春、刘丹青：《高职本科：一个亟待探索与创新的教育层次》，《教育与职业》2007年第24期。

[7] 徐国庆、陆素菊、匡瑛、贺艳芳、苏航：《职业本科教育的内涵、国际状况与发展策略》，《机械职业教育》2020年第3期。

[8] 方泽强：《本科层次职业教育：概念、发展动力与改革突破》，《职业技术教育》2019年第13期。

[9] 王峰：《南京工业职业技术大学党委书记吴学敏：本科职业教育要聚焦高端产业和产业高端》，《21世纪经济报道》2022年5月20日第6版。

[10] 徐国庆、陆素菊、匡瑛、贺艳芳、苏航：《职业本科教育的内涵、国际状况与发展策略》，《机械职业教育》2020年第3期。

在 20 余所职业本科学校的批复函中，都明确要求"保持职业教育属性和特色"，表明职业本科教育既要传承职业教育的"基因"，又要改革创新蹚出一条"新路"。对此，学者们都提出了自己对职业本科办学定位的看法。郭建如认为职业本科教育突出强调"职业属性"和教育的职业化特点，旨在培养产业一线的高端技术技能人才，所面向的未来职业领域范围是非常明确的[①]。孟凡华认为，不能改变职业本科教育的职业教育属性特色，必须让职业本科保持"职业教育的本科层次"和"本科教育的职业类型"两者的有机结合[②]。李天航认为职业本科教育的办学定位应该归属于职业教育体系范畴，跨越了教育界和产业界，以服务社会发展需要为导向，需政校行企等多方参与，共同进行知识生产、传播与应用，是从事人才培养、科学研究、社会服务，以技术知识生产为主的一种教育类型[③]。由此可见，学者们对于职业本科教育的办学定位都强调保持职业教育属性，坚守职业教育的类型特征。

2.职业本科教育的人才培养定位

2021 年教育部印发的《本科层次职业教育专业设置管理办法（试行）》（教职成厅〔2021〕1 号）提出了"坚持高层次技术技能人才培养定位"，但是对于"高层次技术技能人才"的内涵，文件中并没有进行深入分析。耿雪玉认为，教育部提出的职业本科教育的人才培养目标定位在职业专科教育"技能型"的基础上增加了"高层次"和"技术"，这就是指职业本科教育要培养的是基础理论扎实和实践能力强的高级专门人才，不仅要培养能服务于生产一线的技术技能人才，还要肩负为专业硕士与专业博士输送人才的重任[④]。除此之外，其他学者也从不同的视角对职业本科教育人才培养目标定位提出了自己的进一步理解。

从能力视角来看，杨秀英等人认为人才培养方案中确定的技术技能人才应当具备能够解决高难度操作问题的能力，参与或完成技术革新和工艺流程改造的能力，以及良好的适应能力[⑤]。韩长日等人认为技术技能人才首先应具备解决高难度操作问题的能力，同时能够完成技术革新和工艺流程改造，其次必须具有很强的适应能力，可以适应不断变化的工作岗位[⑥]。杨欣斌认为，职业本科教育的人才培养目标定位可以表述为：面向行业产业的高端领域，以技术技能为导向，培养能从事产品生产、科技成果转化，解决复杂问题、进行复杂操作，具有较强专业能力、创新能力、组织领导能力、可持续发展能力和较高综合职业

① 郭建如：《职业教育本科的相关争议探析——兼论高等教育双轨体系构建与职业教育本科的发展空间》，《职业技术教育》2020 年第 30 期。
② 孟凡华：《试办本科层次职业学校要坚守什么》，《职业技术教育》2020 年第 30 期。
③ 李天航：《面向知识生产模式转型的本科层次职业教育定位与发展方略》，《高等职业教育探索》2022 年第 2 期。
④ 耿雪玉、李恒强、耿喜华：《职业本科人才培养》，《中国冶金教育》2020 年第 3 期。
⑤ 杨秀英、张小莹、谢林：《职业本科课程建设的研究与探索——以海南科技职业大学为例》，《中国高校科技》2020 年第 21 期。
⑥ 韩长日、杨秀英：《职业本科教育的思考与探索》，《海南师范大学学报(自然科学版)》2020 年第 2 期。

素养的高层次技术技能人才，并能够在实际工作中应用相关技能满足企业的要求，相当于"技术工程师"的层次[①]。

从人才分类视角出发，根据通用的人才分类，可以将其划分为研究型人才和应用型人才，应用型人才又可以划分为工程型人才、技术型人才和技能型人才。宗诚等人认为职业本科教育的培养目标主要是技术应用型人才，是具有技术理论基础、实践技能和应用能力的人才[②]。陆素菊认为职业本科教育的培养目标以技术应用型人才为主，应用型人才是指能把科学技术原理运用到所从事的专业社会实践中，并会为社会谋取福利的人才[③]。方泽强认为职业本科教育培养的是技术型和技能型人才，两者结合起来可以称为职业技术型人才，是可以将理论转换成现实中的操作方案或产品，并组织实施和指导生产实践的人才[④]。

综上所述，国内学者对职业本科教育人才培养目标定位的描述虽各不相同，但大都突出教育层次的高等性，知识结构的综合性，以及职业技术的导向性。党的二十大报告提出"科教融汇"，科教融汇要求在本科层次职业教育人才培养中应兼具学术性和职业性的双重特点，如山东省教育科学研究院院长申培轩在《现场工程师重在习得"能力之知"》中就有关于学术性和职业性的论述。

二、职业本科教育与职业专科教育、学术本科教育、应用本科教育概念辨析

与同类不同级、同级不同类的教育相比，职业本科教育在人才培养层次、培养内容、培养模式上都有其自身的特殊性[⑤]。

（一）职业本科教育与职业专科教育

与职业本科教育同类不同级的教育主要指职业专科教育。职业本科教育与职业专科教育都属于高等职业教育的范畴，在人才培养定位上遵循高等职业教育的规律，逻辑起点为职业岗位（群）对知识、能力、素质方面的要求。职业本科教育和职业专科教育属性一致，在类型上都属于职业教育，都是基于职业岗位的实际需求，推行强调职业性、实践性的人才培养模式，注重以工学结合的方式实现职业教育的人才培养目标。虽然两者都属于高等

---

① 杨欣斌：《职业本科教育人才培养模式的思考与探索》，《高等工程教育研究》2022 年第 1 期。

② 宗诚、聂伟：《试论我国本科层次职业教育发展的理路》，《高等工程教育研究》2020 年第 4 期。

③ 陆素菊：《试行本科层次职业教育是完善我国职业教育制度体系的重要举措》，《教育发展研究》2019 年第 7 期。

④ 方泽强：《本科层次职业教育的人才培养目标及现实问题》，《职业技术教育》，2019 年第 34 期。

⑤ 曾天山、汤霓、王泽荣：《发展职业本科教育的重要意义、目标定位与实践路径》，《中国高等教育》2021 年第 23 期。

职业教育类型，但在现代职业教育体系中，职业本科教育比职业专科教育处于更高层级的位置。

从国内现有研究观点来看，大部分学者较为关注的是职业本科教育和职业专科教育的差异，针对两者共同点的讨论较少。华东师范大学职业教育与成人教育研究所所长徐国庆认为职业本科教育是本科层次的职业教育，是职业教育延伸到本科层次的结果，是完全按照职业教育人才培养模式举办的本科教育[①]。南京工业职业技术大学党委书记吴学敏谈到，相较于职业专科教育而言，职业本科教育培养学生掌握的理论基础更深厚、形成的知识体系更完备、拥有的专业能力更复合、积累的技术技能更高层次，从而具备向高端技术技能发展的条件。职业本科教育在人才培养中充分链接产业转型升级的需要，精确瞄准高端产业与产业高端对高层次技术技能人才的需求。

职业本科教育按照全日制本科的四年学制设置，相比职业专科教育，职业本科教育并非只是延长了一年学制，不是职业专科教育的加长版，两者根本区别在于人才培养的层次不同。职业本科教育在人才培养定位上不仅要有实用性，更强调技术技能人才的"高层次性"，所谓高层次指的是从事的岗位工作要求更强的专业性、整体性、复合性，职业面向高端产业和产业的高端。因此，职业本科教育更加注重学生理论知识、复杂问题的综合解决能力以及技术创新思维的培养，突出高层次技术技能的应用性。因此，厘清职业本科教育和职业专科教育的同类不同级区别需要注意以下四个方面。

1. 培养年限

在学制上，职业本科教育是四年，职业专科教育是三年，但这并不意味着职业本科教育就是简单地将职业专科教育的学时延长一年，不能理解为职业本科教育是在职业专科教育的基础上增加一年的学习时间而已。事实上，职业本科教育的四年学制是一个系统的设置，与其人才培养定位密不可分，与职业专科教育的人才培养定位有本质区别。

2. 培养层次

在培养层次上，职业本科教育的"本科"层次和职业专科教育的"专科"层次相比，显然前者属于更高层次的学历教育。在国内职业教育体系中，职教本科教育处在最高位，必然要在职业教育体系中发挥引领作用。因此在人才培养上需要更加注重以深厚理论为压舱石，提升跨学科复合能力、解决问题的创新能力。职业本科教育培养人才的突出特征是新技术的掌握，注重高新科技含量，是"技术技能用脑进阶"的职业教育。相较于职业专科教育人才培养而言，职业本科教育的培养层次在于质的提升。

---

① 徐国庆、陆素菊、匡瑛、贺艳芳、苏航：《职业本科教育的内涵、国际状况与发展策略》，《机械职业教育》2020 年第 3 期。

3.教学内容和方法

在教学内容上，职业本科教育与职业专科教育虽有知识结构上的联系，但职业本科教育绝不应该仅仅在职业专科教育的现行教学内容上盲目增加几门本科课程，例如简单地考虑增设公共基础课、专业基础课等，而是在教学内容的设置上需要紧扣其人才培养定位和培养目标进行系统化的安排。在教学方法上，职业本科教育如果只是将职业专科教育阶段学生的教学、管理等方法直接照搬过来就会陷入误区。虽然两者都属于高等职业教育，但职业本科教育和职业专科教育在教学侧重点上是不同的，需要充分考虑职业本科教育的可利用资源、学生的特质和能力，基于人才培养定位实施能够有效培养高层次技术技能人才的教学方法。

4.对接产业

在对接产业方面，职业专科教育以适应或满足产业需求推进校企合作，职教本科教育在产教融合上不局限在满足适应产业发展需求，还应提升到教育先行引领产业发展的维度。职业专科教育偏向于校企双向合作，其合作对象往往是行业中较有代表性的企业，而对于职业本科教育来说，需要从校企合作的层面跃升到产教深度融合的状态，产教深度融合凸显职业本科教育与产业界合作向纵深发展。职业专科教育在实习实训环节更多停留在技术技能的操作和演练层面上，而职业本科教育更为关注生产一线复杂性问题，强调培养学生手脑并用的创新能力。

与职业专科教育相比，职业本科教育人才培养定位上更倾向于培养具有深厚的理论知识、颇为完整的知识体系、更加复合的专业能力、更高层次的技术技能应用型人才，能够同步甚至超越产业转型升级的需求，人才培养目标明确锁定在高端产业和产业高端相应职位、岗位对高层次技术技能人才的要求上。因此要坚持职业本科教育的本科属性，防止其成为专科层次职业教育加长版或拼接版[①]。

（二）职业本科教育与学术本科教育

在我国高等教育体系中，职业本科教育是与普通本科教育具有同等重要地位的全日制本科层次教育类型，其根本属性为职业教育。与职业本科教育同级不同类的教育主要指的是普通本科教育，包括学术本科教育和应用本科教育，在级别上都属于本科教育的范畴，但在类型上有着本质的区别。职业教育的根本属性决定了职业本科教育在人才培养定位以及表现特征上与普通本科教育截然不同。密切联系产业实际、服务一线生产需求是职业教育对其人才培养的明确定位，专注技术技能人才的培养是职业教育始终清晰的目标方向。职业教育是类型教育，衡量一类教育是否属于职业教育的显著标志在于其表现特征，也就

---

① 王新波：《职教本科不是高职专科加长版或普通本科复制版》，《新京报》2022年6月20日。

是职业岗位和工作任务所进行的相应的技术技能人才培养。需要强调的是技术技能人才培养涵盖四大要素：一是契合生产一线的需求，二是对应职业岗位的能力，三是明确具体的工作任务，四是强调技术技能的应用。

学术本科是学术型本科、学术本科教育的简略表述，是一种特定本科教育模式[①]。职业本科教育与学术本科教育是我国高等教育体系的组成部分，是本科层次高等教育的两种类型，授予的都是学士学位，类型的不同决定了两者在人才培养定位上有本质的区别。

1. 培养目标的差异

学术本科在学生素质和能力培养上，不以直接应用为目的，重视学生基础理论知识的学习和研讨，以使学生掌握坚实宽广的基本理论，为其日后在文化科学技术领域有更好的发展打下基础[②]。职业本科教育则是强调学生对技术技能的直接应用能力，重点培养学生在岗位上以技术解决问题、快速适应产业对高端技能要求的能力。

2. 培养内容的差异

比较两者的培养内容，学术本科教育重在理论上的专业化通识教育，职业本科教育在强调专业理论基础的同时还多了职业性、技能性要求。按照"学术教育（培养科学家）—工程教育（培养工程师）—技术教育（培养技师）—技能教育（培养产业工人）"通行的四分法来看，与此相对应的职业本科教育培养的则是擅长现场处理的技术工程师。职业本科教育在夯实理论基础的同时，更加强调解决实践问题的技术能力的培养。既注重理实一体化课堂教学，也强调基于工作情境的实践教学。

在人才培养实施过程中，职业本科教育注重贯穿"岗课赛证"融通育人的职业教育理念，围绕"岗位要求＋工学结合课程学习＋技能竞赛＋职业证书"的要求构建富有特色的课程体系。与此相比，学术本科教育更重视基本理论的掌握、科研方法的训练和创新意识的培养。职业本科教育要坚持其职业属性，重视职业技能人才培养的特点和规律，采用与之相匹配的教材、教学方法，完善学士学位标准设置和质量要求等保障制度，切忌直接将学术本科教育学士学位授予条件照搬过来，要避免与学术本科教育人才培养规格趋同。

（三）职业本科教育与应用本科教育

职业本科教育与应用本科教育都属于本科层级的高等教育，但两者在人才培养定位上有着根本性的差异。职业本科教育为产业一线培养高层次技术技能人才，需要精通技术原理和操作技能，对于一些复杂的技术问题能够给予现场研判，并且具备现场解决技术难题

---

① 别敦荣：《学术本科、应用本科和职业本科概念释义、办学特点与教育要求》，《中国高教研究》2022年第8期。
② 别敦荣：《学术本科、应用本科和职业本科概念释义、办学特点与教育要求》，《中国高教研究》2022年第8期。

的能力。具有显著"职业属性"和职业教育特质的人才培养定位将职业本科教育与应用本科教育区分开来,"宽基础、强实践"一直受到应用本科教育的推崇。

应用本科教育是普通本科教育的一个分支,它的出现是学术本科教育向技术应用领域的延伸。应用本科教育服务技术密集型产业,为其培养高级技术的应用人才、生产一线的管理者等。应用本科教育人才培养的逻辑起点是学科,它是基于学术本科教育的既定模式增加应用型人才培养的实践环节,强调将学科知识转化为具体可操作的工程方案,培养工程师是应用本科教育的基本方向。

职业本科教育直面产业行业的生产现场,根据岗位实际所需培养高层次技术技能人才;应用本科教育面向区域社会的经济发展,依托学科培养高层次技术应用型人才。尽管两者培养的人才都和技术应用有关,但不能简单地将职业本科教育认为是应用本科教育在高等职业教育的"复制",原因在于它们人才培养的逻辑起点完全不同。应用本科教育遵照学科体系逻辑,学科凌驾于专业之上,仅仅是在人才培养过程中拓展了一些应用环节;职业本科教育以工作体系为逻辑起点,专业设置紧密对接岗位需求,在人才培养过程中采取有利于职业能力构建的行动导向模式[①]。从职业岗位需求出发的职业本科教育决定其人才培养的实践性,无论是理论学习还是技能训练都应贯穿实践的主线,具体表现为将复杂的技术原理转变成应用一线的技术操作,也就是培养能够在生产现场进行指导和问题解决的技术工程师。

从本质上来看,应用本科教育属于强调理论性的普通本科教育范畴,只是它的人才培养定位具有"应用性"特征,注重理论如何转化以及在实践的应用;职业本科教育的实践性有突出的特质,即以职业为准绳,人才培养的出发点和落脚点都是职业实践,产业行业不同岗位对技术技能人才的要求是职业本科教育人才培养的逻辑起点。应用本科教育聚焦行业发展,强调科学应用与工程策划;职业本科教育聚焦职业发展,强调技能发展与技术创新。

正如前文所说,职业本科教育是培养在生产一线有指导能力和解决问题能力的"技术工程师",应用本科教育培养的是"工程师"。"技术工程师"与"工程师"工作性质的不同在于"工程师"负责设计图纸,而"技术工程师"要将设计图纸拆解转化为能够直接向现场"技术操作员"提供示意的技术流程图,而且"技术工程师"需要在现场把控"技术操作员"的技术实践,使其与"工程师"设计图纸原理相一致,在此过程中"技术工程师"起到技术支持和质量监督的关键作用。从强调生产一线的角度,职业本科教育培养的"技术工程师"可以理解为就是"现场工程师","现场"二字强调的是"技术工程师"在一线的技术执行

[①] 潘海生、林旭:《遮蔽与澄明:稳步发展职业本科教育的关键问题与可为路向》,《高校教育管理》2022年第 3 期。

力和指导作用。

目前学界对职业本科教育和应用本科教育的辨析未达成共识，别敦荣认为职业本科是应用本科的亚类，也有观点认为职业本科教育在第四次科技革命的背景下如果对中国技能型社会建设能够起到关键决定性作用，甚至能够奠定战略地位的话，势必动摇应用本科教育在区域经济社会发展的重要地位，如此一来，职业本科教育的版图将会拓展，可能会把应用本科教育归入其中。

第二节 职业本科教育的价值探寻

价值意蕴是办学风格的体现，它能充分彰显办学实践的本质内涵与特征外延[1]。追溯职业本科教育的价值取向，也就是剖析职业本科教育的服务对象、基本立场和价值主张，探析多元主体的利益博弈与帕累托均衡，具体讨论"为何办职业本科教育"的问题，是界定发展职业本科人才培养定位的重要尺度。

一、职业教育价值取向的二维解构

从职业教育的功能分类维度看，职业教育兼具教育功能和社会功能。其中教育功能体现为职业教育是一种满足更多学习者特征和需求的教育类型。社会功能体现为职业教育能够服务国家和区域发展战略，服务经济社会发展，满足产业人才需求，提高劳动生产率[2]，促进就业和社会稳定。

从职业教育的性质分类维度看，职业教育是工具性和人文性的统一体[3]。从政府对职业教育的要求来看：一方面，职业教育要体现工具性要求，为企业培养中、高级技能型人才，满足企业需要，同时也为家庭、个人培训技能，以促进就业，增加收入，为政府缓解就业压力，变人口压力为人才优势。另一方面，职业教育要体现人文性要求，坚持立德树人，提高学生的思想道德、人文素养，促进学生的全面发展，推动社会的进步和公民素质的提升。

从企业对职业教育的需求来看，企业不仅需要员工具有专业知识、专业技能，成为某一领域内的行家熟手，也需要员工养成规范意识、竞争合作意识、创新意识、企业文化意

---

① 周丙洋、王子龙：《"双高计划"背景下高职院校创新发展的内涵重构与战略抉择》，《高校教育管理》2020 年第 3 期。
② 苏丽锋：《职业教育发展对产业结构升级的支撑作用分析》，《高等工程教育研究》2017 年第 3 期。
③ 孙兆化：《工具性与人文性的统一：现代职业教育改革的价值取向》，《当代职业教育》2016 年第 2 期。

识及质量效益意识，具备职业素养与职业精神。

从个人、家庭对职业教育的需求来看，职业教育不仅要关注学生当下就业的需求，让学生掌握必要的文化知识和熟练的技能，以快速就业；更要关注个体的终身发展，提高学习能力以适应未来的职业变化，注重学生文化素质、科学素养、综合职业能力和可持续发展能力培养，为学生实现更高质量就业和职业生涯更好发展奠定基础。

总的来说，一方面，职业教育服务政府、企业、学生和家长，满足行业企业用人需求，满足学生就业谋生、提升职业技能、增强就业竞争力需求，呈现显著的工具属性。另一方面，职业教育之所以不是职业培训、短期实训，是因为职业教育本身具有"育"的属性，职业本科的培养目标设计要体现价值理性与工具理性的和谐共生[1]，应以"职业人"和"生命人"相统一的目标视域审视职业教育，关注受教育者作为"生命人"的主体性、创造性和责任意识[2]，注重学习者人文素养、职业素养养成教育，这种超越了工具性目标范畴的形而上的价值取向，就是职业教育的人文性价值取向。

工具性与人文性的统一是职业教育内涵的应有之义，是职业教育宗旨的题中之义，是职业教育发展的根本出路。2014年国务院印发的《国务院关于加快发展现代职业教育的决定》（国发〔2014〕19号）指出，职业教育要坚持以立德树人为根本，以服务发展为宗旨；以培养学生的文化素质、知识创新能力和技术创新能力为重点，既加强技能训练，给学生以一技之长，又教授文化知识，提高人文素养。2015年教育部印发的《教育部关于深化职业教育教学改革全面提高人才培养质量的若干意见》（教职成〔2015〕6号）也提出，要坚持立德树人、全面发展，坚持系统培养、多样成才。这也正是坚持了职业教育要兼备工具性与人文性的价值取向。

值得注意的是，职业教育的多元价值取向长期以来陷入博弈且时而失衡。2000年之前我国职业教育以中职层次为主，就业导向鲜明，升学之路堵塞，社会教育公平诉求有所忽略，陷入工具属性凌驾于人文属性的取向偏颇。21世纪以来，随着高职的大幅扩招，新升格的高职学校缺乏理论指导、政策指引和经验积累，参考普通高校学科式人才培养模式成为无奈之举，高等职业教育的工具性价值并不鲜明。2006年至今，我国大举学习德国"双元制"、英国"现代学徒制"等，实施"基于工作过程系统化的职业能力开发""项目化教改"，倡行校企合作、协同育人，开展"半工半读、工学结合"[3]。同时2019年教育部印发的《教育部关于职业院校专业人才培养方案制订与实施工作的指导意见》（教职成〔2019〕13号）也规定了顶岗实习不少于6个月、实践学时不少于50%。由此，服务产业、就业导

① 沙鑫美：《类型目标：本科层次职业教育的必要指向》，《教育与职业》2020年第19期。
② 周同、宋晶、闫智勇：《现代职业教育的"人道"范畴》，《职教论坛》2014年第4期。
③ 曾天山、房风文：《中国共产党职业教育事业百年历程与经验分析》，《中国教育科学（中英文）》2021年第5期。

向的职业教育工具价值、社会价值属性再度强化，历经多年积淀，逐步深入人心，甚至认为职业教育以就业为单一导向[①]。与此同时，为了调和相关政策在社会导向中可能出现的"负面杠杆效应"[②]，防止职业教育在浓郁技术文化语境下"重技能、轻人文""重就业、轻发展"的功利性畸变，避免职业教育成为经济附庸，被技术奴役，近年来职业教育政府主管部门又通过系列政策举措强调"德技并修""五育并举""课程思政"，支持中职、高职专科"就业与升学并重"。这种职业教育价值取向长期动态的博弈与调和很难找到平衡点[③]。例如人才培养方案设计属于总学时固定的零和博弈，通识课增加，势必专业课减少；实践课增加，意味着理论课减少。

二、职业本科教育的价值旨归

职业本科教育是当前职业教育体系中的高阶层次，具备了上述两种分类维度的所有职业教育一般性价值取向。同时，职业本科教育蕴含其独特性、深层化的价值取向，能够以更为广纳博采的交融视窗与更为包容审慎的柔性形态实现一定程度上零和博弈的调和，构筑技术之器与技术之道的深度耦合体[④]。就"教育性—工具性"而言，职业本科教育聚焦高素质劳动者在高端就业市场的竞争力，通过更长学制培养，使劳动者技术技能更为扎实，就业竞争力进一步增强，能够胜任传统产业改造升级，以及战略性新兴产业蓬勃发展背景下对能力要求更高的技术岗位或管理岗位。就"教育性—人文性"而言，职业本科教育通过提供更为"宽、厚实"的通识教育与专业基础教育，以及设置更多方向的专业选修课程体系，服务劳动者综合素质提升，为学生适应产业形势快速复杂变化，增强可持续发展能力奠定基础，同时能够提升职业教育受众的社会地位，提高其面向更多发展机会的准入资质，进一步促进教育公平。就"社会性—工具性"而言，职业本科教育人才培养能够服务数字化、智能化背景下传统产业转型升级、战略性新兴产业蓬勃发展，以及社会生产组织方式柔性化对复合型创新型高层次技术技能人才的需求[⑤]。职业本科应用技术研究能够为企业改进工艺、流程、方法，为提高生产经营管理水平提供支持，同时能够促进全社会更充分的就业创业，从而服务经济社会高质量发展[⑥]。就"社会性—人文性"而言，职业本科教

① 孙善学：《从职业出发的教育》，《教育与职业》2011 年第 22 期。

② 李香善：《新时期高等教育价值取向的误区探析》，《延边大学学报（社会科学版）》2018 年第 3 期。

③ 侯长林、蒋炎益、杨耀锟：《推动人的全面发展：高等教育高质量发展的最高价值取向》，《贵州社会科学》2022 年第 2 期。

④ 朱德全、熊晴：《技术之器与技术之道：职业教育的价值逻辑》，《教育研究》2020 年第 12 期。

⑤ 陆素菊：《试行本科层次职业教育是完善我国职业教育制度体系的重要举措》，《教育发展研究》2019 年第 7 期。

⑥ 余智慧、陈鹏：《科学逻辑主导下职业本科高校发展的现实困境与推进路径》，《中国高教研究》2021 年第 12 期。

育具有提升劳动者社会地位，促进全社会崇尚劳动、崇尚技能的风气形成，让技术技能"长入"经济、"汇入"生活、"融入"文化、"渗入"人心。

总的来说，职业本科教育的价值旨归在于经济、教育与个体的相互统一。

首先，职业本科教育办学实践是应对经济高质量发展的迫切要求。教育与经济社会发展之间的供需关系催生出职业本科教育，这就要求必须重视人力资源供给侧结构性改革，增强技术技能人才对实体经济的支撑能力。随着新经济、新技术、新职业的不断涌现，几乎所有行业都开始提升对技术的要求，需要高层次技术技能人才加以支撑。职业本科教育的人才培养离不开实践知识与技术知识，所以其在办学实践中开始注重增设高技术类专业，建立起以技术创新为导向的实践型教学平台，为传播和创新技术知识创造有利条件[1]。同时，其办学不仅对接产业，还要培养未来的人才，这就要求办学主体及时调整专业设置，紧密对接产业升级和技术变革趋势，优先发展新兴专业。可见，职业本科教育通过人力资本提高全要素生产率，直接服务于产业与经济社会的知识积累和技术进步。

其次，职业本科教育办学实践是保障职教体系高移的现实需求。职业本科教育直接对接工作岗位开展办学实践，极大提高劳动者专业素质与职业素养，为工作世界培育专业人才。因此，其办学改革以职业岗位需求为调整依据。虽然有学者将职业本科教育归入应用本科的队列中，认为它是应用型教育的特殊分支[2]。但实际上，应用型教育更关注人才培养的应用性，其办学实践本质上还是在走传统大学之路，主要为区域经济社会服务。而职业本科教育突出人才的职业性要求，主要面向行业产业培养具有创新实践能力的高技能人才，两者存在本质差别。在新技术的倒逼下，生产岗位开始要求人才培养层次提升，职业本科教育从根本上适应了这种需求变化，有助于向劳动者提供接受高质量教育的权益。

最后，职业本科教育办学实践是实现全面发展、成长成才的个体诉求。虽然具备一技之长是个体职业生涯赖以生存发展的基本要素，但现代职业已不只是个体谋生的手段，它更加成为个体实现生命价值的载体。高等性与本科性强化了职业本科教育的层次定位，其办学实践开始着重关注人才培养的全面性与现代性要求，即需要满足"人的全面发展"诉求。立足新发展阶段，实现全面发展、成长成才的个体诉求成为职业本科教育不可推卸的职责与使命。职业本科教育办学实践不能忽视学生的全面发展，其办学定位既要关注"职业人"培养，也要重视"现代人"与"社会人"培育，平衡好个体职业发展与"全人"发展之间的关系。因此，在提升学生职业素质与职业能力的同时，职业本科教育也应将办学定位拓宽到人的全生命周期发展上，使针对学生的"德""技"教育相互融合，将职业性与适应性融入个体生涯发展的全过程。

---

① 曾天山等：《职业本科教育发展之道》，北京理工大学出版社，2022，第273—274页。
② 郭建如：《职业教育本科的相关争议探析——兼论高等教育双轨体系构建与职业教育本科的发展空间》，《职业技术教育》2020年第30期。

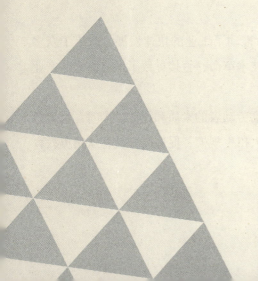

第二章
职业本科教育的发展历程

第一节　国内外职业本科教育的起源与演变

一、职业本科教育的国际背景与借鉴

20世纪中叶后期，国外职业本科教育开始出现，并逐步成为高等教育的重要组成部分。现阶段，我国已开启全面建设社会主义现代化国家的新征程，职业本科教育发展恰逢其时，研究国外职业本科教育发展历程，学习经验做法，有利于进一步推动我国职业本科教育的健康发展。

（一）职业本科教育的国际背景

国外职业本科教育起源于20世纪60年代的西方发达国家，主要原因有两个。第一，职业教育与经济发展的联系最为密切，受经济的影响最为直接，随着西方各国工业化的快速发展，企业对高层次技术技能人才的需求不断增加；第二，战后人口福利显现，适龄入学人口急剧增加，越来越多的学生希望获得进入大学学习的机会，以提升自己的职场竞争力，而当时传统大学的容量已经无法满足高中毕业生的需求。因此，各国政府、行业协会、知名企业及教育机构，共同努力创造了各具特色的职业本科（应用本科）教育，例如德国的"双元制"、应用科技大学，英国的多科性技术学院，美国的社区学院，日本的技术科学大学等。

综观世界格局，工业发达的国家在为人类创造物质文明的同时，也积极推动了职业本科教育的发展。国外职业本科的发展大致可以分为三个阶段：20世纪60年代至70年代末的起步阶段，20世纪80年代至21世纪初的快速发展阶段，21世纪初至今的内涵提升阶段。

1.起步阶段：20世纪60年代至70年代末

20世纪60年代至70年代末，第三次科技革命推动了工业的快速发展，产生了众多新的工业门类，以核能、计算机和激光为标志的新技术革命，直接导致了发达国家的产业经济结构由劳动密集型向技术密集型转型。

为了适应产业结构调整的需要，必须进一步提高劳动者的素质和技能。同时，世界各国为了满足越来越多的适龄青年升学需求，不断扩大招生规模，促进高等教育从精英教育向大众化教育转型。

1966年，英国教育和科学大臣克罗斯兰提出"关于多科技术学院和其他学院的计划"[①]，旨在把高水平的职业教育机构整合成新型高校即多科技术学院。此后的十年时间里，英国成立了34所多科技术学院，实现了《罗宾斯报告》[②]中每个郡都有1所以上本科高校的目标，形成了庞大的职业本科教育体系。

1968年，德国各州文化部长联席会议，通过"联邦德国在各州统一高等专业学校领域"协议，将工程师学校和高级专业学校升格为高等专业学校——应用科技大学。1969年第一所应用科技大学（Fachhochschule，FH）在石荷州出现。随后三年，多地均将工程师学校和高级专业学校升格为应用科技大学。

2. 快速发展阶段：20世纪80年代至21世纪初

20世纪80年代至21世纪初，随着传统产业淡出和第三产业快速发展，特别是高技术、高附加值产业集群化发展，使高技能的知识型工人成为各国企业普遍而又迫切的需求。

在1990年至1999年的十年间，德国应用科技大学数量从98所增加到152所，在校生总人数从3万多增加到4万多。除了数量上膨胀式增长外，还从提高学校运行的有效性和培养社会需求人才的适应性两方面进行改革，例如对课程体系、专业设置，甚至办学模式等进行调整。

德国的"双元制"大学和应用科技大学，则是通过调整专业设置或新增一些跨学科、交叉学科专业，来适应社会需求变化，例如新增的经济法律、人文与科学、工业工程与管理等专业。

美国出现的三种主要模式：2+2模式，学生在社区学院经过两年职业教育，先拿到副学士学位，再到四年制大学里完成后面两年学业，拿到学士学位；4+0模式，普通四年制大学设置职业教育课程，直接招生，完成学业颁发学士学位；4+0和2+2相结合模式，自20世纪90年代起，美国有24个州允许社区学院提供学士学位课程，学生既可以在社区学院直接完成四年学士学位学习，也可以分段学习，先拿副学士学位再拿学士学位。

3. 内涵提升阶段：21世纪初至今

21世纪初，随着信息化时代的到来，引发了各类高端服务业的蓬勃发展。国家间的企业合作和人才流动成为发展趋势。

国家之间或相关政策缔约国之间通过签署国际法规、公约条款、行动计划等，共同促进职业本科教育的国际化，学历学位互认互授机制逐渐形成。

例如，欧洲29个国家为整合各国高等教育资源，打通国家间教育体制，推动"博洛

[①] Talbot S, Reeves A, Johnston J, "Observations on the re-emergence of a binary system in UK universities for economics degree programs，" *Policy and Practice in Higher Education*18, no. 1（2014）: 14-19.

[②] Scott P. Robbins, "the binary policy and mass higher education，" *Higher Education Quarterly*68, no. 2（2014）: 147-163.

尼亚进程"，使学生可以无障碍地在各国之间求学或就业；同时，还建立欧洲学分互认转换体系，打通欧洲学分制，以量化的形式实现学分相互认可，是欧洲各国高等教育走向统一的桥梁和基石。

基于"博洛尼亚进程"带来的影响，德国废弃了传统的硕博二级学位制，引入国际通用的"学士—硕士—博士"三级学位制。同样，英国也积极发展与欧洲学分转换体系相兼容的框架条款，制定了《资格与学分框架》[①]。

此外，越来越多的国家意识到，以工作为导向的职业本科教育对提升人才竞争力至关重要。为了推动职教领域的国际合作，德国联邦教育部支持欧洲委员会发起欧洲学徒联盟等倡议，并与拥有"双元制"国家（奥地利、瑞士、卢森堡和丹麦）的相关部委，一起推出在线"学徒制工具箱"项目[②]，为希望实施该计划的欧洲其他国家提供参考和支持。

为了发展高质量的职业本科教育，德国、希腊、葡萄牙、意大利、斯洛伐克和拉脱维亚于 2013 年 12 月共同签署《柏林备忘录》。为适应国际化教育，有些学校特地设置了国际留学生校区，例如德国巴登—符腾堡"双元制"大学，不仅建立文化多样性的留学生校区，在课程设置上也增加了更多的国际化模块。

学习借鉴国外职业本科教育的成功经验与典型模式，可以厘清我国职业本科教育的发展思路，促进我国职业本科教育高质量发展。所谓模式，是对隐藏的客观规律和成功经验进行归纳总结，帮助人类更好认识外界的方法[③]。纵览世界各国多样化的职业本科教育实践，依据学习地点划分，主要有三种模式：以学校为主体的办学模式、以企业为主体的办学模式、以"企业+学校"相互合作的办学模式。其主要特征分别是：以学校为主体的办学模式，教学地点为学校，学校负责全面统筹规划，教学系统性强，理论扎实，定位清晰，主要代表性国家有美国、英国等；以企业为主体的办学模式，教学地点为企业，教学以企业事实场景为主，强调实践性和技能性，主要代表性国家有日本等；以"企业+学校"相互合作的办学模式，教学地点为企业和学校，学生在两个场所交替学习和实践，教学强调能力性和职业性，主要代表性国家有德国、瑞士等。

（二）国外职业本科教育发展经验与启示

德国的"双元制"职业本科教育模式（"双元制"大学及应用科技大学）、日本的技术科学大学模式、英国的多科技术学院模式、美国的社区大学模式这四种典型职业本科教育模式，为各行各业培养了大批高级技术型人才，推动科技进步及经济发展的同时，也提升

---

① Lester S，"The UK qualifications and credit framework: a critique，" *Journal of vocational education and training* 63，no. 2（2011）：205–216.

② "The apprenticeship toolbox，" accessed July 22，2023，http://www.apprenticeship-toolbox.eu/.

③ 姜大源：《职业教育要义》，北京师范大学出版社，2017，第 156 页。

了受教育者的就业竞争优势，并优化了其所在国家的高等教育体系。

根据我国当前经济社会发展需求和产业集群发展的地域特征，规划和探索职业本科教育发展路径，国外职业本科教育的发展经验可以为我们提供有益的借鉴和参考。具体归纳为以下三个方面。

1. 明确办学定位

职业本科作为一种新生的高等教育类型，要想蓬勃发展就要另辟蹊径，采取与普通本科错位发展的办学定位，才能在高等教育体系中获得一席之地。

首先，明确职业本科教育人才培养目标和办学定位，是培养高层次技术应用人才、高新技术应用人才。这个办学定位把职业本科与高职以及普通本科都区别开来。

高职人才培养目标是实践型中级技术型人才，而职业本科人才培养目标是指导型高级技术型人才。同样是技术型人才，中职高职专科与职业本科的侧重是不一样的，中职培养注重实践操作，高职专科人才培养在注重实践的同时，要去学习一定的理论基础，而职业本科则要求高理论、高实践。建议采用现场工程师的要求"精操作、懂工艺、会管理、善协作、能创新"，这是从纵向角度把职业教育体系内中职、高职、职业本科不同层次间的办学定位区分开来。清晰的界定可以有效避免衔接损耗，例如课程设置的重复或者缺失。

从横向角度来看，职业本科和普通本科不同教育类型间的办学定位也是截然不同的，职业本科是培养指导型高级技术型人才，而普通本科则是培养高级学术型人才。两者的关系可以理解为科学家（普通本科）是发现世界，工程师（职业本科）是改造世界。

其次，把服务区域经济发展作为学校办学的根本定位，设置适应区域经济发展的专业，不再按照学科设置专业，而是根据职业群、工作领域为导向设置专业。深入调查产业发展需求，邀请行业专家、企业工程师共同参与专业设置，设置与区域经济转型升级相匹配的新兴复合型专业，以解决实践中的问题为出发点，培养适应社会需求的复合型技术人才。例如德国不来梅港应用科技大学，根据当地以港口业为支柱产业的区域经济特征，设置了"航海经济技术"这个极具区域特色的专业。

最后，办学定位还应该注重普惠性和基础性，让弱势群体家庭的学生也可以享受优质教育资源，让他们通过教育获得职业技能，从而改变生活。例如，美国的社区大学采取"双低"政策，低学费、低门槛，帮助弱势群体家庭实现平等教育，促进共同富裕。这样的办学定位不但解决适龄青年教育就业问题，而且弥补了劳动力市场技能型人才缺口。

2. 推进学段衔接

所谓学段衔接，就是中、高、本之间的衔接问题。学段衔接最主要的问题是如何避免衔接损耗。

首先，在专业设置方面，职业本科专业设置需要兼顾中职、高职已有的专业，然后根据办学定位，再确立是否要延续那些专业设置，还是要进行整合调整或者删除。

其次，在课程设置方面，可以借鉴日本技术科学大学的因材施教，兼顾不同类型学生的需求，例如职高生系列与普高生系列。职高生已经在职业教育体系内，以前已经学过一些专业基础知识。普高生以前不属于职业教育体系，未学过专业基础知识。针对这两类学生，就需要有不同的课程体系设置。例如，普高生往往基础学科知识比较扎实，外语水平也还不错，所以可以适当减少通识课程、外语课程，而增加专业课程的课时。职高生往往是专业基础比较好，但是通识课程以及外语还有所欠缺，这两类课程就需要相对加强。

最后，在培养模式设置方面，可以借鉴美国社区大学。四年职业本科可以分段学习或者连续学习。分段学习是先学大一、大二的课程获得一个副学士学位，等积累一定社会经验以后再来完成大三、大四的课程学习；连续学习是四年连续完成全部课程。此外，还可以引入学分转换机制，每个学校可以列出每个阶段学生入学要求标准，对于在不同学段想要转学的学生，学校可以根据其所学课程内容及学分，再决定是可以直接接收，还是需要一些桥梁课程作为补充。

3.创新人才培养模式

以职业为导向是职业教育这一教育类型的特征，产教融合是现代职业教育发展的重要趋势，这就需要深化校企合作。采取"双主体"育人模式也是国外职业本科教育获得成功的主要因素之一。

近年来，政府先后出台了《国务院办公厅关于深化产教融合的若干意见》（国办发〔2017〕95号）、《建设产教融合型企业实施办法（试行）》（发改社会〔2019〕590号）等政策文件，从政府宏观层面大力推动产教融合、校企合作，职业教育深化产教融合、校企协同育人。

国外职业本科院校的成功经验是，企业深度参与学校办学，从培养目标、专业设置、课程内容、师资队伍建设等都离不开企业。例如，德国"双元制"大学"双主体"育人模式，校企共同承担培养责任和义务，学校与企业既是供需关系又是战略伙伴关系。学校输出的毕业生是企业输入的员工，只有企业以育人主体的姿态全程参与人才培养才能确保人才质量，才能满足企业需求。因此，在确立职业本科培养模式时，应该构建"校企合作，产学研一体"的办学格局。

要构建校企"双主体"育人模式，首先，可以借鉴德国"双元制"大学的成功模式，根据2019年教育部办公厅发布的《教育部办公厅关于全面推进现代学徒制工作的通知》（教职成厅函〔2019〕12号），以习近平新时代中国特色社会主义思想为指导，全面贯彻党的教育方针，落实立德树人根本任务，深化产教融合、校企合作，健全德技并修、工学结合的育人机制和多方参与的质量评价机制，深入推进教师、教材、教法改革，总结现代学徒制试点成功经验和典型案例，在国家重大战略和区域支柱产业等相关专业，全面推广政府引导、行业参与、社会支持、企业和职业学校双主体育人的中国特色现代学徒制。

其次，职业本科院校要与行业机构、区域企业共建共享优质教育资源。职业教育资源包括师资资源、场所资源、人力资源以及技术资源等，例如日本技术科学大学学校教师、产业工程师及机构研究人员进行互派。企业专家来学校兼职，可以将最前沿的实操技能带到学校，同时也可以帮助学生练好专业基本技能。学校教师到企业，不仅可以提高教师实践技术能力，而且也可以为企业员工提供培训，更新知识体系。学生到企业实践，可以体验企业"真实工作场景"，同时，企业接收学生，也给企业带来高性价比人才资源。

此外，校企双方还可以依托高新技术的研发与应用项目，促进产学研的有效衔接，推动应用研究和技术转让。双方协同发展，互惠互利，利用学校的专业研究优势与企业开展多层次、宽领域的合作，全面实现校企教育资源的共建共享。目前，我国主要采取整合民办职业教育资源升格为职业本科院校的方式，原因之一就是，民办职业院校有民办企业为依托，可以更好地与企业融合。

二、职业本科教育的国内发展与变革

中国高等职业教育诞生于 1978 年改革开放之时，为适应地方经济对应用型人才的迫切需求，缓解经济快速发展与人才需求紧缺的矛盾，一种新型高等院校——专科层次、学制三年的职业大学应运而生，例如 1980 年创办的南京金陵职业大学、武汉江汉大学等 6 所学校。1985 年中共中央发布的《中共中央关于教育体制改革的决定》首次将高等职业教育纳入国民教育体系。随着我国改革开放的不断深入，党中央国务院也十分重视高等职业教育的发展，出台了一系列政策和措施，推动高等职业教育改革。1996 年颁布的《中华人民共和国职业教育法》规定"职业学校教育分为初等、中等、高等职业教育"[1]，解决了高等职业教育作为一种新教育类型的法治进程中的规范化问题。之后 1998 年颁布的《中华人民共和国高等教育法》更是进一步明确高等职业教育属于高等教育范畴，使高等职业教育得到较快发展，但此时的高等职业教育主要局限于专科层次。1998 年国家教育委员会更名为教育部，在"三改一补"的基础上又提出了"三多一改"的方针以发展高等职业教育，所谓"三多一改"就是多渠道、多规格、多模式发展高等职业教育，发展重点是"教学改革"，真正办出高职特色[2]。同时，在高校扩招政策的推动下，一大批办学条件好、有实力的高职高专院校通过调整、合并、共建等方式由专科院校升格为本科院校。因此，以 1998 年为

① 中华人民共和国国务院：《中华人民共和国职业教育法》，1996。
② 中华人民共和国教育部：《面向 21 世纪教育振兴行动计划》，1998 年 12 月 24 日，https://baike.baidu.com/reference/8837701/5ebbwklHK4gbVjCUdtmAPGSNaDH-qylnnC-pgWdAkO1g3qvbgKphRiqiOnkBu6Y5CFcW0M6YIXO6U8AnsTqFKGdT-yWZy9cM6AeNwYjBqAf1Jds。

起点，我国职业本科教育政策的演变历程大致可划分为三个阶段。

（一）第一阶段：我国职业本科教育政策的萌生（1998—2013 年）

20 世纪末至 21 世纪初，人类开始进入知识经济时代，知识密集型企业迅速发展高新技术产业，由此推动了高等职业教育大规模发展。1999 年 1 月教育部印发《试行按新的管理模式和运行机制举办高等职业技术教育的实施意见》（教发〔1999〕2 号）提出"积极探索以多种形式、多种途径和多种机制发展高等职业技术教育"①。1999 年 6 月国务院发布的《中共中央、国务院关于深化教育改革全面推进素质教育的决定》（中发〔1999〕9 号）提出"通过多种形式积极发展高等教育""支持本科高等学校举办或与企业合作举办职业技术学院（或职业学院）""职业技术学院（或职业学院）毕业生经过一定选拔程序可以进入本科高等学校继续学习"②。2002 年国务院发布的《国务院关于大力推进职业教育改革与发展的决定》（国发〔2002〕16 号）也提出"适当增加高等职业教育专科毕业生接受本科教育的比例"③。国家政策鼓励高等职业教育多渠道、多规格、多模式扩张规模。据统计 1998 年至 2003 年，全国新增设的 114 所本科院校均为"专升本"，其中有相当一部分是高职院校④。

但"专升本"的热潮也引发了一系列问题：升格后的本科院校并没有保留职业教育的属性，而是加入了普通教育行列，直接套用普通本科的办学定位和培养方案，使得高职高专院校脱离了职业教育的方向，造成了职业教育生源严重流失，并因为盲目追求高层次、综合化，以学术研究型大学为发展目标，出现了"学术漂移"的趋向，还存在办学理念模糊、办学质量不高等问题。鉴于此，为了保证我国高等职业教育的健康协调发展，国家开始严格控制职业院校升格，但是一味地堵塞也无法阻止高职院校学生往高层次深造的步伐，我们应该让高职学生"专升本"到本科层次的职业院校或者本科层次的高职类专业，而不是升到普通本科院校。2011 年的全国职业院校技能大赛上，时任教育部副部长鲁昕就明确表示"我国将探索建立包含中职、高职、应用本科、专业硕士等的职业教育体系"，职业本科教育政策初步萌芽。

（二）第二阶段：我国职业本科教育政策的探索（2014—2018 年）

由于第一阶段升本的院校普遍一味地追求研究型定位，过于强调基础理论教学，对

① 中华人民共和国教育部：《试行按新的管理模式和运行机制举办高等职业技术教育的实施意见》，1999 年 1 月 1 日，https://gzy.gxtcmu.edu.cn/Item/132.aspx。

② 中华人民共和国国务院：《中共中央 国务院关于深化教育改革全面推进素质教育的决定》，1999 年 6 月 13 日，http://m.jyb.cn/zyk/jyzcfg/200602/t20060219_55334_wap.html，访问日期：2023 年 7 月 22 日。

③ 中华人民共和国国务院：《国务院关于大力推进职业教育改革与发展的决定》，2022 年 8 月 24 日，https://www.gov.cn/gongbao/content/2002/content_61755.htm，访问日期：2023 年 7 月 22 日。

④ 李红卫：《我国高职专升本政策回顾与展望——兼论我国发展高职本科的路径》，《职教论坛》2010 年第 7 期。

学生的实际应用能力培养不足，因此需要重新考虑专科学校升格为本科院校后的办学定位问题。2014年5月，国务院印发的《国务院关于加快发展现代职业教育的决定》（国发〔2014〕19号）提出，"到2020年，形成适应发展需求、产教深度融合、中职高职衔接、职业教育与普通教育相互沟通，体现终身教育理念，具有中国特色、世界水平的现代职业教育体系"的目标，并"引导普通本科高校向应用技术类型高校转型，重点举办本科职业教育，独立学院转设为独立设置高等学校时，鼓励其定位为应用技术类型高等学校"[①]，高等职业教育提升层次的限制开始解除，地方普通本科院校向应用技术类高校转型发展的政策开始实施。文件首次提出要"探索本科层次职业教育，接受本科层次职业教育的学生达到一定规模"，这是第一个提出"本科层次职业教育"概念的官方政策文件。

同年6月，为了落实上述文件，教育部等六部门提出更具体的发展规划，颁布了《现代职业教育体系建设规划（2014—2020年）》[②]。2015年10月教育部等三部门出台了专门文件《教育部 发展改革委 财政部关于引导部分地方普通本科高校向应用型转变的指导意见》（教发〔2015〕7号）[③]，明确推动已具备条件的试点院校向应用技术类转型，地方普通本科高校转型发展逐渐进入院校落实阶段。2017年1月教育部发布《教育部关于"十三五"时期高等学校设置工作的意见》（教发〔2017〕3号）将我国高等教育从整体上划分为三大类型，即研究型、应用型和职业技能型[④]，明确了应用本科在高等教育中的独立地位。2018年12月，教育部办公厅发布《教育部办公厅关于做好2018年度高等学校设置工作的通知》（教发厅函〔2018〕215号）进一步重申"按照'特色学校不变为综合学校，专科高职学校不升为普通本科学校，职教体系学校不转为普教体系学校'的原则，已列入'十三五'高校设置规划的高等职业学校，不再升格为普通本科学校，择优纳入本科层次职业学校试点"[⑤]。这是启动本科层次职业教育试点前的准备。

（三）第三阶段：我国职业本科教育政策的确立（2019年至今）

2019年1月，国务院颁布的《国家职业教育改革实施方案》（以下简称《方案》）单独提出"开展本科层次职业教育试点"，同时还提出了"推动具备条件的普通本科高校向应用

① 中华人民共和国国务院：《国务院关于加快发展现代职业教育的决定》，2014年5月2日，https://www.gov.cn/zhengce/content/2014-06/22/content_8901.htm，访问日期：2023年7月22日。

② 教育部等六部门：《现代职业教育体系建设规划（2014—2020年）》，2014年6月16日，https://www.gov.cn/gongbao/content/2014/content_2765487.htm，访问日期：2023年7月22日。

③ 教育部等三部门：《三部门关于引导部分地方普通本科高校向应用型转变的指导意见》，2015年10月21日，https://www.gov.cn/xinwen/2015-11/16/content_5013165.htm，访问日期：2023年7月22日。

④ 中华人民共和国教育部：《教育部关于"十三五"时期高等学校设置工作的意见》，2017年1月25日，http://www.moe.gov.cn/srcsite/A03/s181/201702/t20170217_296529.html，访问日期：2023年7月22日。

⑤ 中华人民共和国教育部：《教育部办公厅关于做好2018年度高等学校设置工作的通知》，2018年12月27日，https://www.sohu.com/a/289692621_200190，访问日期：2023年7月22日。

型转变，鼓励有条件的普通高校开办应用技术类型专业或课程"①。从政策层面允许本科层次职业教育在应用本科院校之外实现独立建制②，承认了职业本科的独立性，打开了职业本科教育发展的新思路；并说明了开展本科层次职业教育试点和推动应用本科发展都是完善现代职业教育体系，2019 年 5 月和 12 月，教育部先后批准了两批高职院校升格为本科层次职业学校，并更名为职业（技术）大学。据统计，截至 2023 年 6 月 16 日，获教育部正式批准的本科层次职业学校达 33 所，其中民办院校 22 所，公办院校 11 所，这是贯彻落实《方案》的举措。《方案》从国家层面确定了职业教育和普通教育是两种不同类型的教育，具有同等重要的地位，肯定了职业教育的价值；也改变了"十二五"和"十三五"时期高等职业学校不允许升格为本科学校，不与本科学校进行合并，也不更名为高等专科学校的政策，开始在职业教育系统内部培养高层次人才，满足社会对高层次技术技能人才的需求，也满足受教育者实现自身发展的需要。

2020 年 9 月，为全面落实《方案》，教育部等九部门颁布《职业教育提质培优行动计划（2020—2023 年）》，将《方案》的 20 条内容具体细化为 10 个方面、27 条举措和 56 项重点任务。其中，在职业本科教育方面，明确把发展本科职业教育作为完善现代职业教育体系的关键一环，提出了"稳步推进本科层次职业教育试点，支持符合条件的中国特色高水平高职学校建设单位试办职业教育本科专业。推动具备条件的普通本科高校向应用型转变"③，拓展了职业教育高层次的发展空间。

2021 年 10 月中共中央办公厅、国务院办公厅印发了《关于推动现代职业教育高质量发展的意见》，国家政策由原来的"引导传统普通本科高等学校转型为应用技术类型高校培养本科层次职业人才"变为"鼓励应用本科学校开展职业本科教育"，职业本科教育进入新阶段。

2022 年 5 月 1 日，新修订的《中华人民共和国职业教育法》开始实施，明确规定"高等职业学校教育由专科、本科及以上教育层次的高等职业学校和普通高等学校实施。专科层次高等职业学校设置的培养高端技术技能人才的部分专业，符合产教深度融合、办学特色鲜明、培养质量较高等条件的，经国务院教育行政部门审批，可以实施本科层次的职业教育"④。从法律层面对职业教育的类型地位进行了确立，从而为促进职业本科教育的发展

---

① 中华人民共和国国务院：《国务院关于印发国家职业教育改革实施方案的通知》，2019 年 2 月 13 日，http://www.gov.cn/zhengce/content/2019-02/13/content_5365341.htm，访问日期：2023 年 7 月 22 日。

② 庄西真：《我国本科层次职业教育的前世今生——一个历史制度主义视角的分析》，《教育研究与实验》2021 年第 2 期。

③ 教育部等九部门：《职业教育提质培优行动计划（2020—2023 年）》，2020 年 9 月 16 日，http://www.moe.gov.cn/srcsite/A07/zcs_zhgg/202009/t20200929_492299.html，访问日期：2023 年 7 月 22 日。

④ 中华人民共和国国务院：《中华人民共和国职业教育法》，2022 年 4 月 21 日，http://www.gov.cn/xinwen/2022-04/21/content_5686375.htm，访问日期：2023 年 7 月 22 日。

提供了法律保障，也为职业本科教育更多形式的发展预留了广阔空间。

第二节　当代职业本科教育的政策与法规

一、职业本科教育的国家战略与规划

党的十八大以来，习近平总书记亲自谋划、推动职业教育，在不同时间、不同场合对职业教育作出了系列重要论述。这些重要论述总结了我国职业教育发展的历史经验，形成了有中国特色的"一种类型、两个面向、三种精神、四合模式"的职业教育理论体系[1]。面对新时代需求，2021 年 4 月，习近平总书记又对职业教育工作作出重要指示，强调要"稳步发展职业本科教育，建设一批高水平职业院校和专业"[2]。这为推动现代职业教育体系建设和职业教育高质量发展指明了方向。在现代职业教育体系建设和职业教育高质量发展的进程中，稳步发展职业本科教育既是必然的战略选择，也是核心突破点和增长点所在[3]。

2014 年 6 月国务院印发的《国务院关于加快发展现代职业教育的决定》（国发〔2014〕19 号）首提"探索发展本科层次职业教育"。2019 年 1 月国务院印发《国家职业教育改革实施方案》（以下简称《方案》）要求"开展本科层次职业教育试点"，并于 5 月、12 月先后批准了两批高职院校升格为本科层次职业学校，并更名为职业（技术）大学。

2019 年 4 月，为进一步落实《方案》提出的"1+X"制度试点工作，教育部等四部门印发的《关于在院校实施"学历证书+若干职业技能等级证书"制度试点方案》（教职成〔2019〕6 号）提出"本科层次职业教育试点学校、应用本科高校及国家开放大学可根据专业实际情况选择开展培训评价工作"[4]。同年 5 月，教育部颁布的《教育部关于深入学习贯彻〈国家职业教育改革实施方案〉的通知》（教职成〔2019〕11 号）再一次强调"要完善高层次应用型人才培养体系，推动具备条件的普通本科高校向应用型转变，开展本科层次

---

① 王新波、王敬杰、张浩等：《增强职业教育适应性 加快构建现代职业教育体系——习近平总书记关于教育的重要论述学习研究之五》，《教育研究》2022 年第 5 期。

② 《习近平对职业教育工作作出重要指示》，2021 年 4 月 13 日，https://www.gov.cn/xinwen/2021-04/13/content_5599267.htm，访问日期：2023 年 11 月 19 日。

③ 石伟平：《稳步发展职业本科教育助推技能社会建设》，《国家教育行政学院学报》2021 年第 5 期。

④ 教育部等四部门：《关于在院校实施"学历证书＋若干职业技能等级证书"制度试点方案》，2019 年 4 月 15 日，http://www.moe.gov.cn/srcsite/A07/moe_953/201904/t20190415_378129.html，访问日期：2023 年 11 月 19 日。

职业教育试点，探索长学制培养高端技术技能人才"①。2020年9月，为全面落实《方案》，教育部等九部门颁布《职业教育提质培优行动计划（2020—2023年）》，将《方案》的20条内容具体细化为10个方面、27条举措和56项重点任务。

2021年1月教育部先后颁布《本科层次职业教育专业设置管理办法（试行）》（教职成厅〔2021〕1号）和《本科层次职业学校设置标准（试行）》（教发〔2021〕1号）两个规范职业本科院校办学的文件，不仅加强了职业本科教育专业设置的管理，引导职业本科院校科学设置专业，还规范了本科层次职业学校设置工作，进一步完善现代职业教育体系的构建。3月教育部发布新修订的《职业教育专业目录（2021年）》（以下简称《目录》），是根据2020年8月教育部办公厅印发的《教育部办公厅关于做好职业教育专业目录修（制）订工作的通知》（教职成厅函〔2020〕10号）提出的要求制定的，"一体化设计中职、高职专科、本科层次职业教育专业目录，明确和畅通职业教育人才成长通道"②。2020年4月教育部颁布的《关于组织开展本科层次职业教育试点专业设置论证工作的通知》也明确要求"避免简单套用普通本科模式，不设置学科导向明显的专业，不做专科层次职业教育的简单延伸。注重中等职业教育、专科层次职业教育、本科层次职业教育、专业学位研究生的纵向贯通、有机衔接和一体化设计，服务现代职业教育体系建设"③。基于各项政策的要求，新版《目录》一体化设置了中等职业教育专业、高等职业教育专科专业、高等职业教育本科专业的专业体系结构，并设计了专业大类、专业类、专业的目录框架。其中，本科层次职业教育设置了19个专业大类、90个专业类和247个专业，专业重点面向实体经济领域设置，满足我国现代化经济体系建设对高层次技术技能人才的需要，并考虑到了其与中等职业教育和专科职业教育专业的衔接，有利于职业教育各个学段技术技能人才的一贯制培养。

2021年7月教育部发布的《教育部关于"十四五"时期高等学校设置工作的意见》（教发〔2021〕10号），提出"以优质高等职业学校为基础，稳步发展本科层次职业学校，逐步完善学校和专业设置标准、专业目录、学位授予以及评价机制等，引导学校坚持职业属性，遵循职业教育规律办学"④。同年8月，教育部发展规划司印发的《关于开展"十四五"时期高等学校设置规划编制工作的通知》（教发司〔2021〕76号）要求"拟升格的师范、医学、公安高等专科学校，须为2006年及以前审批设立，原则上每个类型每省（区、市）不超过

① 中华人民共和国教育部：《教育部关于深入学习贯彻〈国家职业教育改革实施方案〉的通知》，2019年5月6日，http://www.moe.gov.cn/srcsite/A07/zcs_zhgg/201905/t20190517_382357.html，访问日期：2023年11月19日。
② 中华人民共和国教育部：《教育部关于做好职业教育专业目录修（制）订工作的通知》，2020年8月14日，http://www.moe.gov.cn/srcsite/A07/moe_953/202008/t20200820_479137.html，访问日期：2023年11月19日。
③ 中华人民共和国教育部：《教育部关于组织开展本科层次职业教育试点专业设置论证工作的通知》，2020年4月3日，https://www.163.com/dy/article/FANF0VEC0516QHFP.html，访问日期：2023年11月19日。
④ 中华人民共和国教育部：《教育部关于"十四五"时期高等学校设置工作的意见》，2021年7月28日，https://www.qzygz.edu.cn/fzghc/info/1025/1177.htm，访问日期：2023年11月19日。

1 所；拟设立的本科层次职业学校，须把控节奏、优中选优，对照本科层次职业学校设置标准综合考量后，再编入规划，原则上每省（区、市）不超过 2 所"[1]。随着国家和地方政府的推动，越来越多的高职院校都在争取升格为本科院校，但要想稳步发展职业本科教育，必须严格控制高职院校升格的数量和质量。因此教育部列出了严格的升本指标，优中选优，符合要求再升格，有利于职业本科教育的长远发展。

2021 年 10 月中共中央办公厅、国务院办公厅印发的《关于推动现代职业教育高质量发展的意见》对一体化设计职业教育人才培养体系，推动职业本科教育专业设置、培养目标、课程体系、培养方案衔接等方面作出了具体规定。还提出了"到 2025 年，职业教育类型特色更加鲜明，现代职业教育体系基本建成"的远景目标，并提出"职业本科教育招生规模不低于高等职业教育招生规模的 10%"的具体要求。

从 2014 年的"探索发展本科层次职业教育"到"开展本科层次职业教育试点"，再到"稳步发展本科层次职业教育"，国家出台的一系列政策制度都在支持职业本科教育的发展，发展职业本科教育的战略意图越来越明晰，目标也更加明确，为职业本科教育稳步发展提供了制度保障。随着职业本科教育类型地位的确立和现代职业教育体系的日益完善，职业本科教育在国家政策层面获得越来越多的重视。职业本科教育已逐步从政策体系的话语词汇演变成了独具中国特色的伟大实践。

二、职业本科教育的法律法规与制度建设

依法治教是我国社会现代化发展的必由之路，职业本科教育的产生与发展同样离不开国家出台的各项法律法规。政府通过对法律法规持续的修订和完善，最终形成内容明确且操作性强的政策文件。法律法规的实施严格且相对稳定，为教育界的重大发展和改革奠定了强有效的基础。政府在制定关于职业本科院校的法律法规时也避免了计划经济时期的旧思维，摒弃过度的管理职能，下发更大的自主权给学校。但政府简政放权不代表放任其不管，而是从原本的管理转变成监督，在扩大学校自主权的同时加强对其宏观管理与指导。

2022 年 4 月 20 日，第十三届全国人民代表大会常务委员会对《中华人民共和国职业教育法》（以下简称《职教法（2022）》）进行了第三十四次会议修订，为了推动职业教育高质量发展，提高劳动者素质和技术能力水平，促进就业创业，建设教育强国、人力资源强国和技能型社会，推进社会主义现代化建设，根据宪法，制定本法[2]。《职教法（2022）》包含了总则、职业教育体系、职业教育的实施、职业学校和职业培训机构、职业教育的教师

---

[1] 中华人民共和国教育部：《教育部关于开展"十四五"时期高等学校设置规划编制工作的通知》，2021 年 8 月 3 日，https://www.qzygz.edu.cn/fzghc/info/1025/1178.htm，访问日期：2023 年 11 月 19 日。

[2] 中华人民共和国国务院：《中华人民共和国职业教育法》，2022 年 4 月 21 日，http://www.gov.cn/xinwen/2022-04/21/content_5686375.htm，访问日期：2023 年 7 月 22 日。

与受教育者、职业教育的保障、法律责任以及附则八部分内容，其中，在《职教法（2022）》的第十五条、第十七条以及第五十一条分别规定："其他学校、教育机构或者符合条件的企业、行业组织按照教育行政部门的统筹规划，可以实施相应层次的职业学校教育或者提供纳入人才培养方案的学分课程。""国家建立健全各级各类学校教育与职业培训学分、资历以及其他学习成果的认证、积累和转换机制，推进职业教育国家学分银行建设，促进职业教育与普通教育的学习成果融通、互认。""接受职业学校教育，达到相应学业要求，经学校考核合格的，取得相应的学业证书；接受职业培训，经职业培训机构或者职业学校考核合格的，取得相应的培训证书；经符合国家规定的专门机构考核合格的，取得相应的职业资格证书或者职业技能等级证书。"[①]这些法律政策上的规定，明确了人才培养方案制订的主体，支持各级教育与职业培训间学分和学习成果的互认，对于学位证书、职业资格证书以及职业技能等级证书都给予法律上的肯定。国家对职业教育法律的再次修订，体现出国家对职业教育发展的重视，也表明了国家要大力推动职业教育发展的决心。

1996年颁布的《中华人民共和国职业教育法》（以下简称"职教法"）于2022年第一次修订，时间跨度长达二十六年。职教法的再次修订，从法律层面支持这些政策文件中提出的关于职业本科的政策方针，充分体现国家意志，更加有效地为职业本科教育的高质量发展提供保障。

职业本科教育是职业教育体系层次的升级，也是高等教育体系类型的完善，促进职业本科教育与高职专科教育的合理衔接、职业本科教育与普通本科教育的有效沟通是国家法律法规应该解决的核心问题。虽然国家陆续颁布一些关于职业本科教育的法律法规，但这些政策文件只是从部分角度开展规划，没能从顶层设计上进行整体性规划。由于缺乏对学校办学定位、人才培养方面相关的指导，试点院校在探索办学定位和人才培养的过程中可能受到普通本科院校一定程度的影响，模糊不清的办学定位终将导致其人才培养偏离正确方向。由此可见，在法律法规建设时首先应该根据办学定位、人才培养、专业设置和经费投入等方面的区别，明确在不同类型和层次中学校的权责，引导试点院校的人才培养实现与普通本科院校相辅相成的目标。

法律法规建设除了开展整体宏观层面的架构设计，还需要针对微观层面进行可落实的指导。只有当法律法规既强调整体与细节的匹配，又注重横向与纵向的结合，其内容才能明确且具备较强的操作性和适应性。国家为大力发展职业教育出台了一系列政策文件，在一定程度上促进了职业教育的发展。但目前来看相关的政策文件中多是提倡性或激励性的指示，少有约束性或惩戒性的规定，导致最终的执行难以达到法律法规应有的效果。同时，

[①] 中华人民共和国国务院：《中华人民共和国职业教育法》，2022年4月21日，http://www.gov.cn/xinwen/2022-04/21/content_5686375.htm，访问日期：2023年7月22日。

由于职业本科院校人才培养涉及的利益相关者数量较多，法律法规很难同时兼顾不同利益者，导致政策在落地过程中出现问题或冲突。大部分地方政府出台的政策都是对政府法律法规的简单复制修改版，造成学校的人才培养很难适应区域社会经济发展状况和特色。因此，职业本科院校的积极性需要在市场经济的调节作用下得到激发，能够及时应对社会发展和市场变化，有效提升所培养的人才的适应性。

第三节　当代职业本科教育的规模与结构

一、职业本科教育的学生来源与流向

《中华人民共和国国民经济和社会发展第十四个五年规划和 2035 年远景目标纲要》提出，实施现代职业技术教育质量提升计划，建设一批高水平职业技术院校和专业，稳步发展职业本科教育。2022 年 2 月，在教育部新闻发布会上，教育部职业教育与成人教育司司长陈子季提到，我国职业本科高校现有 32 所，在校生 12.9 万人，为确保至 2025 年达到 10% 的发展目标，将多措并举，加大职业本科教育人才培养力度。

（一）职业本科教育的学生来源

目前，职业本科高校学生的来源主要有三个，分别是普通高考、职教高考、"专升本"。

1. 普通高考

职业本科同样面向普通高考招生，同样设置了针对普通高考的招生计划与招生专业。值得注意的是，升本之后的各职业本科高校，其文理科录取分数线均有较大幅度的提升。以重庆机电职业技术大学为例，该校是全国首批本科层次职业学校改革试点单位，2019年开始招收本科学生，2020 年获得"专升本"招生资格。该校 2021 年专科录取最低分数线为 180 分，而本科录取最低分数线为 446 分，两者存在近 260 分的差距。2021 年湖南软件职业技术大学首批五个本科专业：软件工程技术、大数据工程技术、电子商务、数字动画、建设工程管理，招生计划全部录满，本科生生源充足且生源质量好，分数线均高于本科录取线，其中物理类最高 480 分，超出湖南省本科录取线 46 分，历史类最高 500分，超出湖南省本科录取线 34 分。各高校录取分数最高的为浙江广厦建设职业技术大学，2020 年的文理科（本科）录取分数线都在 490 分以上。2023 年职业本科在普通高考中的招生专业与计划（部分）见表 1。

表 1 2023 年职业本科在普通高考中的招生专业与计划（部分）

专业代码	专业名称	层次	授予学位门类	招生学校数	招生人数
220401	油气储运工程	本科	工学	1	2
220801	生态环境工程技术	本科	工学	1	2
220901	安全工程技术	本科	工学	1	2
230602	新材料与应用技术	本科	工学	1	65
240101	建筑设计	本科	工学	1	42
240104	园林景观工程	本科	工学	1	60
240301	建筑工程	本科	工学	3	106
240302	智能建造工程	本科	工学	1	40
240402	建筑电气与智能化工程	本科	工学	1	10
240501	工程造价	本科	工学/管理学	3	40
240502	建设工程管理	本科	工学/管理学	2	66
260101	机械设计制造及自动化	本科	工学	4	10
260102	智能制造工程技术	本科	工学	3	10
260104	工业设计	本科	工学	2	6
260106	材料成型及控制工程	本科	工学	1	2
260302	电气工程及自动化	本科	工学	2	4
260304	机器人技术	本科	工学	2	7
260306	现代测控工程技术	本科	工学	1	2
260702	新能源汽车工程技术	本科	工学	1	5

2. 职教高考

职教高考，也叫职业教育高考，是相对于普通高考（普通高等学校招生全国统一考试）的职业教育的专门性高考。教育部将深入贯彻党的十九大提出的"完善职业教育和培训体系"要求，按照考试招生制度改革总体部署，统筹各级各类职业教育发展，畅通职业教育体系内部升学通道，调整高职招生计划分配和考试招生政策，适度提高专科职业学校招收中职学校毕业生的比例、本科职业学校招收专科职业学校毕业生的比例，逐步建立"职教高考"制度，使之成为高职考试招生主渠道。

职教高考旨在培养更多具备实际职业技能和文化素养的人才，推动职业教育与普通教育并重、协同发展。相比于普通高考，职教高考更加注重考察学生的职业技能和文化素质，采用"文化素质+职业技能"考试招生办法，为职业教育学生提供更多的升学机会和发展途径。职教高考的考试科目主要包括语文、数学和英语三门科目，同时考察学生的职业技能。

职教高考的招生对象主要是职业高中、中专技校等中等职业技术型学校的三年级学生或往届毕业生。这些学生通常已经接受了一定程度的职业技能培训，通过职教高考，他们可以进一步提升自己的学历，获得更多职业发展机会。职教高考的录取院校主要是指定的大专院校。通过职教高考录取的学生，将有机会进入这些院校深造学习，提升自己的职业素养和专业技能。

3. "专升本"

高职高专学生的专升本形式有多种途径。"专升本"一般特指普通高等学校专升本考试，又简称"普通专升本考试"，是指应届普通全日制专科毕业生经过一定选拔程序可以进入普通高等学校本科继续学习。办学条件达到国家设置标准的普通本科院校，经省教育厅批准，可按规定的推荐选拔程序和名额招收优秀高职高专毕业生进入本科阶段学习，国家公办和民办一本、二本、三本院校均具有普通专升本招生资质。目前，各省专升本招生名额主要来源于本省普通高等本科院校。

2022年教育部职业本科备案数据显示，32所职业本科高校共备案608个专业，其中兼报专升本招生专业328个，即超过50%的本科专业兼招专升本学生。职业本科高校开设专升本专业，是职业本科高校招收本科学生的另一个重要渠道。

2022年2月，教育部召开的新闻发布会中提到，目前全国专升本的比例已达20%，下一步将力争让更多的职业学校毕业生接受高质量的职业本科教育。随着未来三年职业本科的大规模扩招，将给有志于继续提升学业、锻炼技能、面向就业的考生提供更多的机会。浙江省2021年各招生院校仅开放普通本科专业招生，2022年新增高职本科专业，高职本科专业的招生计划占比近5%。广东工商职业技术大学2022年普通高校专升本普通批次共开设15个招生专业，涵盖了工学、管理学、文学、教育学、艺术学等5个学科门类，该校专升本招生计划超过5000人。

高职（专科）院校毕业学生，期望通过专升本提升学历以更好就业，虽然现阶段目标院校仍以普通本科为主，但是从教育部职业本科备案专业的数据变化趋势可以看出，未来职业本科高校专升本专业将是专升本招生名额的重要来源。

（二）职业本科教育的学生流向

2021年10月，中共中央办公厅、国务院办公厅印发的《关于推动现代职业教育高质量发展的意见》要求职业教育优先发展先进制造、新能源、新材料、现代农业、现代信息技术、生物技术、人工智能等产业需要的一批新兴专业，加快建设学前、护理、康养、家政等一批人才紧缺的专业，改造升级钢铁冶金、化工医药、建筑工程、轻纺制造等一批传统专业，撤并淘汰供给过剩、就业率低、职业岗位消失的专业。随着我国进入新发展阶段，产业升级和经济结构调整不断加快，各行各业对技术技能人才的需求越来越强烈。

最新统计数据显示，近五年高等职业学校毕业生半年后就业率持续稳定在90%左右，即便在新冠疫情影响下，2020年就业率依然达到84.23%，反映出社会对于职校毕业生较为旺盛的需求，而职业本科的毕业学生相对职业专科学生就业更有优势。

目前，职业本科高校毕业生去向主要有三个：企业工作、升学深造、考公考编，其中以入职对口企业工作作为主要的就业方式。但多数学生的就业去向尚未有详细统计，但他们的本科毕业证书和学士学位证书让就业路的数量和宽度都有明显的增加，考研、考公考编、入职世界500强企业都成为他们就业的可选方案。

二、职业本科教育的学校类型与层次

2021年1月27日，教育部出台了《本科层次职业学校设置标准（试行）》（教发〔2021〕1号）（以下简称《标准》）。《标准》的编制与出台遵循职业本科教育的办学定位，是对新时代贯彻国家关于职业教育改革发展的新部署，落实《国家职业教育改革实施方案》中"职业教育与普通教育是两种不同教育类型，具有同等重要地位""开展本科层次职业教育试点"的要求，更是构建服务全民终身学习的中国特色现代职教体系的重要策略。

自我国首批15所职业本科学校开展试点以来，打开了高等职业教育通向职业本科、职业硕士研究生、职业博士研究生的大门。在政策的强力推动、社会的高度关注、学校的不懈努力下，职业本科教育已逐步迈入稳步发展阶段，总体呈现出起步稳、发展快和前景广等态势。

我国职业本科试点已开展近三年，试点工作得到了政府、行业企业、社会及学校的大力支持；截至2023年5月22日，全国33所职业本科试点学校应运而生，职业本科教育稳步推进。职业本科33所试点学校名单见表2。

表2　职业本科33所试点学校名单

序号	学校名称	建校路径	办学性质	办学层次	学校类别	获批时间	所在省份
1	广东工商职业技术大学	专科升格	民办	中国顶尖职业技术大学	综合	2019.6	广东
2	广州科技职业技术大学	专科升格	民办	区域一流职业技术大学	综合	2019.6	广东
3	海南科技职业大学	专科升格	民办	中国顶尖职业技术大学	理工	2019.6	海南

序号	学校名称	建校路径	办学性质	办学层次	学校类别	获批时间	所在省份
4	泉州职业技术大学	专科升格	民办	区域一流职业技术大学	综合	2019.6	福建
5	山东外事职业大学	专科升格	民办	中国高水平职业技术大学	综合	2019.6	山东
6	南昌职业大学	专科升格	民办	中国高水平职业技术大学	综合	2019.6	江西
7	江西软件职业技术大学	专科升格	民办	区域一流职业技术大学	理工	2019.6	江西
8	西安汽车职业大学	专科升格	民办	中国高水平职业技术大学	理工	2019.6	陕西
9	西安信息职业大学	专科升格	民办	区域一流职业技术大学	理工	2019.6	陕西
10	成都艺术职业大学	专科升格	民办	区域一流职业技术大学	艺术	2019.6	四川
11	重庆机电职业技术大学	专科升格	民办	区域一流职业技术大学	理工	2019.6	重庆
12	山东外国语职业技术大学	专科升格	民办	中国高水平职业技术大学	语言	2019.6	山东
13	山东工程职业技术大学	专科升格	民办	区域一流职业技术大学	理工	2019.6	山东
14	河南科技职业大学	专科升格	民办	中国高水平职业技术大学	理工	2019.6	河南
15	广西城市职业大学	专科升格	民办	中国一流职业技术大学	综合	2019.6	广西
16	辽宁理工职业大学	专科升格	民办	中国一流职业技术大学	理工	2020.6	辽宁
17	上海中侨职业技术大学	专科升格	民办	中国高水平职业技术大学	财经	2020.6	上海
18	运城职业技术大学	专科升格	民办	区域一流职业技术大学	综合	2020.6	山西
19	新疆天山职业技术大学	专科升格	民办	区域一流职业技术大学	综合	2020.6	新疆
20	浙江广厦建设职业技术大学	专科升格	民办	区域一流职业技术大学	理工	2020.6	浙江
21	南京工业职业技术大学	专科升格	公办	中国一流职业技术大学	理工	2020.6	江苏
22	景德镇艺术职业大学	独立学院转设	民办	区域一流职业技术大学	艺术	2021.1	江西
23	山西工程科技职业大学	合并转设	公办	中国一流职业技术大学	理工	2021.1	山西
24	河北工业职业技术大学	合并转设	公办	中国一流职业技术大学	理工	2021.2	河北
25	河北科技工程职业技术大学	合并转设	公办	中国一流职业技术大学	理工	2021.2	河北
26	河北石油职业技术大学	合并转设	公办	中国高水平职业技术大学	理工	2021.2	河北
27	湖南软件职业技术大学	专科升格	民办	中国高水平职业技术大学	理工	2021.5	湖南
28	广西农业职业技术大学	合并转设	公办	区域一流职业技术大学	农林	2021.5	广西
29	兰州资源环境职业技术大学	合并转设	公办	中国顶尖职业技术大学	理工	2021.5	甘肃
30	贵阳康养职业大学	合并转设	公办	中国高水平职业技术大学	医药	2021.9	贵州

续表

序号	学校名称	建校路径	办学性质	办学层次	学校类别	获批时间	所在省份
31	兰州石化职业技术大学	合并转设	公办	中国一流职业技术大学	理工	2021.9	甘肃
32	浙江药科职业大学	合并转设	公办	中国高水平职业技术大学	医药	2021.10	浙江
33	深圳职业技术大学	合并转设	公办	中国一流职业技术大学	综合	2023.6	广东

（一）我国职业本科制度体系正在逐步形成

近年来国家相继出台了一系列支撑职业本科试点的政策制度。

一是《国家职业教育改革实施方案》从国家层面确定了职业本科和普通本科具有同等重要地位，是组成我国高等教育并行的"两条铁轨"，缺一不可[①]。

二是《本科层次职业学校设置标准（试行）》（教发〔2021〕1号）明确了职业本科学校基本设置条件，量化了办学规模、专业设置、师资队伍、人才培养、科研与社会服务能力及基础设施等指标[②]。

三是《本科层次职业教育专业设置管理办法（试行）》（教职成厅〔2021〕1号）细化了职业本科专业设置条件与要求、专业设置流程及专业设置指导和监督[③]。

四是《职业教育专业目录（2021年）》完善了职业本科专业设置目录，将职业本科专业分为19个专业大类，90个专业类和247个专业[④]。

五是《关于推动现代职业教育高质量发展的意见》首次对职业本科招生规模进行了量化，要求到2025年职业本科教育招生规模不低于高等职业教育招生规模的10%[⑤]。

六是《关于做好本科层次职业学校学士学位授权与授予工作的意见》（学位办〔2021〕30号）确定了职业本科和普通本科同等质量，正式将职业本科纳入现有学士学位体系，在就业、考研及职称评审等方面一视同仁[⑥]。

以上制度体系为职业本科试点稳步发展提供了制度保障。

---

① 中华人民共和国国务院：《国务院关于印发国家职业教育改革实施方案的通知》，《中华人民共和国国务院公报》2019年第6号。

② 中华人民共和国教育部：《教育部办公厅关于印发〈本科层次职业教育专业设置管理办法（试行）〉的通知》，2021年1月22日。

③ 中华人民共和国教育部：《教育部办公厅关于印发〈本科层次职业教育专业设置管理办法（试行）〉的通知》，2021年1月22日。

④ 中华人民共和国教育部：《教育部办公厅关于印发〈本科层次职业教育专业设置管理办法（试行）〉的通知》，2021年1月22日。

⑤ 中华人民共和国国务院：《中共中央办公厅 国务院办公厅印发〈关于推动现代职业教育高质量发展的意见〉》，《中华人民共和国国务院公报》2021年第30号。

⑥ 中华人民共和国国务院：《关于做好本科层次职业学校学士学位授权与授予工作的意见》，2021年11月18日。

（二）职业本科试点学校正在逐年增加

1. 从试点院校数量来分析

以教育部批准各校参与职业本科试点的时间节点进行统计，截至 2023 年 5 月 22 日，全国已有 33 所学校参与职业本科试点。其中，2019 年 15 所，2020 年 6 所，2021 年 11 所，2023 年 1 所。33 所试点学校中由高职院校升格为职业本科的 23 所，由独立学院和高职院校合并转设的 10 所，分别占比 69.70% 和 30.30%。高职院校直接升格模式明显多于独立学院和高职院校合并转设模式。33 所试点学校中以"职业技术大学"命名的 20 所，以"职业大学"命名的 13 所，分别占比 60.60% 和 39.40%。以"职业技术大学"命名略多于"职业大学"命名，两者目前只有学校名称字数多少和长短的区别，暂未有相关教育职能部门或职业教育研究机构分析其好坏和利弊。

2. 从试点院校布局来分析

全国 31 个省份（港、澳、台除外）已开展职业本科试点的有 20 个，未开展职业本科试点的有 11 个，分别占比 64.52% 和 35.48%。开展职业本科试点的省份中，有 3 所职业本科试点学校的 3 个，分别为河北省、江西省和山东省；有 2 所职业本科试点学校的 6 个，分别为广西壮族自治区、广东省、山西省、陕西省、浙江省和甘肃省；仅 1 所职业本科试点学校的有 10 个，分别为河南省、海南省、四川省、江苏省、辽宁省、湖南省、贵州省、重庆市、上海市、新疆维吾尔自治区。暂未开展试点的 11 个省份目前均在积极筹备和申报过程中。从全国整体情况来看，职业本科试点分布呈多点布局、全面推进趋势[①]。

3. 从试点院校办学性质来分析

全国 33 所职业本科试点学校中民办性质的有 22 所，公办性质的仅 11 所，分别占比 66.67% 和 33.33%。民办职业本科试点学校明显多于公办。2019 年批准的 15 所试点学校全部为民办性质，占比 100%。2020 年批准的 6 所试点学校中民办性质的有 5 所，公办性质的有 1 所，分别占 83.33% 和 16.67%。2021 年批准的 11 所职业本科学校中民办性质为 2 所，公办性质为 9 所，分别占比 18.18% 和 81.82%。2023 年批准的 1 所职业本科学校是公办性质，占比 100%。可以看出，教育部在新审批试点学校过程中已由民办为主向公办为主转变。

三、职业本科教育的专业设置与布局

2021 年教育部办公厅印发《本科层次职业教育专业设置管理办法（试行）》（教职成厅〔2021〕1 号）的通知，提出《职业本科专业设置标准》，《标准》有 7 个一级指标，24 个观

---

① 中华人民共和国国务院：《关于做好本科层次职业学校学士学位授权与授予工作的意见》，2021 年 11 月 18 日。

测点。职业本科专业设置标准见表 3。

表 3　职业本科专业设置标准

一级指标	二级指标	指标要求	指标属性
专业定位	专业定位	围绕服务国家或区域经济社会发展重点产业领域，准确对应职业岗位（群），培养契合新技术革命和产业转型升级对高素质高层次技术技能人才的需求	定性
	专业规模	年均招生 50 人以上	定量
师资队伍	师生比	专任教师与学生比不高于 1:18	定量
	"双师"素质	有三年以上企业工作经历或近五年累计不低于 6 个月社会实践工作经历的专业课教师，占全体专业课教师总数不低于 50%	定量
	学历职称要求	专任教师中硕士以上学位的比例占 80% 以上，高级职称的比例占 30% 以上	定量
	兼职教师	专任、兼职教师比达 1:1	定量
	教学和科技团队	有省级以上教师教学或科技创新团队	定量
	教学名师和高层次人才	有省级以上教学名师或高层次人才培养对象	定量
	教师获奖	专任教师获得国家级教学成果奖 1 项以上，或专任教师近三年获得省级以上教学能力大赛奖励 2 项以上	定量
课程与教材	课程建设	专业专任教师主持 1 门国家级或 2 门省级以上精品在线开放课程，或主持职业教育专业教学资源库和子项目	定量
	教材建设	专业专任教师有主编国家规划教材或省级精品教材、重点教材 2 部以上	定量
实践教学	实训基地规模	实训基地条件优于高等职业学校专业实训教学条件建设标准，生均实训场所面积不少于 10 平方米，生均教学科研仪器设备值 1 万元以上	定量
	实训基地	建有与本专业紧密相关省级以上虚拟仿真实训室或生产性实训基地	定量
	实践课比例	实践性教学课时占总课时的比例不低于 50%	定量
校企合作	产业学院	与行业领先企业合作共建产业学院或建立职教集团 1 个以上	定量
	校内实训基地	与行业领先企业合作共建实训基地 1 个以上	定量
	校外实训基地	与企业合作建立校外实训基地 20 个以上	定量

续表

一级指标	二级指标	指标要求	指标属性
技术研发与社会服务	科技平台	建有与本专业紧密相关的省级以上工程技术中心或重点实验室或技能大师工作室	定量
	科技项目	近五年，主持纵向课题5项以上或横向课题经费到账100万元以上（文科20万元以上）	定量
	科研成果	近五年获得省级以上科技或推广成果奖、哲学社会科学优秀成果奖1项以上，或近五年获得国家授权发明专利10项以上	定量
	教育培训与技术服务	年均开展培训500人次以上或年均向企业、社会等推广新技术10项以上	定量
	对口帮扶	对口支援相关院校专业2个以上	定量
人才培养质量	学生获奖	近五年本专业有学生获得全国职业院校技能大赛、"互联网+"创新创业大赛、"挑战杯"大赛国家级奖项	定量
	就业质量	近三年本专业毕业生就业率95%以上，用人单位满意度85%以上	定量

（一）职业本科专业设置指标要求

（1）专业定位，指根据国家或区域经济社会发展重点产业，找准产业职业岗位（群），合理确定专业办学目标，使专业更好地为新技术革命和产业转型升级服务。

（2）专业规模，指年均招生人数。

（3）师生比，指专任教师总数与该专业在校生总数的比值。

（4）"双师"素质，指具备讲师以上职称并具备其他技术系列职称或职业技能等级证书或近五年在企业（社会）一线实践累计达1年以上的教师。

（5）学历职称要求，指专任教师中高级职称教师比例。

（6）兼职教师，指学校从企业（社会）一线聘请从事理论和实践教学的教师。

（7）教学和科技团队，指获得省级以上教育行政部门或行业主管部门认定的教学和科技团队。

（8）教学名师和高层次人才，指获得国家教学名师、万人计划教学名师、国务院政府特殊津贴享受者、全国模范教师等称号，或各省教育厅、科技厅等教育或行业主管部门确定的教学名师和高层次人才对象。

（9）教师获奖，指专任教师作为主要完成人获得仅包括教育部组织评选的教育教学成果奖。专任教师教学能力大赛获奖指该专业专任教师在教育部、教育厅主办的职业院校教师教学能力比赛中获奖。

（10）课程建设包括两个方面：一是省级以上在线开放课程，指教育部认定的国家精品课程，国家精品资源共享课程、国家精品在线开放课程等国家级课程或省教育厅认定的省精品课程、省精品在线开放课程等省级课程。二是职业教育专业教学资源库，指本专业主持或参与职业教育专业教学资源库及子项目建设。

（11）教材建设，指本专业老师公开出版获得教育部认定（审定）的国家规划教材或获得省教育厅认定（审定）的精品教材或重点教材。

（12）实训基地规模，指该专业校内实训场所总面积与专业在校生人数的比值和生均教育科研仪器设备值在1万元以上。

（13）实训基地，指包括中央财政支持的职业教育实训基地建设项目；教育部认定的生产性实训基地、虚拟仿真实训中心，各省财政支持的实训基地建设项目。

（14）实践课比例，指实践教学课时占所有课程总课时的比例。

（15）产业学院，指由学校和企业根据各自优势合作共建的股份制产业学院。

（16）校内实训基地，由校企共建校内实训室等实训基地。

（17）校外实训基地，与校外合作企业签订合作协议共建校外实训基地，企业为学生提供实训岗位。

（18）科技平台，指省级工程实验室（工程中心）、省工程（技术）研究中心、省技术转移中心、省级大学科技园、省高校协同创新中心（高职院校工程技术中心）等省级以上科技平台。技能大师工作室指为高技能人才开展技术研修、技术攻关、技术技能创新和带徒传技等创造条件而建立的省级以上技能大师的工作室。

（19）科技项目，纵向课题指由各级政府及其职能部门、各基金委下达的项目，纵向科研项目包括三类：国家级项目、省部级项目和地厅级项目。横向课题指由社会需求单位，例如企业、事业、政府机构等委托的科学研究、技术咨询、技术开发、技术服务等项目。

（20）科研成果，指科学技术奖、哲学社会科学优秀成果奖、高校哲学社会科学优秀成果奖、教育科学研究成果奖（高校科学技术研究成果奖）等奖项。授权发明专利指获得通过中国国家知识产权局授权的发明专利。

（21）教育培训与技术服务，教育培训指承担的各类非学历培训的总人次；技术服务指通过试验、示范、培训、指导以及咨询服务等，向企业推广新技术、新工艺、新规范等。

（22）对口帮扶，对口帮扶指学校与对口支援院校签订帮扶协议，并对其帮扶建设；精准扶贫指专业发挥自身优势，积极参与精准扶贫工作。

（23）学生获奖，包括世界技能大赛、全国职业院校技能大赛、中国"互联网+"大学生创新创业大赛，"挑战杯"大赛。

（24）就业质量，指毕业生年底就业率。

（二）职业本科专业布局

职业本科19个专业大类中已开展试点的专业大类有16个，仅水利大类、轻工纺织大类、公安与司法大类3个专业大类暂无学校开展试点。90个职业本科专业类中已开展试点的专业类有38个，占职业本科专业总数的42.22%。其中，招生专业数量最多的首先是计算机类，有8个专业开展试点；其次是语言类，有5个专业开展试点；最后是机械设计制造类和艺术设计类，分别有4个专业开展试点。247个职业本科专业中已开展试点的专业有63个，占专业总数的25.51%。当前，出现部分专业扎堆试点现象，例如大数据工程、机械设计制造及自动化管理专业已有15所试点学校招生，软件工程技术专业有14所试点学校招生，电子商务和建筑工程专业分别有12所试点学校招生[1]。由此可见，近三年各试点学校招生专业主要集中在部分专业和专业类上，还有部分专业无人问津。未来需要开展试点的专业和专业类空间较大。

---

① 周金堂：《职业教育改革背景下本科层次职业教育试点工作的观察与思考》，《职业教育研究》2022年第5期。

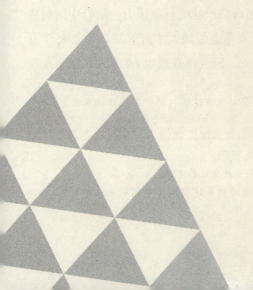

第三章

当代中国职业本科教育的现状与问题

第一节 职业本科教育的质量与效益

一、职业本科教育的质量标准与评估

（一）我国职业教育发展的现实困境

新中国成立 70 多年来，我国已经建立了完善的职业教育体系，截至 2019 年累计为社会培养了 1.11 亿名技术技能人才（中职 6492.61 万人，高职 4595.48 万人）[①]，是德国总人口（8270 万）的 1.3 倍，是瑞士总人口（850.89 万）的 13 倍[②]。从学校数量、招生规模和在校生规模看，我国是当之无愧的世界职业教育大国。按照人力资本理论假设，职业教育培养如此庞大规模的技术技能人才应该可以支撑我国成为世界制造业强国。但从制造业水平和国际竞争力看，我国只是制造业大国而非制造业强国。究其原因，我国虽然建构了相对完善的职业教育体系，但并未建构完善的、以用人标准为导向的职业教育国家标准体系。这导致职业教育培养的人才缺乏基本的专业技术技能；所掌握的专业技术技能与市场需求脱节。例如"十万年薪招不到高级技工"[③]；6000 万专业技术人才岗位中，约有 1/3 空缺或者技术不合格；与我国制造业十大重点领域 2025 年人才需求缺口高达 2985.7 万人相对，职业院校每年培养的专业技术技能人才不足 200 万人[④]。

紧密对接产业经济发展需求进行专业设置是职业教育为社会经济发展提供优质人才支撑的前提和保障[⑤]。据麦可思统计，2010—2018 年，法律事务、语文教育（汉语言文学教育）连续 9 年被划为高职高专就业红牌专业；计算机应用技术、电子商务在 2010—2014 年连续 5 年被划为高职高专就业红牌专业。每年都有多个专业被划为就业红牌专业，意味着每年都有数以万计的毕业生因专业与市场需求脱节而面临严峻的就业压力。结合中国制造业发展现状与趋势预测，到 2025，我国制造业十大重点领域人才需求缺口为 2985.7 万人。而 2015 年，我国工科类专业本科在校生 525 万人、研究生在校生 69 万人，高职在校

---

① 杨公安、白旭东、韦鹏：《职业教育质量评价标准逻辑模型与体系建构》，《中国职业技术教育》2019 年第 20 期。

② 中华人民共和国国家统计局：《各级各类学校数、招生数、在校生数》，2020 年 9 月 11 日。

③ 李延英：《十万年薪缘何难觅高级技工》，《瞭望》2007 年第 35 期。

④ 郑红：《德国职教重在培养实践能力》，《人民日报》2012 年 5 月 9 日第 22 版。

⑤ 杨公安、白旭东、韦鹏：《职业教育质量评价标准逻辑模型与体系建构》，《中国职业技术教育》2019 年第 20 期。

生 136 万人，中职在校生 186 万人，由此可以看出，每年为制造业培养的工科类所有人才仅为 250 万人，远远满足不了数以千万计的巨大缺口。我国职业教育未能及时根据产业经济发展需求，利用前瞻性思维开设相关专业无疑造成人才供需结构性矛盾。2017 年，高职高专毕业生半年后就业率为 92.1%，虽然首次超过本科毕业生（91.6%），但半年内的离职率高达 42%，工作与专业相关度为 62%，工作与职业期待的吻合度仅为 46%。高职高专毕业生就业满意度、离职率和失业率的统计数据见表 4。

表 4　高职高专毕业生就业满意度、离职率和失业率的统计数据[①]

统计项目	2012 年	2013 年	2016 年	2017 年
就业满意度（%）	54	51	63	65
毕业半年内离职率（%）	43	42	43	42
毕业半年后失业率（%）	9.6	9.1	8.5	7.9

从表 4 可以看出，高职高专毕业生就业问题主要表现为以下三个方面：一是就业满意度低。2012 年、2013 年就业满意度仅为 54% 和 51%，2016 年、2017 年仅为 63% 和 65%。二是离职率高。近年来，离职率高达 40% 以上。三是失业率高。毕业半年后失业率虽然由 2012 年的 9.6% 降至 2017 年的 7.9%，但每年仍有几十万学生处于待业状态，2017 年待业学生约为 27 万名。

职业教育国家标准体系不健全造成的人才供需结构性矛盾，也是制约我国由制造业大国向制造业强国跨越的桎梏[②]。当前，我国进入产业经济转型升级的新时代，各行各业对高端技术技能人才的需求与日俱增，建构完善的职业教育国家标准体系，明确人才培养规格、细化人才培养标准，是推动职业教育内涵式高质量发展进而破解人才供需结构性矛盾的关键。

（二）标准体系的不健全是我国职业本科教育高质量发展的瓶颈

20 世纪 70 年代初，兴起于美国的筛选假设理论认为，教育是一种筛选装置，可以帮助雇主识别不同能力的求职者并将他们安置到不同职业岗位上[③]。在该理论影响下，学历、文凭成为用人单位甄别求职者能力高低的衡量标准；追求高学历、高文凭成为求职者的理性选择。长期以来，我国职业教育的人才培养目标倾向于文凭，即每年将获得毕业证书者、职业技能等级证书者作为人才统计的关键指标，但是技能证书缺乏统一标准，参差不齐。尤其是在职业教育长期处于"卖方市场"的情况下，职业院校即便按照传统办学模式侧重

① 麦可思研究院：《2012—2018 年中国大学生就业报告》。
② 杨公安、米靖、周俊利：《新时代职业教育国家标准体系建构的背景及路径》，《中国职业技术教育》2020 年第 25 期。
③ 潘发勤：《人力资本理论与高等教育发展》，《山东理工大学学报（社会科学版）》2004 年第 6 期。

文凭而非专业能力，也不影响学校招生和正常发展。这便导致职业院校缺乏改革创新以提高人才培养质量的外在压力。同时，基于交易成本影响，职业院校也缺乏集中各种优势资源优化专业课程设置、改进人才培养模式以提高人才培养质量的内在动力。可见，文凭本位思想的长期存在必然造成我国缺乏建立职业教育国家标准体系的社会氛围，其结果便是不少职业院校源源不断地培养仅拥有文凭而缺乏核心竞争力的"人才"。

受文凭本位思想的影响，截至目前，我国尚未建立完善的规范人才培养规格和标准的国家资历框架。基于人才培养质量标准体系的不健全，职业院校在人才培养以及能力测定等方面缺乏科学的参照和依据。这便导致职业院校之间人才培养质量水平参差不齐，不少职业院校难以培养高质量的技术技能人才。例如，经济实力雄厚和有发展战略眼光的职业院校有足够的实力和精力围绕产业发展需求优化专业课程设置、完善人才培养方案，能够高标准、高质量培养技术技能人才；而经济实力相对薄弱和缺乏发展战略眼光的职业院校则没有足够的实力和精力进行专业课程设置优化及人才培养方案的调整，所培养的人才难以达到行业企业用人标准。

同样，受文凭本位思想的影响，职业院校作为颁发文凭的单位被视为人才培养的核心主体，既是育人标准的核心制定者和执行者，也是育人标准的监督者和管理者。在缺乏职业教育国家标准体系的前提下，难以规范和约束职业院校在师资配备、专业教学、课程设置、顶岗实习、实训条件建设、产教融合等方面必须达到的标准和提供的保障，也难以约束职业院校必须与行业企业深度合作并实现用人标准与育人标准有效对接。即便开展了产教融合、校企合作，也难以规范职业院校和企业必须为学生实习实践提供新技术、新工艺、新设备、新规范以切实提高实践操作能力。总之，职业教育国家标准体系的缺失最终影响和制约我国高素质劳动者和技术技能人才的培养与人力资源开发。

（三）我国职业本科教育质量标准体系的构建

在中国职业本科教育领域，质量标准的建立是保证教育质量和促进人才培养水平提升的核心环节。经过长期发展，一套明确的教育质量标准已逐步形成和完善，这套质量体系涵盖了教学资源、师资力量、课程设置、实验实训条件、学生管理、学业评价、就业指导等多个关键领域。例如，《高等职业学校专业教学标准》具体规定了不同专业教育的教学要求，包括课程内容更新、教学方法改革、教学评估方式，以及与实际工作需求的对接等方面，以确保教育内容与行业标准同步。从硬件资源的配备到教师队伍建设，从学生的全面发展到毕业生就业能力的提高，这些标准共同构成了保障职业教育质量的基础。此外，职业本科教育还依托《国家职业教育教学标准体系》及各专业教学指导委员会出台的指导文件，不断对培养方案和教学内容进行优化升级，以适应快速变化的职业技能需求。通过院校的内部评估和教育行政部门的外部评估监督，确保这些质量标准得以执行，同时也推动了质量评估体系的逐步改进和创新。

党的十八大以来，国家对职业教育质量评价给予了前所未有的重视，在很大程度上推动了职业教育质量评价的发展。政府发布了一系列文件和指导意见，鼓励企业、行业、社会力量、第三方机构参与到评价中来，以提升职业本科教育的办学水平和质量。2014年6月，国务院印发的《国务院关于加快发展现代职业教育的决定》（国发〔2014〕19号）提出"完善职业教育质量评价制度，定期开展职业院校办学水平和专业教学情况评估，实施职业教育质量年度报告制度"[①]，鼓励企业、行业、社会力量、第三方机构参与到评价中来。2019年国务院印发的《国家职业教育改革实施方案》提及质量22次、标准35次，提出职业教育要"由追求规模扩张向提高质量转变"[②]，要求严把教学标准和毕业生质量标准两个关口，加强职业教育办学质量督导与评价。此外，2014年教育部等六部门发布的《现代职业教育体系建设规划（2014—2020年）》、2015年教育部印发的《教育部关于深化职业教育教学改革全面提高人才培养质量的若干意见》（教职成〔2015〕6号）等一系列文件，都为建立健全科学的职业本科教育评价制度提供了重要保障。

随着社会和技术的发展，中国职业本科教育的质量标准将持续迎接新的挑战，并致力于培养更多符合社会需求的高素质技术技能人才。教育部等相关部门也在不断推出新的政策和举措，以进一步提升职业教育质量，加强学生能力的培养和就业竞争力的提升。中国职业本科教育正朝着更加专业化、创新化、国际化的方向不断发展，为国家和社会培养优秀的职业人才做出重要贡献。

二、职业本科教育的效益分析与评价

职业教育是我国国民教育体系中的重要组成部分，是一种与经济社会发展关联最为密切的教育类型。作为不同于普通教育的类型教育，职业教育以培养高素质技术技能人才为目标，其教育投入要远高于普通教育。2019年，国务院印发的《国家职业教育改革实施方案》强调，要"在保障教育合理投入的同时，优化教育支出结构，新增教育经费要向职业教育倾斜"。2016—2020年，我国对职业教育的经费投入不断增长，职业本科教育经费投入从2016年的1821亿元增至2020年的2758亿元，增长了51.46%[③]。除公共预算外，中央财政

① 中华人民共和国国务院：《国务院关于加快发展现代职业教育的决定》，2014年5月2日，https://www.gov.cn/zhengce/content/2014-06/22/content_8901.htm，访问日期：2023年11月22日。

② 中华人民共和国国务院：《国家职业教育改革实施方案》，2019年2月13日，http://www.gov.cn/zhengce/content/2019-02/13/content5365341.htm，访问日期：2023年11月22日。

③ 中华人民共和国教育部：《2020年全国教育经费执行情况统计快报发布：全国教育经费总投入超过5.3万亿元》，2021年4月28日，http://www.moe.gov.cn/jyb_xwfb/s5147/202104/t20210428_528910.html?ivk_sa=1024320u，访问日期：2023年11月22日。

还采取专项投入的方式支持职业教育事业发展。其中，中央财政每年投入 150 亿元引导和支持职业院校改善办学条件，地方也投入大量财力，全面推进职业院校基础能力建设。

从 2016—2020 年教育部发布的《关于全国教育经费执行情况统计公告》《全国教育事业发展统计公报》等统计数据可以看出，我国职业教育经费投入总体落后于普通教育经费投入，具体表现在两个方面：一是职业教育经费投入占教育经费总额的比重偏低，二是职业教育生均教育经费投入低于普通教育。我国各教育阶段教育经费投入情况见表 5。

表 5　我国各教育阶段教育经费投入情况①

单位：亿元

年份	高中阶段教育经费投入	中等职业教育经费投入	高等教育经费投入	高职高专教育经费投入
2017	6155	2223	10110	1828
2018	6637	2319	11109	2023
2019	7184	2463	12013	2150
2020	7730	2617	13464	2402
2021	8428	2872	13999	2758
2022	9556	3238	16397	3392

从中等职业教育经费投入来看，2020 年，全国高中阶段的各类型学校达 2.44 万所，其中中等职业学校 1.01 万所，整个高中阶段在校生为 3994.90 万人，其中，中职在校生有 1576.47 万人，中职在校生数量占高中阶段在校学生总数的 39.46%，而中等职业教育经费总投入（2617 亿元）仅占高中阶段教育经费总投入（7730 元）的 33.85%。根据统计快报显示，2021 年全国普通高中、中等职业学校生均教育经费总支出均比上年有所增长，虽然中等职业学校生均教育经费增速（比上年增长 6.51%）首次超过普通高中增速（比上年增长 6.10%），但是普通高中生均教育经费仍高于中等职业学校生均教育经费，分别为 23489 元、22568 元。从高等职业教育经费投入来看，2020 年，全国有高职（专科）院校 1423 所，高等职业教育学生数量（1106.52 万人）占普通高等学生数量（3026.69 万人）的 36.56%，但普通高职高专教育经费总投入（2402 亿元）仅占全国高等教育经费总投入（13464 亿元）的 17.84%，比起 36.56% 的学生人数占比还有较大差距。

总体来看，我国虽不断加大对职业教育的投入，但国家财政性教育经费投入与职业教育发展需求相比还有较大差距。并且不是全部职业院校都能获得中央财政投入，只是部分院校能获得中央财政投入。同时，地方经济发展水平存在较大差异，有些经济欠发达地区

① 中华人民共和国教育部：2017—2022 年《全国教育经费执行情况统计快报》《全国教育经费执行情况统计公告》，访问日期：2023 年 12 月 10 日。

配套经费很难到位，部分省份在落实教育费附加时力度不够。而在职业教育经费投入过程中，由于职业教育经费投入和监管机制还不完善，政策执行过程中信息公开不及时、监督不到位，一些地区出现了助学金被冒领、扶贫资金被挤占挪用的问题。

我国职业本科教育的效益分析与评价体系已经逐步完善，在政府、高等教育机构、企事业单位、行业协会和社会组织等多方面的共同努力下，已经形成了一套相对完备的评价体系。

从政府层面来看，国家政策和法规不断修订和完善，对职业本科教育的质量评估和监管有着明确的规定。例如，职业教育法规定了职业教育的范畴和目标，要求国家对职业教育进行质量检查和监督。此外，教育部制定的《职业教育教学质量评价指标体系》《教育质量标准考评与监测办法》等文件，主要对职业本科教育机构教育质量的各个方面提出了要求和标准，同时对考评、监督和调控等方面给予明确的规定。政府制定了职业本科教育的质量评估体系和指标体系，包括教学质量、师资力量、教育资源和学生就业情况等方面。评估体系对教育质量的要求与标准明确，并通过评估机构进行定期评估和监控；对职业本科教育进行质量检查和监督，确保学校和教育机构严格按照国家规定的教育质量标准和考评要求进行教育教学工作。政府对职业本科教育机构的合规性、教学质量和管理能力等进行定期检查和评估；通过出台相关政策和提供资金支持，促进职业本科教育的发展和提升。政府加大对职业本科教育的财政投入，改善教育资源、师资队伍建设和教学设施，并鼓励学校与企业、行业合作，提供实践机会和职业技能培训；建立职业本科教育的数据统计和信息公开机制，定期发布学校和专业的办学情况、教学质量、学生就业情况等相关数据。这些数据可以为学生及其家长选择合适的学校和专业提供参考，同时也促使学校自身进行内部评估和反思；鼓励学生、教师和用人单位等各方提供对职业本科教育的反馈意见和建议，通过搭建沟通平台和开展调研，了解和解决教育质量、专业设置、实践机会等方面存在的问题，进一步改进和完善这些在评价职业本科教育效益方面的规定和要求，有助于确保教育机构的教学质量，促进教育资源的优化配置。同时也激励学校不断改进教育教学方法，培养优质的职业人才，提高职业本科教育的整体质量和效益。这些制度性安排可以有效确保职业本科教育质量的持续提升。

从高等教育机构层面来看，各职业本科院校也在不断提升自身办学水平。各职业本科院校在提高教育质量和效益方面扮演着重要角色。学校按照国家要求制定了教学质量标准和规范，加强教学内容和培养方案的制定，并建立完整的学生管理和考核体系，以确保教育教学的高质量和规范化。同时，学校积极参与职业教育质量检测及监管体系，进行外部评估和自我评估，并根据评估结果调整教学目标和培养方案。此外，学校还着重关注毕业生的就业情况，建立毕业生就业跟踪系统，为学生提供良好的学习环境和学习支持，努力培养出高素质的职业本科人才。通过这些措施，高等教育机构不断提升自身办学水平，提高教育质量和效益，以满足社会的需求和期望。同时，学校也参与到各种职业教育质量检测及监管体系中，定期开展自我评估和外部评估，依据评价结果调整和优化教育教学目标。

从用人单位和职业市场层面来看，职业教育的效益主要体现在学生的职业能力和综合素质的提升，以及学生的就业竞争力的提高。用人单位和职业市场层面对职业教育效益的关注点和体现在于用人单位更加关注学生的实际能力和职业素养，而不仅仅是学历证书。他们希望招聘到的毕业生具备实际操作能力，具备良好的工作态度和职业素养，能够迅速适应工作环境并且具备自主创新和终身学习的精神。通过接受职业教育，学生的就业竞争力得到提升。学生在职业教育中获得了实践机会和职业技能培训，掌握了适应行业变化的实用知识和技能。这使得他们在求职市场上具备更强的竞争优势，更容易找到理想的职位和获得更好的薪资待遇。职业市场对学生的职业发展空间和行业前景来说，也是一个重要考量因素。通过职业教育，学生可以了解不同行业的就业前景和发展趋势，选择与个人兴趣和能力相匹配的职业方向。这有助于学生在未来实现个人职业目标，并找到具有长远发展潜力的职业机会。用人单位和职业市场对职业教育效益非常关注。学生通过职业教育提升了实际能力和职业素养，在求职市场具备竞争力，找到适合自己的就业机会，并有望获得更好的职业发展。这些都是职业教育效益在用人单位和职业市场层面的重要体现。

我国职业本科教育的效益分析与评价体系已经形成了以利益相关者为核心，以政府监管为主导，行企参与为补充的多元化评价体系。同时，这个体系是开放的、透明的、科学的，可以更好地反映职业本科教育的质量和效益，动态调整评价标准和指标，为职业本科教育的发展和完善提供指导和依据。

第二节　职业本科教育的师资与设施

一、职业本科教育的师资队伍建设与培训

（一）政策推动职业本科教育师资队伍建设

2014 年，国务院对加快发展现代职业教育进行了全面部署，完善高层次应用型人才培养体系；2020 年，教育部以国家"双高计划"的"双高"学校和"双高"专业为主体，从纳入规划的高职升本学校中遴选了 22 所高职学校，在继续保持职业教育的办学属性和特

色基础上，开展本科层次职业学校改革试点。2021 年，中共中央办公厅、国务院办公厅联合印发《关于推动现代职业教育高质量发展的意见》中提出，到 2025 年职业本科教育招生规模不低于高等职业教育招生规模的 10% 的目标，标志着经过多年探索，局部试点的本科层次职业教育上升为国家政策，开始全面实施。据统计，2021 年全国高职招生 556.72 万人，其中职业本科招生 4.14 万人，占比仅为 0.74%。截至 2022 年，教育部公布的本科层次职业院校已有 32 所，职业本科招生 7.63 万人，比 2021 年增长约 84.39%。国家的大力支持，预示着职业本科教育将进入快速发展阶段。从目前发展现状来看，未来一段时间内，职业本科教育专业教师的主体仍将来自现有的高职专科专业教师。师资队伍建设是学校保持长久发展的根本保障，是办学的第一资源。职业本科教育高校要培养符合现代化强国建设要求的高层次技术技能人才，势必要加强师资队伍建设，着力提升教师专业能力。教师专业能力即教师开展教育教学以及与教育教学相关之能力，是教师最核心的能力。职业本科教育教师专业能力的提升，主要是提升职业本科教育的教师胜任具体教育教学工作所应具备的行为能力。

（二）职业本科教育中师资队伍建设内涵

随着技能型经济社会及职业教育不断向纵深发展，传统职业教育对教师专业能力的要求已经无法满足职业本科教育发展的需要。结合职业本科教育建设目的，深度挖掘职业本科教育建设背景下教师专业能力的内涵建设要求，有利于打造出一支与其发展相适应的师资队伍。2013 年教育部印发并实施《中等职业学校教师专业标准（试行）》，该标准将专业能力分为七个方面，即教学设计、教学实施、实训实习组织、班级管理与教育活动、教育教学评价、沟通与合作以及教学研究与专业发展。该标准成为职业教育教师专业标准的主要依据，对于职业本科教育教师专业能力内涵的界定有一定参考价值。2019 年 1 月，国务院印发的《国家职业教育改革实施方案》明确职业教育在高等教育中的重要作用，要求职业院校教师不仅要承担起专业教学职责，还要担负起企业实践和社会培训职责[①]。为了提高职业师资队伍专业化水平，2019 年《深化新时代职业教育"双师型"教师队伍建设改革实施方案》印发，该方案提出构建分层分类的教师专业标准体系[②]。然而，截至 2023 年，本科层次职业教育教师专业标准、能力维度、能力要素的基本规范等尚未颁布。2021 年 1 月，《本科层次职业教育专业设置管理办法（试行）》（教职成厅〔2021〕1 号）由教育部印发，该办法对有关本科层次职业教育专业设置所需师资条件作出了明确规定，对职教本科教育

---

① 中华人民共和国国务院：《国家职业教育改革实施方案》，2019 年 2 月 13 日，http://www.gov.cn/zhengce/content/2019−02/13/content5365341.htm，访问日期：2023 年 11 月 22 日。

② 中华人民共和国教育部：《教育部关于印发〈深化新时代职业教育"双师型"教师队伍建设改革实施案〉的通知》，2019 年 10 月 8 日，http://www.cov.cn:8080xinwen/2019−10/18/content5441474.htm，访问日期：2023 年 12 月 10 日。

专业教师的专业能力提出了更高要求。专任教师既要能胜任基本的理论教学，又能指导学生实训，同时还具备与企业合作开展相关技术领域应用研究的能力[①]。2022年，房亮等通过构建本科层次职业教育教师专业能力模型验证了专业建设能力、教学能力、实践操作能力、管理能力、课程开发能力、实训基地建设能力、校企合作、团队协作能力、科研能力、终身学习能力等10种能力对教师专业能力的影响[②]。随着职业本科教育不断推进，校企合作、产教融合理念普遍深入，职业本科教育对教师的专业能力发展提出了更高要求。师资队伍建设应该顺应经济社会和职教本科发展的需要，多措并举，促进师资队伍专业能力全面提升。

（三）职业本科教育师资队伍建设面临的困境

近年来，随着职业教育不断地发展壮大，整体上看，一些国家示范院校、"双高"院校师资队伍建设经过多年发展，教师专业能力已经取得了较大提升，初步具备本科层次职业教育办学能力。但仍有不少职业院校的师资力量尚未达到职业教育高水平、高质量发展的要求。为适应经济社会发展需求，各院校也相应采取了一系列的政策与措施提升教师专业能力，但与本科层次职业教育对教师队伍专业能力的要求对比，仍有许多问题未得到实质性解决，具体归结于五个方面。

1. 专业实践能力薄弱

培养高质量技术技能人才是职业教育的目标，专业实践能力在职业教育教师的专业能力中显得尤为重要。职业院校教师的专业能力提升，很重要的一个部分就是实现实践能力的提升。本科层次职业教育要求教师必须具备"教学过程与生产过程对接"的教学实施能力，教师必须参与到企业生产实践中，将最新的行业企业专业技术技能转化为专业知识传授给学生，然而，真正实现教学过程与生产过程对接却存在诸多困难。其一，职业院校教师人事考核制度不完善。很多职业院校在职称评审、职位晋升方面更多的是考核教师的教学以及相关的管理能力，对于教师参加社会实践能力的考核重视度不够。虽然有部分院校在职称评审条件中也设置有相应社会实践的考核指标，但却未达到实践目的。例如，职业院校从讲师到教授的职称评审条件中基本上都会有一定期限的社会实践要求，但由于对参与社会实践人员存在监管困难、工作难以量化等多方面的原因，导致很多社会实践考核仅流于形式，没有真正能够起到促进教师专业实践能力提升的作用[③]。其二，职业院校普遍存在专业教师教学任务繁重现象，导致专任教师难以抽出时间参与社会实践。根据对职业院校和

① 丁金昌：《建设"三能"师资队伍是职业本科院校发展的关键》，《职业技术教育》2012年第21期。

② 房亮、关志伟、蔡玉俊：《本科层次职业教育教师专业能力模型构建与验证》，《职业技术教育》2022年第8期。

③ 向丽：《高质量发展视域下高职教师专业发展的新内涵及路径选择》，《职业技术教育》2022年第10期。

本科院校调研发现，职业院校专业教师一般周课时量达到十多节，更有甚者达到二十多节，是本科院校教师教学工作量的数倍，过重的教学压力使得广大职业教育院校教师没有更多的精力投入到企业实践中去。其三，很多院校的校企合作不深入，产教融合不到位。一些院校的很多专业并未实现学校层面和企业全面的对接，能够为一线教师提供企业实践，尤其是进入一些规模企业实践的机会十分有限。有些专业甚至需要教师个人去寻找愿意接纳的企业进行专业学习实践，这些现状大大降低了教师主动参与到企业实践的积极性。

2. 产业岗位能力匹配度低

专业与产业对接实际上是职业院校所培养人才与社会对人才需求的对接。在职业本科教育发展完善过程中，专业是关键，职业本科院校为谋求自身高层次的发展，就必须在人才培养规格、专业建设上充分体现出区域产业经济发展的需要，为区域发展提供人才支撑。在师资队伍专业能力方面，要求和产业岗位能力形成对接。专任教师通过系统学习和专业培训，基本具备产业岗位能力要求。但现实中不乏一些职业本科院校未能充分认清自身定位和发展特色，一味地迎合市场需求追求规模化发展，在未经充分调研和论证的情况下设置一些社会热门专业。新设专业的课程多是由其他相近专业的教师担任，不具备产业岗位发展能力，从而导致人才培养质量下降。产业岗位能力的获得并非一蹴而就，随着我国进入新的发展阶段，产业升级和经济结构调整不断加快，这就要求专业教师需要不断地进行学习实践来提升自身产业岗位能力。但依然有不少教师存在惰性思维、惯性思维，致使产业岗位能力不足，有待进一步提升[①]。

3. 课程开发能力不足

课程开发能力是评判一个教师教学水平的核心要素。国家职业标准是就业市场的准入证，因此，课程的开发离不开国家职业标准这个风向标。职业院校专业教师应在充分了解国家的职业标准基础上进行课程教学内容的安排、教材的选定、教法上的创新，创建一套适应职教本科层次教育教学的课程体系，在职业本科教育教学中真正把职业教育的特点凸显出来。然而，目前依然有不少职业院校直接使用普通高校学科类型课程体系，或是在本科高校课程体系基础上将课程数量做简单的加减，导致课程结构单一，课程内容的安排与职业标准要求相差甚远，难以培养出符合建设现代化强国要求的高素质技术技能人才。有部分教师对职业标准把握不清，课程开发能力较弱，教学中采用照本宣科方式，仅仅把书本知识用"填鸭式"的方式灌输给学生，没能结合课程的职业标准进行有效的课程开发，导致培养质量难以提升[②]。

① 程静、蒋丽华：《产教融合趋势下重庆市高职教育专业对接支柱产业优化探究》，《教育与职业》2019年第22期。
② 朱冠华、王浩：《高职教师课程开发能力及培养策略研究》，《职业技术教育》2019年第29期。

4. 专业知识转化能力不高

职业院校在专业教师招聘中对学历要求较高，一般需要硕士或者博士学位，所以教师的专业知识毋庸置疑，但专业知识不能完全等同于教师的专业知识能力。依然存在两个问题：一是教师在教学中能否将专业知识有效转化为实践应用能力问题。教师需要在教学过程中将自己的知识通过合理的教学方式传授给学生，尤其是职业类院校，需要教师把抽象的理论知识进行形象的描述和展示，这需要专业教师有很好的沟通引导能力。从目前职业本科院校整体师资队伍来看，有些教师虽具有丰富的专业知识，但在知识和实践的转化中依然存在不足，需要不断地学习和探索。二是专业知识的更新问题，尤其是一些高新技术更新换代的速度快，部分教师毕业直接进入职业本科院校工作，缺乏相应的社会实践经验，进入教育行业之后就停止了专业相关领域前沿知识的学习，进入课堂依然是将自己上学期间所学的知识传递给学生，导致学生所学与社会所需脱节[1]。

5. 终身学习能力动力不足

教师的专业能力发展过程在很大程度上受到主观意识的影响，教师终身学习能力是个人因素中影响专业能力提升最为直接，也是最为关键的因素。目前，不少高职教师加强自我学习的意识比较薄弱，认为是学校迫使"要我学习"，而非主动的"我要学习"。可以说，缺乏自我发展意识是阻碍职业院校教师进一步发展的根源。通过分析发现，原因有两个方面：一是社会对职业院校的认可度不高。社会普遍对职业院校存在偏见，认为职业院校招收的都是学习成绩欠佳的学生，因考不上大学不得已转而进入职业院校，以学习一门生存之道。二是近年来随着职业教育的扩招，生源质量急剧下滑，导致教师自我认同感不高。普遍认为知识能够应付日常教学即可，因为绝大部分学生处于不求甚解或是学习内容稍有深奥就不能理解的状态。基于以上原因，职业院校教师主动学习学科前沿技能的动力不足。

（四）职业本科教育师资队伍建设路径

1. 创新机制体制，提供制度保障

针对体制机制问题，政府、教育职能部门、职业院校多部门联合，加大改革创新力度，为教师专业能力发展提供制度保障，创造良好环境。

政府层面应从税收减免、土地优先使用、政策合理倾斜等方面鼓励优秀企业积极参与到职业本科教育建设中，将产教融合、校企合作工作落实到位。进一步健全多元化的办学格局，引导更多社会力量参与职业教育发展建设，制定并细化与职教本科发展相适应的产教融合、校企合作政策，让更多教师能够参与到企业新技术开发项目和企业实践中，提升教师专业能力和实践能力。人社部门大力破除旧的职称评审制度，进一步优化师资队伍职

---

① 肖凤翔、赵懿璇：《合作开展本科层次职业教育的经验与困惑》，《中国职业技术教育》2019 年第 31 期。

称评审制度，切实降低职业院校教师科研压力和教学工作量标准，以及行政事务对教学的干扰，真正让教师潜心于专业能力的提升及教法的改革。同时加大保障力度，降低职业院校毕业学生在考研、就业、考公等方面的门槛限制，拓宽职业发展通道，为职业教育的毕业生创造更多平等就业的机会，提升技术技能人才的待遇，增强其对未来美好生活的信心，提升职业教育教师的职业认同感，从而激发教师终身学习动力。

教育行政部门要一体化设计职业本科教育培养体系，组织行业专家、专业骨干教师根据经济发展需求和学生全面发展需要，深入学习研究职业资格标准、行业标准、企业核心技术标准，同时结合职业院校办学特色和产业岗位群能力要求，合理增设社会经济发展紧缺专业，设计培养模式，自上而下整合学科知识体系，精简课程，加强对教师的培训，提高教师专业知识转化能力、课程开发能力、产业岗位能力等，让教师所教真正成为学生所学之需。

职业本科院校要进一步深化人事制度改革，将教师企业实践工作量纳入评优评先、事业晋升、职称评审等考核指标，激励教师主动参与实践，提升专业实践能力，同时制定切实可行的教师企业实践管理办法，规范实践行为，保障教师做到真学习、真实践，调动教师参加企业实践和技术技能培训的积极性，提升教师专业实践能力[①]。根据地方经济发展需求，结合自身办学条件和特色，组织行业专家在充分论证基础上，在能够充分保障师资力量的前提下，合理确定办学规模，优化调整专业结构，适度增设社会紧缺专业，加强对教师产业岗位能力的培训，让学校真正成为教师充分发挥其专业水平的平台。

2. 提倡技术技能，营造社会氛围

美国社会心理学家阿希认为，社会影响是指团队或群体对个人行为的影响[②]。社会普遍存在对职业院校认可度不高的现象，导致职业教育生源质量下降，职业教师自我认可度不高，难以吸引到高层次人才，扩充师资队伍，限制了职业教育教师队伍整体的发展，致使职业教育培养质量难以提升。这一问题的解决需要全社会的共同努力，营造一个弘扬劳动光荣、技能宝贵的社会氛围。

首先，应强化政府责任，提供政策保障。政府部门可以通过举办技能大赛、大国工匠评选活动等方式加强宣传，弘扬工匠精神，让职业教育深入人心；通过制定工资标准、拓宽行业劳动者职业晋升通道等方式，切实提高技术技能人才的社会地位。进一步深化人事制度改革，降低不同人才在社会身份和待遇上的区别，打破计划经济体制下形成的片面的人才观念，努力营造人人尊重劳动、尊重技能的社会氛围。其次，行业企业在员工准入门

---

① 李晓娟：《职业院校"双师型"教师实践教学能力提升的困境及路径研究》，《高等职业教育探索》2022年第2期。

② 何莎薇、徐国庆：《深化人事制度改革是提升技能型人才社会地位的关键保障》，《中国职业技术教育》2021年第12期。

槛以及晋升方面也要公平公正，做到"不唯学历唯能力"，让技能应用型人才有独立的晋升通道。最后，教师自身也要加强对"职业性"的高度认同，增强责任感，努力为社会培养高层次技术技能人才，通过广大职业教师共同努力来营造良好社会舆论。对现代化建设过程中涌现出的先进技术技能人才加以表彰，对职业教育师资队伍中展现出大国工匠、能工巧匠精神的教师加以积极宣传、组织学习等各种形式强化教师队伍的教育情怀和自我修养，强化师德师风的自律自觉。

为了提高职业本科教育师资队伍的整体素质，我国政府和教育部门加大了对师资队伍的培训和发展力度。一方面，政府和教育部门定期组织各类培训班和研讨会，邀请国内外知名专家和学者进行授课和交流，提高专任教师的教育教学水平和科研能力。另一方面，政府和教育部门鼓励专任教师参加国内外学术交流活动，拓宽视野，提高自身的学术地位和影响力。此外，政府还设立了专门的师资队伍建设基金，用于支持专任教师的科研项目、教材编写等，激发专任教师的工作积极性和创新能力。

二、职业本科教育的设施资源投入与利用

随着我国经济社会的快速发展，职业本科教育在国家发展战略中的地位越来越重要。职业本科教育作为培养高素质技能型人才的重要途径，其资源配置现状对于提高职业教育质量具有重要意义。

（一）我国职业本科教育资源配置现状

1.投入规模大幅增加，但与普通高等教育相比仍有较大差距

随着职业本科内涵建设的不断深入，职业本科教育在财政投入、师资配置、学校规模、办学条件等方面都有了较大改善和提高。2016—2021年，我国职业本科教育经费年均增长率为23.19%，比全国教育经费年均增长率高出5%，比同期GDP年均增长率高出6.44%。这一期间，我国职业本科教育财政性经费增长率为32.89%，比同期全国财政收入和财政性教育经费年均增长率分别高出11.59%和9.65%。然而，职业本科教育作为新兴的教育类型，在教育链中一直处于弱势地位。作为高等教育的组成部分，其获得国家财政拨款的数额仍然远远低于普通本科院校。2021年，普通高等教育预算内财政拨款为6880.23亿元，其中普通本科学校预算内财政拨款为5629.44亿元，占普通高等教育预算内财政拨款的81.82%，高职高专学校预算内财政拨款为1250.79亿元，仅占18.18%。

职业本科教育与普通本科教育不仅在国家投入规模上差别很大，且生均教育经费也有巨大差距。2021年，普通高等本科院校生均教育经费投入为28513.27元，而职业本科教育生均教育经费投入仅为15072.9元。两者在财政性经费投入上的差异更为突出，普通高

等本科院校生均财政性经费是高职高专院校的 2.14 倍。普通高等本科院校生均财政性经费为 17105.68 元，高职高专院校生均财政性经费为 8010.74 元。

2. 职业本科教育资源空间配置仍存在较大地区性差异

由于我国地区经济发展不平衡，导致资源空间配置差异过大，职业本科教育资源地区分布不均。在东部沿海发达地区与中西部欠发达地区之间，教育资源存在明显差距[①]。东部地区的职业本科院校通常拥有更多的资金、更先进的设备和更丰富的教学资源，而中西部地区的职业本科院校则资源相对匮乏。这种不均衡导致了地区间教育质量的差异，不利于人才的均衡培养。北京、上海、广东、浙江等经济发达地区的生均预算内教育事业经费远远高于经济欠发达地区。近几年，由于西部大开发战略的实施，西部省份的教育投入逐年增长，远远超过了中部地区。目前，中部地区的教育投入成为低谷，远不能满足教育发展的需要，而且其他教育资金来源，例如企业、事业组织、社会团体、其他社会组织及公民个人等对教育的投入也远远低于东部经济发达地区。

3. 职业本科教育投入途径与指向不合理，资源配置方式单一

虽然国家鼓励职业本科院校办学经费来源渠道由政府单一投入模式向多元化投入模式转变，也有许多民办学校举办职业本科教育。但是，我国政府既是教育资源的配置者，又是教育资源的管理者，目前的高等职业教育资源配置方式基本上仍是计划型，没能很好地体现效益优先、兼顾公平的原则。国家对高等学校的经费拨款有很多项，但比例最大的是对学校生均拨款。这项拨款的主要依据是在校生和教职工人数，却忽视了学校教育质量的高低和整体办学效益的好坏[②]。学校规模大、在校人数多就可以争取到较多拨款。这导致职业本科院校盲目设置专业和扩大招生，最终造成专业重复设置、教育投资分散、教学质量滑坡、规模效益差等不良后果。长期以来，职业本科院校还面临内部资源投入和管理不善、使用效益低下等问题，结果导致资源短缺与浪费现象并存，从而阻碍了职业本科教育质量的提高。

首先，职业本科教育的规模发展使职业本科院校不断加大改善基础设施的投入力度，大兴土木，新增、扩建校园校舍，而且在建设标准上越来越上档次[③]。其次，职业本科院校在专业内涵建设中，重点投入实验实训室的建设，而又缺乏科学系统的建设规划和管理，缺少对设备的教学开发，导致大量先进设备闲置；实践基地也未能实现资源共享，利用率不高，最终造成实践基地的建设投入和产出极度失衡。教育部统计表明，全国职业本科院

① 林光昶、赵艳丽：《"十四五"时期职业教育资源有效配置的内在机理与行动路径》，《九江职业技术学院学报》2023 年第 1 期。

② 叶淑慧：《江西省高等职业教育资源配置效率研究》，江西师范大学，2023。

③ 周泓、张宇：《应用本科院校教育资源配置现状及其优化策略研究——以天津中德应用技术大学为例》，《天津中德应用技术大学学报》2019 年第 6 期。

校仪器设备有 20% 以上处于闲置状态，一些昂贵的装备利用率还不到 15%。另外，在人力资源方面，职业本科院校存在教师资源的隐性浪费。由于管理与激励机制不健全，教师从事教学工作的主动性、积极性和创造性没有得到很好的调动，使教师有意无意地将时间、精力消耗于非教学工作中，造成教师资源浪费。

（二）国内外职业本科教育资源配置比较研究

在当代中国，职业本科教育作为高等教育的重要组成部分，承载着为社会培养高技能人才的使命。然而，在资源配置方面，我国职业本科教育面临着一系列挑战和问题。

从国内资源配置的现状来看，职业本科教育在资金投入、师资队伍、教学设施等方面普遍存在不足。资金投入方面，与综合性大学相比，职业本科院校的经费通常较低，这直接影响了教学质量和科研能力的提升。在师资队伍配置上，虽然近年来有所改善，但仍有不少职业院校面临教师实践经验不足的问题。此外，教学设施和实训基地的建设也远远跟不上职业教育发展的需求，无法满足学生实践操作的需求。

相较于国内的状况，国外一些发达国家在职业本科教育资源配置方面做得更为合理和高效。例如，德国的"双元制"教育模式强调理论与实践的结合，企业参与到职业教育的全过程，学生可以在校内学习理论知识，在企业中进行实践操作，这种模式保证了资源的有效配置和利用。美国的社区学院注重灵活性和多样性，通过与地方企业的紧密合作，及时调整课程设置，确保教育内容与就业市场的需求相匹配。

在国内外资源配置的比较研究中，我们可以发现，国外职业本科教育普遍注重产教融合，通过政府、企业和教育机构的合作，实现资源共享，提高教育质量。而我国虽然在政策层面已经开始推动产教融合，但在实际操作中仍面临诸多困难，例如企业参与度不高、合作模式不成熟等问题。

为了改善我国职业本科教育资源配置的现状，需要从以下四个方面着手：首先，增加政府对职业教育的投入，特别是在财政资助、税收减免等方面给予支持；其次，建立健全企业参与职业教育的机制，鼓励企业通过提供实习岗位、捐赠设备、共建实训基地等方式参与人才培养；再次，提升职业院校教师的素质，特别是加强对教师实践能力的培训；最后，优化课程设置，确保教育内容与市场需求相适应，提高教育的针对性和实用性。

总之，通过对国内外职业本科教育资源配置的比较研究，我们可以明确当前我国在这一领域存在的问题，并借鉴国外的成功经验，采取有效措施，推动我国职业本科教育资源配置的优化，培养更多适应社会发展需求的高技能人才。

第三节　职业本科教育的社会认可度与就业竞争力

一、我国职业本科教育的社会认可度调查与提升

（一）社会认可度的现状调查

在探讨我国职业本科教育的社会认可度现状时，首先需明确社会认可度的内涵，即社会各界对职业本科教育质量、毕业生能力以及教育体系的整体评价和接受程度。当前，职业本科教育在我国教育体系中占据重要位置，但其社会认可度存在一定差距。

通过问卷调查、访谈和数据分析等方法，对企业用人单位、毕业生、在校学生及其家长、教育专家等不同群体进行了调查。结果显示，多数用人单位对职业本科教育的毕业生持谨慎态度。他们认为，虽然这些毕业生具备一定的专业技能，但在创新能力、综合素质等方面与普通本科毕业生存在差距。此外，用人单位普遍认为职业本科教育与行业需求对接不够紧密，导致毕业生的实际工作能力未能完全满足职场需求。对于毕业生及在校学生而言，他们普遍反映职业本科教育的社会认可度不高，这在求职过程中体现得尤为明显。部分学生表示，在招聘会上，企业对职业本科学历的学生往往不如对普通本科或更高学历的学生那样重视[1]。同时，他们也意识到自身在专业知识以外的软技能提升上存在不足，这在一定程度上影响了他们的就业竞争力。

家长群体普遍关注子女的就业前景，他们对职业本科教育的认可度受到子女就业情况的直接影响。调查中发现，家长对职业本科教育的认可度与地区经济发展水平和教育资源分布有关。在经济较发达地区，由于教育资源相对丰富，家长对职业本科教育的认可度相对较低；而在经济欠发达地区，职业本科教育则更容易获得家长的认可。

教育专家指出，职业本科教育的社会认可度问题与教育体系内部的诸多因素有关，包括课程设置与市场需求脱节、教学方法和手段相对落后、校企合作不够深入等。专家们认为，要提升职业本科教育的社会认可度，就必须从根本上改革教育体系，加强与行业的对接，提高教育质量。

综上所述，我国职业本科教育的社会认可度存在一定的问题。用人单位对职业本科毕

---

① 张耀民、贺国旗、韦钰：《以就业为导向职业本科院校电子信息类专业教育教学改革探究——以陕西工商职业学院为例》，《陕西开放大学学报》2023 年第 4 期。

业生的能力评价不高，学生和家长对职业教育的信心不足，教育专家对教育体系的现状提出批评。要想提升职业本科教育的社会认可度，需要政府、教育机构、企业和社会各界共同努力，从教育内容、教学质量、校企合作等多方面入手，促进职业本科教育与社会需求的紧密对接。

（二）影响社会认可度的因素分析

在分析影响我国职业本科教育社会认可度的因素时，可以从多个角度进行探讨。首先，社会对职业本科教育的刻板印象是一个重要因素。长期以来，职业教育在很多人心中被视为学术教育的"次选项"，这种观念根深蒂固，导致职业本科教育在社会上的整体形象不佳。其次，职业本科教育与市场需求的对接程度也是关键。由于一些职业本科院校的专业设置与市场需求脱节，毕业生的就业率和就业质量无法满足社会期待，这直接影响了社会对职业本科教育的评价。

此外，教育质量也是影响社会认可度的核心因素之一。一些职业本科院校在师资力量、教学资源、实践教学等方面存在短板，无法提供高质量的教育服务，这使得社会对职业本科教育的认可度受到限制。同时，职业本科教育的国际化程度较低，与国际职业教育标准的接轨不足，这也在一定程度上影响了其全球竞争力和社会认可度。

政策支持和社会宣传也是不可忽视的因素。政府对职业教育的政策倾斜和资金投入不足，导致职业本科教育难以获得足够的发展资源，影响了其整体质量和社会形象。同时，社会宣传不到位，缺乏有效的信息传播渠道，使得职业本科教育的优势和成就未能被广泛认知。

为了提升职业本科教育的社会认可度，需要从以下几个方面入手。首先，改变社会对职业教育的刻板印象，通过各种渠道宣传职业教育的重要性和其对社会发展的贡献。其次，加强职业本科院校与行业的合作，确保专业设置与市场需求紧密对接，提高毕业生的就业率和就业质量[1]。同时，提升教育质量，加强师资队伍建设，改善教学设施，增强实践教学环节，以培养更多高技能人才。此外，加大政策支持力度，提供必要的资金和政策保障，促进职业本科教育的健康发展。最后，加强国际交流与合作，提高职业本科教育的国际化水平，增强其国际竞争力。

通过这些措施的实施，可以逐步提升社会对职业本科教育的认可度，使其更好地服务于社会经济发展的需要，为社会培养出更多高素质的技术技能人才。

---

① 阿木古楞、董芩：《高等职业教育高质量发展：本质要义、价值诠释及实践进路》，《教育理论与实践》2023 年第 33 期。

（三）提升社会认可度的策略与举措

职业本科教育作为中国高等教育体系的重要组成部分，其社会认可度的提升是教育改革和发展的关键。当前，我国职业本科教育在社会认可度方面存在一定的挑战，这主要体现在就业市场对职业本科生的接纳程度、行业对其专业能力的认可，以及公众对职业教育价值的理解等方面。

为了提升职业本科教育的社会认可度，首先需要加强与行业企业的深度合作。通过校企合作，职业本科院校可以及时了解行业需求，调整和优化专业设置和课程体系，使教育内容与企业需求紧密对接。同时，企业可以参与到教学过程中，提供实习实训机会，帮助学生将理论与实践相结合，提高毕业生的职业技能和就业竞争力。

其次，应当提升职业本科教育的质量保障体系。通过建立健全的内部质量评价机制，加强教师队伍建设，提高教学质量，确保教育质量符合社会和行业标准。同时，加强对学生的职业规划指导，帮助学生树立正确的职业观念，提高其对职业教育的认同感。

再次，需要加强宣传，推动社会影响力的建设。通过多渠道、多形式的宣传活动，例如开放日、职业教育展览会、成功案例分享等，向社会全面展示职业本科教育的成果和优势，提高公众对职业本科教育的了解和认可。此外，通过媒体报道、社交媒体推广等方式，塑造职业本科教育的良好形象，改变公众对职业教育的传统认知。

最后，政策支持也是提升社会认可度的重要手段。政府应出台相关政策，鼓励和支持职业本科教育的发展，例如提供财政补贴、税收优惠、就业指导等。同时，通过立法保障职业本科教育毕业生的就业权益，消除就业市场上的歧视现象，提高职业本科生的就业质量和就业率。

总之，提升职业本科教育的社会认可度需要多方面的努力，包括深化校企合作、提升教育质量、加强宣传和政策支持等。通过这些策略与举措的实施，可以有效提高职业本科教育的社会地位和影响力，促进职业教育与经济社会的协调发展。

（四）案例分析：提升社会认可度成功的经验

在探讨我国职业本科教育社会认可度的提升过程中，案例分析是一个重要的环节。通过分析具体的成功案例，可以为其他职业本科院校提供经验借鉴和策略参考。

河南科技职业大学通过与地方政府和行业企业的紧密合作，建立了一套校企合作的人才培养模式。学院不仅提供理论课程，还依托企业的实践平台，让学生在真实的工作环境中学习和实践，从而大大提高了学生的职业技能和就业竞争力。这种模式的成功实施，使得该学院的毕业生就业率连续多年保持在95%以上，毕业生的职业能力和社会适应性得到了用人单位的普遍认可。广东工商职业技术大学通过引进国际先进的教育资源和教学理念，与多所国外知名职业院校建立了合作关系。通过师资交流、课程共建、学分互认等方式，提升了教育教学质量。同时，该学院还注重提升学生的国际视野和跨文化交际能力，开设了多门国际化课程，组织学生参与国际竞赛和交流项目。这些举措有效提升了学院的教育品质和国际化水平，增强了社会各界对该院职业教育的认可和信任。例如，湖南科技职业大学注重校园文化建设和品牌形象的塑造。学院通过举办各类职业技能大赛、学术论坛和社会服务活动，展示了职业教育的实用性和社会服务能力。同时，学院还加强了与媒体的沟通与合作，积极宣传职业教育的成就和特色，提高了公众对职业教育的了解和认可。

通过上述案例分析，可以看出提升职业本科教育社会认可度的关键因素包括：深化校企合作，实现产教融合；引进国际资源，提升教育国际化水平；加强校园文化和品牌建设，积极塑造良好的社会形象。这些成功的经验表明，职业本科教育要想获得更高的社会认可度，必须不断创新人才培养模式，提升教育质量，同时加强与社会的互动和沟通，以展现其独特的教育价值和社会贡献。

二、我国职业本科教育的就业竞争力分析与提高

（一）就业竞争力的现状分析

在分析我国职业本科教育的就业竞争力现状时，首先需要明确就业竞争力的内涵，即毕业生在就业市场中获得优质职位的能力，这通常与其专业知识、实践技能、创新能力和社会适应能力等因素紧密相关。

当前，我国职业本科教育在培养学生的就业竞争力方面，展现出一些积极的特点。例如，许多职业本科院校与企业建立了紧密的合作关系，通过校企合作模式，学生能够在校期间接触到实际工作环境，提前适应职场需求。此外，一些院校还注重提升学生的实践操作能力，通过实验、实训、实习等环节，使学生的技能更加贴近行业标准。

然而，职业本科教育在就业竞争力方面也面临一系列问题。首先，部分职业本科院校的专业设置与市场需求脱节，导致毕业生的专业知识不符合企业的实际需求。其次，实践教学资源的不足和质量参差不齐，使得学生在实际操作能力上难以达到行业要求。最后，创新能力的培养不足，课程内容偏重理论教学，忽视了创新思维和创新实践的培养，这在一定程度上限制了学生的发展潜力。

除此之外，职业本科教育在社会适应能力的培养上也存在不足，例如沟通协作能力、团队精神和职业素养等方面的教育不够深入，这些软实力在就业市场中同样重要。此外，

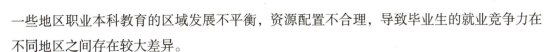

一些地区职业本科教育的区域发展不平衡，资源配置不合理，导致毕业生的就业竞争力在不同地区之间存在较大差异。

为了提升职业本科教育的就业竞争力，需要从多个层面进行改革与优化。首先，院校应根据市场需求调整专业设置，增强教育的针对性和实用性。其次，加强实践教学基地建设，提升实践教学的质量和效果，确保学生能够掌握必要的职业技能。再次，创新教育理念，将创新能力的培养贯穿于教学的全过程，鼓励学生进行创新实践。最后，加强学生的综合素质培养，例如沟通能力、团队协作能力等，以适应多变的就业市场需求。

综上所述，我国职业本科教育在就业竞争力方面虽有其优势，但也存在不少问题，需要通过系统的改革和创新，才能真正提升毕业生的就业竞争力，满足社会和经济发展的需要。

（二）影响就业竞争力的关键因素

在分析影响我国职业本科教育就业竞争力的关键因素时，我们可以从教育质量、课程设置、实践教学环节、学生能力培养、校企合作模式、就业服务等方面进行探讨。

1. 教育质量

教育质量是影响就业竞争力的核心因素。职业本科教育的教学水平、师资力量、教学资源配置直接关系到学生的知识水平和技能掌握。当前，一些职业本科院校存在师资队伍结构不合理、教学设备落后、实验实训基地不足等问题，这些都限制了教育质量的提升，进而影响学生的就业竞争力。

2. 课程设置

课程设置的科学性和前瞻性对就业竞争力同样至关重要。职业本科教育应紧贴行业发展需求，及时更新课程内容，增设新兴领域的专业课程，以适应快速变化的就业市场。然而，一些院校的课程设置过于传统，缺乏与行业的紧密对接，导致学生毕业后难以满足企业的实际需求。

3. 实践教学环节

实践教学环节是提升学生就业竞争力的重要途径。通过实习、实训、项目合作等形式，学生能够将理论知识与实际操作相结合，提高解决实际问题的能力。但目前，部分院校的实践教学与企业实际需求脱节，实习质量参差不齐，无法有效提升学生的职业技能。

4. 学生能力培养

学生能力培养是就业竞争力的直接体现。除了专业技能外，职业本科教育应重视学生的创新能力、团队协作能力、沟通能力等软实力的培养。然而，当前一些院校过分强调理论教学，忽视了对学生综合素质的培养，使得学生在求职过程中处于不利地位。

5. 校企合作模式

校企合作模式对于提升学生就业竞争力具有显著作用。通过与企业的深度合作，职业本科院校可以更好地了解行业需求，优化教学内容，同时为学生提供实习和就业机会。但是，一些院校与企业的合作仅停留在表面，缺乏深入的交流和合作，不能为学生提供真正有价值的就业支持。

6. 就业服务

就业服务的质量直接影响学生的就业结果。高校应建立完善的就业指导服务体系，为学生提供职业规划、简历指导、面试技巧培训等服务。目前，一些院校的就业服务功能不完善，信息不畅通，无法为学生提供有效的就业支持。

综上所述，提高我国职业本科教育的就业竞争力需要从多方面着手，包括提升教育质量、优化课程设置、强化实践教学、全面培养学生能力、深化校企合作以及完善就业服务等。通过这些措施的实施，可以有效提升职业本科教育的就业竞争力，更好地满足社会和经济发展的需要。

（三）提高就业竞争力的策略与措施

在分析了我国职业本科教育的就业竞争力现状后，我们可以提出以下策略与措施来提高毕业生的就业竞争力。

第一，职业本科教育应加强与行业的合作，建立校企合作模式。通过与企业的紧密合作，教育机构可以了解最新的行业需求，及时调整课程设置，使之与市场需求相吻合。同时，企业可以参与到教学过程中，为学生提供实习机会，使学生能够在学习期间就接触到实际工作环境，提前适应职场，增强实践能力。

第二，职业本科教育应重视技能与知识的结合，注重培养学生的实用技能。除了理论知识的教授，更应强化技能训练，例如操作技能、沟通协调能力等，以满足职场对复合型人才的需求。教育机构可以通过模拟实际工作环境的实训基地，让学生在模拟环境中进行实践操作，从而提高其职业技能。

第三，应加强职业指导服务。学校应建立完善的职业生涯规划服务体系，为学生提供职业规划指导、就业指导、创业指导等服务。通过职业生涯规划课程、就业指导讲座、模拟面试等方式，帮助学生更好地了解自己的职业兴趣和能力，明确职业目标，提高求职成功率。

第四，优化课程体系，强化跨学科综合能力的培养。职业本科教育应根据社会发展趋势，调整和优化课程设置，增加跨学科课程，例如信息技术、外语能力、国际化视野等，以提升学生的综合素质，增强其在就业市场的竞争力[1]。

---

[1] 邓会敏、白玲、李桂婷：《数字化赋能职业教育高质量发展的耦合逻辑、作用机理与实践向度》，《教育与职业》2023 年第 23 期。

第五，建立终身教育体系，鼓励学生继续学习和提升。随着知识更新的加速，职业本科教育不应仅限于本科阶段，而应建立起终身教育体系，鼓励毕业生通过各种形式的继续教育，例如网络课程、短期培训班、在职研究生等，不断更新知识，提升能力。

通过上述策略与措施的实施，可以有效提高我国职业本科教育的就业竞争力，为学生的职业发展奠定坚实的基础，同时也为社会经济的发展贡献更多高质量的职业人才。

（四）分析就业竞争力提升的成功案例

在分析我国职业本科教育就业竞争力提升的成功案例时，我们可以关注几所典型职业本科院校的实践与成效。这些院校通过产教融合、校企合作、课程改革和实践能力培养等多种方式，有效提升了学生的就业竞争力。

以山西工程科技职业大学为例，该校深化产教融合，与企业共同开发适应行业发展的专业，例如新能源汽车技术、智能制造等。学校与企业合作，共同制订人才培养方案，企业专家参与课程教学，实现了教学内容与企业需求的紧密结合。学生在校期间有机会参与企业实际项目，通过实习实训，提前适应职场环境，增强了实际工作能力。浙江工业职业技术学院则通过校企合作模式，建立了一系列校内实训基地和校外实习基地。学生在校期间不仅学习理论知识，还能在企业中进行为期半年以上的实习，这种"工学交替"模式极大地提高了学生的实践技能和工作适应性。毕业生的就业率和就业质量因此得到显著提升。在课程改革方面，广东轻工职业技术学院注重培养学生的创新能力和实践技能。学院开展了以项目为导向的教学模式，鼓励学生参与科研项目和创新竞赛，通过解决实际问题来提升自身能力。此外，学院还提供了丰富的选修课程，支持学生跨专业学习，拓宽知识面，增强综合素质。四川旅游学院则侧重于培养学生的国际视野和跨文化交际能力。学院与多个国际酒店集团合作，为学生提供海外实习机会，让学生在国际环境中学习和工作，提升学生的国际竞争力。

这些成功案例表明，职业本科教育要提升学生的就业竞争力，必须紧密结合行业需求，强化实践教学，拓展国际合作，同时注重创新能力和综合素质的培养。通过这些措施，不仅能够提高学生的就业率，还能提升毕业生的职业发展潜力和社会适应能力，最终实现教育的高质量发展。

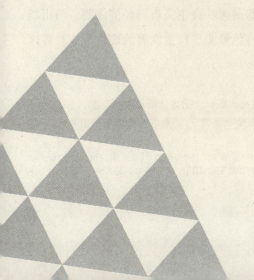

第四章

当代中国职业本科教育的特点与规律

第一节 职业本科教育的特点分析

一、职业本科教育的目标特点：以就业为导向，培养高素质应用型人才

职业本科教育以就业为导向，着眼于为学生提供实用技能和专业知识，以使其更容易融入职业领域。通过与产业紧密对接，职业本科教育能够更准确地了解市场需求，调整课程设置以适应不断变化的职业环境。实践性的培训和专业实习使学生能够在学习过程中直接接触并解决真实的职业问题，从而提高其实际工作能力。这种以就业为导向的目标设计，使职业本科教育更加符合职场需求，为学生顺利开启职业生涯奠定坚实基础，增强了他们在竞争激烈的就业市场中的竞争力。

（一）职业本科教育目标的制定依据

我国现代职业教育体系的构建经历了长期的、稳步的发展过程，一直以办人民群众满意的教育为核心价值取向。1985 年，《中共中央关于教育体制改革的决定》提出要逐步建立起一个从初级到高级、行业配套、结构合理又能与普通教育相互沟通的职业技术教育体系[1]。1991 年，国务院发布的《国务院关于大力发展职业技术教育的决定》要求初步建立起有中国特色的，从初级到高级、行业配套、结构合理、形式多样，又能与其他教育相互沟通、协调发展的职业技术教育体系的基本框架[2]。1996 年，《中华人民共和国职业教育法》进一步强调，国家应根据不同地区的经济发展水平和教育普及程度，实施以初中后为重点的不同阶段的教育分流，建立、健全职业学校教育与职业培训并举，并与其他教育相互沟通、协调发展的职业教育体系[3]。进入 21 世纪后，《国务院关于大力推进职业教育改革与发展的决定》（国发〔2002〕16 号）提出要初步建立起适应社会主义市场经济体制，与市场需求和劳动就业紧密结合，结构合理、灵活开放、特色鲜明、自主发展的现代职业教育体

---

[1] 中国中共党史学会：《中国共产党历史系列辞典》，中共党史出版社，党建读物出版社，2019。

[2] 中华人民共和国国务院：《国务院关于大力发展职业技术教育的决定》，《中华人民共和国国务院公报》1991 年第 36 期。

[3] 全国人民代表大会常务委员会：《中华人民共和国职业教育法》，1996 年 5 月 15 日，https://www.pkulaw.com/chl/e087c9090e8d8193bdfb.html?keyword=%E8%81%8C%E4%B8%9A%E6%95%99%E8%82%B2%E6%B3%95&way=listView，访问日期：2023 年 12 月 10 日。

系①。2005 年,《国务院关于大力发展职业教育的决定》(国发〔2005〕35 号)指出应进一步建立和完善适应社会主义市场经济体制,满足人民群众终身学习需要,与市场需求和劳动就业紧密结合,校企合作、工学结合,结构合理、形式多样,灵活开放、自主发展,有中国特色的现代职业教育体系②。2010 年,《国家中长期教育改革和发展规划纲要(2010—2020 年)》提出,到 2020 年要形成适应经济发展方式转变和产业结构调整要求、体现终身教育理念、中等和高等职业教育协调发展的现代职业教育体系③。2014 年,国务院印发的《国务院关于加快发展现代职业教育的决定》(国发〔2014〕19 号)指出,到 2020 年要形成适应发展需求、产教深度融合、中职高职衔接、职业教育与普通教育相互沟通,体现终身教育理念,具有中国特色、世界水平的现代职业教育体系④。同时期教育部等六部门印发的《现代职业教育体系建设规划(2014—2020 年)》进一步提出,要按照终身教育的理念,形成服务需求、开放融合、纵向流动、双向沟通的现代职业教育体系框架和总体布局⑤。

由此可见,现代职业教育体系旨在打破原来职业教育"终结性、断头路"的格局,系统构建从中职、专科、本科到专业学位研究生的不同层次的培养体系,同时建立职业教育与普通教育双向沟通的桥梁,推进全日制职业教育与非全日制职业教育、学历职业教育与非学历职业教育之间的融通,建立内外衔接的职业教育人才成长体系⑥。由此,发展职业本科教育被提上了日程。2019 年,国务院印发的《国家职业教育改革实施方案》提出要开展本科层次职业教育试点⑦。2021 年,教育部办公厅印发的《本科层次职业教育专业设置管理办法(试行)》(教职成厅〔2021〕1 号)要求本科层次职业教育专业设置应坚持需求导向、服务发展,主动服务产业基础高级化、产业链现代化;应体现职业教育类型特点,坚持高层次技术技能人才培养定位⑧。与此同时,《本科层次职业学校设置标准(试行)》(教发

① 中华人民共和国国务院:《国务院关于大力推进职业教育改革与发展的决定》,2002 年 8 月 24 日,https://www.gov.cn/gongbao/content/2002/content_61755.htm,访问日期:2023 年 12 月 10 日。

② 中华人民共和国国务院:《国务院关于大力发展职业教育的决定》,2005 年 10 月 28 日,https://www.gov.cn/zwgk/2005-11/09/content_94296.htm,访问日期:2023 年 12 月 10 日。

③ 中华人民共和国教育部:《国家中长期教育改革和发展规划纲要(2010—2020 年)》,2010 年 7 月 29 日,http://www.moe.gov.cn/jyb_xwfb/s6052/moe_838/201008/t20100802_93704.html?eqid=90bc801a000f3f5400000006643d3107,访问日期:2023 年 12 月 10 日。

④ 中华人民共和国国务院:《国务院关于加快发展现代职业教育的决定》,2014 年 6 月 22 日,https://www.gov.cn/zhengce/content/2014-06/22/content_8901.htm,访问日期:2023 年 12 月 10 日。

⑤ 中华人民共和国教育部,等:《现代职业教育体系建设规划(2014—2020 年)》,2014 年 6 月 16 日,https://www.gov.cn/gongbao/content/2014/content_2765487.htm,访问日期:2023 年 12 月 10 日。

⑥ 平和光、李孝更:《十八大以来中国特色现代职业教育体系建设报告》,《职业技术教育》2017 年第 38 期。

⑦ 中华人民共和国国务院:《国务院关于印发国家职业教育改革实施方案的通知》,2019 年 2 月 13 日,https://www.gov.cn/zhengce/content/2019-02/13/content_5365341.htm,访问日期:2023 年 12 月 10 日。

⑧ 中华人民共和国教育部:《教育部办公厅关于印发〈本科层次职业教育专业设置管理办法(试行)〉的通知》,2021 年 1 月 26 日,http://www.moe.gov.cn/srcsite/A07/zcs_zhgg/202101/t20210129_511682.html,访问日期:2023 年 12 月 10 日。

〔2021〕1号）明确本科层次职业学校设置应坚持面向市场、服务发展、促进就业的办学方向，坚定职业教育定位、属性和特色，培养国家和区域经济社会发展需要的高层次技术技能人才[①]。

自此，职业本科教育的核心价值得以明确：服务区域经济发展，适应产业转型升级需求，培养高层次技术应用型人才。那么，职业本科教育的目标即是以就业为导向，培养高素质应用型人才。

（二）职业本科教育目标的设计原则

职业本科教育需要基于现代职业教育体系的价值引领，紧抓产业需求与人才培养的职业教育基本原则，探索教育目标的具体内容。

职业本科教育身兼本科教育与职业教育的双重属性，又具有衔接高职专科教育和专业学位研究生教育、沟通职业本科教育与普通本科教育的功能，还肩负着支撑产业升级和技术进步的使命。结合现代职业教育体系的价值根基与当下国家发展的现实需求，可以发现开展职业本科教育是我国经济社会发展、产业转型升级和高新技术应用的关键抓手，是高水平、现代化技术技能人才培养机制创新的题中之义。因而，需全面探索职业本科教育发展定位的创新机制，才能解决其办学主体、专业设置、招生途径、培养模式、课程体系、教学资源、教学过程、实训条件、师资队伍、产教融合、就业面向、学历学位等具体办学问题。而解决这些问题的关键在于如何创新职业本科教育与产业需求的协同机制，切实有效地提升人才培养质量与高等职业教育整体水平。基于此，探索职业本科教育发展定位的创新机制，可以从产业需求和人才培养这两个"法"的层面切入。

在产业需求层面，职业本科教育首先要满足现代农业、先进制造业、现代服务业、战略性新兴产业等对高层次技术应用型人才的需求。所以，要探究传统产业及新兴产业的共性关键技术，进而发现适合高层次技术应用型人才的职业岗位（群），推进产业需求引导下的职业本科教育发展定位机制创新。在人才培养层面，职业本科教育的人才培养目标一方面必须紧密围绕国家和区域经济社会产业发展重点领域，服务产业新业态、新模式，培养高层次技术型人才。另一方面，职业本科教育人才培养定位要区别于学术研究型本科教育与应用本科教育，在人才培养全过程坚守职业教育属性，保持职业教育特色，凸显职业教育作为一种教育类型的核心本质。此外，职业本科教育人才培养体系与模式也应实现机制创新，使之既能在现代高等职业教育内部承接衔接高职专科与专业学位研究生这两种培养层次，也能与普通本科教育的人才培养体系关联、沟通，进而融入学术型及专业型研

[①] 中华人民共和国教育部：《教育部关于印发〈本科层次职业学校设置标准（试行）〉的通知》，2021年1月27日，https://www.nvu.edu.cn/xinwenzhongxin/xibudongtai/html.php?c-10205.html，访问日期：2023年12月10日。

生人才培养体系，更加切实有效地培养具有创新能力的高层次技术型人才与复合型人才。

（三）职业本科教育目标的实现路径

要实现"高层次技术技能人才"的教学目标，职业本科教育必须进一步调整、更新相应的教育教学工具，切实有效地发挥自下而上的支撑载体功能。具体而言，需要从教学、资源两个方面进行完善。

在教学方面，职业本科教育的专业教学主要面向掌握了本专业基本知识、必要技术和熟练技能的职业教育体系中的各类学生，因此为了避免学习上的简单重复，要以教授高新技术、提升技术应用能力为主。在高新技术方面，要着重学习面向产业、行业的高层次技术，例如以农业生物技术、农业信息技术、农业辐射技术为主的农业技术；以软件微电子技术、网络通信技术、生物医药技术为主的工业技术；以电子商务技术、现代物流技术、文化创意技术为主的服务业技术等。此类课程一般可设置在64学时左右。在技术应用能力提升方面，要对原先专业课程未曾讲授的、有理论深度的知识和技术进行强化学习，建议采用衔接课程的形式，一般可设置32学时左右。同时，职业本科教育仍然要坚持理论教学与实践教学1:1左右的基本比例，实践教学部分要以技术综合应用的实训为主，一般可设置在1周至4周，视相应知识与技术应用的要求灵活调整。此外，职业本科教育的教学过程必须与企业的生产过程对接，增加学生到相关行业、产业与企业生产现场参观实习的机会，同时提供相关高层次技术人员来校与学生交流解决生产实际问题的机会。

在资源方面，职业本科学校的实训条件和课程资源要适应职业本科教育的教学要求，故需要对相应的工具载体进行建设更新。在实训条件建设方面：一是要在原有高职专科实训课程中增加相应的实验设备，二是根据需要新建相应的实验室，达到探索高新技术应用的、区别于技能实训的实践条件，以支撑对理论知识和高新技术的理解与应用。在课程资源建设方面，要建设适合职业本科教育的教材和在线课程。其中衔接课程的教材以基本知识梳理、技术原理分析、应用案例示范为主，新开课程的教材以对知识、技术的阐述和应用为主。需要注意的是，衔接课程和新开课程的教材重点都不是技能训练，而是技术的综合应用。要注重开发在线课程，其中衔接课程的在线课程建设需要促进对高职专科教育所授知识和技能的深化理解，引导学生开展大量的技术应用练习；新开课程的在线课程建设则应促进学生自学知识、技术和技能，同时引导学生进行相应的技术应用练习。此外，职业本科教育的线下和在线课程都要尽可能多地使用微课、动画、视频等信息化资源，以便学生在学习过程中更加直观地理解相应的理论和技术。

二、职业本科教育的内容特点：以专业为核心，注重理论与实践相结合

传统的对职业本科教育内容的分析路径分别针对职业本科教育两个关键特征——学术性和职业性，建立两类内容体系，即职业专科教育的内容体系和普通本科教育的内容体系。此思维路径形成，与职业本科教育办学初衷有关，即为了完善现代职业教育体系，创办一种不同于普通本科教育的新型本科教育。从研究进展看，这一分析路径价值有限。职业本科教育内容特点的分析需要实现路径转向。本文尝试建立以"专业"为核心的分析路径。

（一）职业本科教育内容应以"专业"为核心

传统概念中，职业教育在内容上被定义为一种培养简单的、重复性技能的教育。分析和判断能力、复杂问题解决能力以及根据情境进行权变和创新的能力等工作场所中非常重要的复杂技能，未被系统考虑过如何纳入教育内容。职业教育中虽然也包含理论知识，但具有极强的功利性。职业教育人才培养遵循的基本逻辑，即从职业出发，理论知识要求控制在"有用""够用"范围内。系统科学理论知识学习在职业教育中一直被批评和否定，导致所培养的技能人才缺乏基本科学基础。在功能上，传统职业教育则被视为一种促进个体谋生或降低失业率的工具。尽管自 20 世纪 70 年代以来，世界范围内一直有种思想在努力改变传统职业教育观念，即新职业主义，主张在内容中增加理论知识成分，但效果有限。

职业本科教育要获得本科教育身份，其内容选择的原则就应参考两者，走出自己的特色道路。普通本科教育内部有多种类别，总体上可划分为两种基本类型，即学术教育和专业教育。学术教育是以从事纯粹学术研究的人才为培养目标的教育，大学文、理科教育属于这种教育。这种教育培养的人才，尽管也要求了解实践，但不要求他们具备很强的实践能力。其工作内容不是直接从事实践活动，而是从事纯粹学术研究，寻求基本理论的突破。专业教育则是培养综合运用科学理论进行实践性工作人才的教育，例如培养工程师、律师、教师、医生等人才的教育。这种教育培养的人才，虽然也要求掌握系统、深刻的理论知识，但他们掌握理论知识的目的是胜任实践性工作，其工作内容是系统地解决某一领域的复杂实践问题。在这两种本科教育中，与职业本科教育关系更为密切的是专业教育，职业本科教育应与专业教育对标，从专业的角度设计课程内容。

什么是专业？这一概念可从社会学和知识论两个维度进行理解，即它既可理解为一种身份，也可理解为一种能力。当我们说某人是某行业的专业人士时，是在确认他的专业身份。专业化已成为一种社会结构，各种专业之间形成并维持着清晰的界限，使劳动者对自己的工作具有代表权和解释权[1]。当我们说某人在某行业非常专业时，是在确认他的能力水

---

[1] Weber，M. et al. Economy and Society（Berkeley:University of California Press，1978），p. 231，245.

平。从根本上看，专业工作的地位是由专业知识建构的。英国诺丁汉大学埃维茨（Evetts，J.）比较了基于组织的专业性和基于职业的专业性两种专业化过程[1]。他认为，两者的区别在于，基于组织的专业性通过垄断维护专业工作的地位，而基于职业的专业性是通过知识建构来保证劳动者能力及其从事专业工作的合法地位。直到 21 世纪初，西方国家爆发的银行业危机，引发了人们对基于组织的专业性的质疑[2]。

美国平等就业机会委员会（Equal Employment Opportunity Commission，EEOC）定义了专业性工作的特征，具体包括三个方面。一是从事专业性工作的劳动者一般具有本科以上学历。拥有本科学历意味着劳动者经过高中学习，已经具备基本的知识、技能与素养。二是从事专业性工作的劳动者一般不以时薪计算薪酬。专业性工作的价值无法以小时为单位来计算。三是从事专业性工作的劳动者往往在下班后依然无法脱离工作。例如，教师会在下班后将作业带回家批改，律师会在下班后翻看卷宗。

基于以上工作特征，专业知识的特征可描述为：以崇高的职业理想和道德为追求；以深厚的基本理论知识为基础，一般需要基础学科知识；需要灵活的情境分析与判断能力；需要熟练的规范操作和权变创新能力[3]。作为一位专业人员，首先，要具备为理想而工作的信念，有严格的道德自我约束力；不能把工作看作谋生手段，完全在外部权威与制度约束下工作。其次，工作是实践性的，不是学术研究。最后，所需要的工作能力具有很强的复杂性，体现在要以系统的理论知识为基础，能对情境做出准确分析和判断，以及根据实际情况及时进行权变和创新，具备直接进行规范、熟练操作的技能。

（二）职业本科教育内容应注重理论与实践相结合

通过与同类型中职、专科高职教育的纵向比较和同层次的普通本科教育的横向比较，职业本科教育应兼具"职业性"的类型特征和"高等性"的层次属性。一是教育的职业性。相对于普通本科教育来说，职业本科教育培养的高层次人才对具备职业需求的技术技能有更具象的要求，课程更体现职业的原理性知识特征，培养路径更体现职业活动的指向性[4]，构成了"培养目标—课程内容—教育活动"的"职业性"逻辑体系。二是人才的高等性。相对于中职和专科高职，职业本科教育培养的技术技能人才具有更高的人文素质、职业素质

[1] Evetts，J，"The Sociological Analysis of Professionalism:Occupational Change in the Modern World，" *International Sociology* 2（2003）.

[2] Kanes，C，Challenging Professionalism（Berlin:Springer Netherlands，2009），p. 1.

[3] 王璐、徐国庆：《从工作知识到专业知识——职业教育课程知识论基础的发展》，《职教论坛》2019 年第 9 期。

[4] 李必新、李仲阳：《职业本科教育的辨析维度和内在逻辑——类型教育的视角》，《现代教育管理》2022年第 5 期。

以及技术素质等综合素质①。从高等性与职业性出发，就产生了两种课程观，一种是知识本位的课程观，另一种是技能本位的课程观。知识本位的课程观强调知识的获取，技能本位的课程观强调单一技能的掌握。职业本科教育是职业教育层次向上的延伸，它的职业属性并未改变，实践性仍然是这种职业教育的本质，其人才培养的逻辑起点是工作实践的职业能力要求。这表明职业本科教育的课程观既不能以知识为本位，也不能以技能为本位，而是在综合考虑两者，注重理论与实践的结合。

由此，职业本科教育课程开发要突破职业教育长期以来形成的依据：以工作任务完成需要选择理论知识、以工作过程为主线组织理论知识的原理，强调掌握相对系统专业理论知识的重要性，把实践能力培养建立在掌握系统科学理论基础上。综合应用专业理论知识解决实践问题，是专业人才职业活动的特点。这一特点决定了其人才培养的基本逻辑，即在系统专业理论知识掌握的基础上进行深入的专业实践。学科课程应当在职业本科教育中占有相当比重。其理论知识既包括与专业教育构造共同科学基础所需要的理论知识，也包括职业本科教育自身特有的技术理论知识。

1. 理论方面：建立职业本科教育知识观

对于职业教育而言，职业知识观一直是主导职业院校人才培养方案、专业课程与教材体系开发与建设的依据②，培养了大量传统的产业工人。建立在中职和专科高职人才培养定位上的职业知识观，以及在这种观点指导下的课程设置和技能模式，已经不适合职业本科教育的人才培养。建立在职业本科教育人才培养目标定位上新的职业知识观，即职业本科教育知识观，并在其指导下解构原有的（高等职业教育）知识体系进行重构优化成为职业本科教育发展的关键问题。

中职和专科高职的人才培养定位具体来说就是面向生产、建设、管理和服务一线，为传统产业培养高素质技术技能人才，其知识观是根据岗位的要求掌握与职业直接相关的专业知识和实践操作技能。因此，专科高职的知识类型针对应用类岗位情境以关联性知识为主，中职的知识类型针对不太复杂的操作类岗位情境，以定向和概括性知识为主。而职业本科培养的高层次新型技术技能人才，因为其兼具"职业性"和"高等性"，面向的是复杂多变、无标准答案的综合类岗位情境，仅仅是基于以上传统岗位的经验知识类型已经不再适合，而应该以原理性知识为主，强调以具体和原理性知识为特征的应用性设计和更高层面策略的内容③。

---

① 刘智勇、赵前斌：《对高职教育"高等性"和"职业性"的再认识》，《高教探索》2011年第4期。
② 马君、张苗怡：《从职业知识到技术知识：职业教育知识观的逻辑转向》，《西南大学学报（社会科学版）》2022年第2期。
③ 李必新、李仲阳：《职业本科教育的辨析维度和内在逻辑——类型教育的视角》，《现代教育管理》2022年第5期。

职业本科教育知识观与传统的职业知识观都是从知识、技能、能力三个维度对人才应具备的标准进行了表达，基于不同的人才定位，具体内容和要求也不相同。职业本科教育知识观中，因为知识的原理性、技能的复杂性和能力的综合性，其课程设置和技能模式不可能把工作进行碎片化的分解，而必须把工作岗位作为一个完整的系统，把与工作岗位相关的因子，包括产业转型发展、环境条件变化、心理适应、问题预测等都纳入这个系统。这样与之相对应的知识和技能就都成为课程开发和设置的必备元素，只有这样职业本科教育的高质量发展特色才能彰显，人才培养目标才能达成。因此，职业本科教育人才培养方案、课程开发和建设应以职业本科教育知识观为主导。

2. 实践方面：明确职业本科教育能力为本位

职业教育是"能力本位"的教育，一定要以能力培养作为课程的根本定位和核心旨归，区别于中等职业教育的操作性的实践活动设计，职业本科教育的实践课程应具备系统性、复杂性，以培养学生的能力为根本目的。

学生实践能力的培养依赖于能力本位课程的建设。能力本位课程是培养学生实际工作能力的课程。这类课程是用能力本位课程开发方法对职业本科教育所面向职业岗位进行分析所开发的课程。课程结构来自工作结构，课程内容来自职业岗位所需职业能力。这类课程是职业本科教育课程体系的主体和最大特色，应占专业课总课时数一半左右。这类课程开发时存在的最大疑惑是：能力本位课程开发方法是否适合职业本科教育。能力本位课程虽然从职业培训课程开发中传播开来，但它最早产生于20世纪60年代美国教师教育课程开发。当时，采用这一方法是为了解决教育内容与教师工作要求之间的矛盾，而教师是一种专业性职业。因此，能力本位课程在职业本科教育课程开发中面临的问题不是是否适合，而是如何应用。适用性担忧的产生，是由于旧的能力本位课程开发仅以工作任务为分析对象，且采用详尽任务分析法以使教育内容达到明晰的目的。实践表明，在职业本科教育课程开发中，采取概括性任务分析法，以大量的综合实践训练和生产实践项目来提升综合实践能力，构建知识体系，可有效地解决这一问题，获得既有内容针对性，又达到本科教育水平的课程。

要实现能力本位的职业本科教育，做到课程形式在理论与实践上相结合，最根本的是充分发挥产教融合优势。一是深化产教融合，创新技术技能人才培养模式。职业本科学校要与龙头企业、规上企业、产教融合型企业建立紧密的战略合作关系，联合开展人才培养，赋予学生兼具学员和员工的"双重身份"。将企业的新理念、新技术和新工艺等融入人才培养过程，破除产教融合体制机制障碍，校企协同构建混合所有制学院、现代产业学院以及跨界联盟学院等新型办学载体，建立第三方人才质量监控、评价与反馈机制，激发企业参与人才培养的积极性，实现校企一体化协同育人。二是深化产教融合，创新职业本科教育治理模式。通过全面提升校企合作的层次与能级，构建包括政府、学校、企业、行业以及社会组织等在内的多主体协同治理体系，完善职业本科院校理事会或董事会、学术委员会、教学指导工作委员会、专业建设指导委员会等组织机构和治理制度，推进职业教育产教融合治理体系以及相应的治理能力的现代化，打造职业本科教育的产教融合开放型治理新格局。

三、职业本科教育的形式特点：以课程为载体，采用多元化的教学方法和手段

职业本科教育课程模式多元，要求教学模式也多元。应根据职业本科教育教学的最新发展理念和信息化技术手段开展课堂革命，充分利用线上线下、课上课下教学资源进行融合，推进项目化、任务式、情景式、嵌入式教学模式改革，探索"沉浸式""体验式""游戏化""闯关式"教学方法改革，推行"引企入课""引技入室"等教学方式改革，切实提升教学效果和学习质量。

（一）树立"学生中心"的课程理念

传统的高等教育在教学过程中以教师为中心，学生始终被动接受知识，其主观能动性和创造性无法得到应有的训练和发展。德国哲学家马丁·海德格尔（Martin Heidegger）指出，"教所要求的是'让学'"[1]。"让学"就是充分发挥教师的主导作用，积极引导和激发学生的学习兴趣，变被动为主动，让学生学会学习，发展能力。1952年，美国心理学家卡尔·兰塞姆·罗杰斯（Carl Ransom Rogers）首先提出了"以学生为中心"的理念，并对一切教育和教学活动都用这个理念来解释，至此引发了大学教育的系列变革。随着教育信息技术的迅速发展，更多颠覆传统高等教育的理念及模式产生。斯坦福大学在《斯坦福大学2025计划》中大胆设计未来的大学模式，明确以学生为中心，将"先知识后能力"反转为"先能力后知识"。由此可见，"以学生为中心"是未来大学的发展趋势。职业本科教育，有着"高等性"的属性，其课程体系的构建应顺应大学教育的发展趋势，遵循"学生中心"原则。同时，高层次新型技术技能人才的培养目标和人才发展规律，凸显了学生的个体价值与社会价值的内在统一，也彰显了职业本科教育学生发展的高质量。因此，构建职业本科教育课程体系要为学生面向未来社会打下扎实的知识基础，发展工作技能，同时也要将学生培养为全面发展的人。课程的实施要在"学生中心"的理念基础上，以学生发展为本，以适应性、认识性、价值性等为教学目标，重视学生创造力的培养，满足学生个性化发展的需求，强

---

① 胡欣、石防震、朱宁：《高等教育中"教师主导，学生主体"协同作用的思考》，《科教文汇（上旬刊）》2017年第12期。

化对学生作为价值本体的职业素养和综合素质提升，强化职业规划和就业指导；教学实施过程要充分激发学生的学习主动性，克服传统的知识"灌输"式教学的局限，丰富教学的发展性。

（二）职业本科教育的课程模式

职业本科教育课程模式多元，要求教学模式也多元，但讲授法等传统教学模式仍应占重要地位。职业本科教育要体现学术上的高等性，必须有高水平讲授的理论课程作支撑。职业本科教育作为一种以培养技能人才为使命的高等教育类型，最能体现人才培养特色的教学模式是项目教学，因为项目教学是一种以实践为导向，能把理论和实践有机整合的教学模式。项目教学应成为职业本科院校主导教学模式[①]。职业本科院校应根据教学模式这一特点构建教学实施整体框架，包括时间安排、空间设计、评价方案确定和教师能力要求设定等。

职业本科教育的学术性与职业性特征，要求其项目教学内容与中等职业教育和职业专科教育有所区别。项目教学一直以来被视为职业教育主导教学模式。中等职业教育和职业专科教育所实施的是综合技能项目教学，职业本科教育应重点开发产品应用设计项目教学、产品试验项目教学、问题解决项目教学和技术创新项目教学，培养学生产品应用设计能力、产品试验能力、问题解决能力和技术研发能力。人才培养方案还应包含毕业设计环节，学生通过完成具有一定难度的实践性综合项目，培养综合职业能力。

（三）职业本科教育的教学方法

职业本科教育的专业课程以技术为牵引、以产品为载体，围绕精心选择的产品或服务来组织课程内容，并具体化为若干项目的形式，因此在教学方法与手段上应当遵循行动导向的理念。行动导向既是一种教育教学方法论，也是一种教育教学的理念，是贯穿于教学全过程和各环节的一种指导思想。其核心理念是通过教学目标、教学内容、教学方法、教学设施、教学评价等方面的重新组合，在整个教学过程中创设一种教与学、教师与学生平等互动的交往情景，引导学生在专业对应的职业情境中、在动手的实践中自主学习，从而掌握知识和技能，不断构建自己的经验、知识和能力体系[②]。

在实践中，人们更多提及的是行动导向的若干教学方法。我们认为，对于职业本科教育具体可从以下五方面入手：一是开展"项目化"教学，将企业实际项目转化为教学项目，使课堂成为项目开发工场。二是"产品化"实训，教师将真实的产品需求带入课堂，师生

① 徐国庆、王笙年：《职业本科教育的性质及课程教学模式》，《教育研究》2022年第7期。
② 陈曦萌：《"行动导向"职业教育教学的沿革及内涵》，《职业技术教育（教科版）》2006年第22期。

共同进行产品设计开发。三是"竞赛化"实训，依据世界技能大赛、全国技能大赛的要求，将竞赛题目转化为实训项目。四是"实战化"考核，按企业真实生产标准进行考核。五是根据课程实际灵活运用模拟教学法、角色扮演法、案例教学法、引导式教学法、图上演练教学法等多种教学方法。从而推动教学模式由教师中心向学生中心的转变，由注重教学内容向更加注重教学过程的转变。

另外，随着计算机和网络技术的飞速发展，以互联网为核心的信息技术越来越多地被应用于教学，为教育的改革和发展带来了新的契机。教育资源的数字化是信息化教育的一个重要内容[①]。互联网教育和线上教学已经成为各行各业的战略需求，为实行电子技术行业发展战略，推进高等职业院校建设教育资源，提升高等职业院校学校社会服务能力的需要，为学习者自主学习提供数字化网络资源，为推动高等职业教育信息化发展提供保障，建立适合职业本科教育、"物联网+"的教学资源库，并在"物联网+"的教学资源库增加实践教育教学模块，实现"云"实践操作平台建设，体现职业教育的目的。

第二节　职业本科教育的规律探索

一、职业本科教育的需求规律：适应社会经济发展和产业结构调整的需要

职业本科教育是为了适应当前产业发展的新需要而产生的，是高职专科教育不能满足高新技术产业"高层次"需求、普通本科教育不能满足"职业性"需要的产物。

（一）发展职业本科教育是生产力发展与社会进步的必然要求

职业教育高质量发展是建设教育强国、发展中国式教育现代化的重点议题。为回应时代变化和人民诉求，全面建设高质量现代职业教育体系，提高服务党和国家重大战略的能力，2014 年印发的《国务院关于加快发展现代职业教育的决定》（国发〔2014〕19 号）正式将本科层次职业教育提上国家议程。随着职业本科教育得到社会普遍关注，《国家职业教育改革实施方案》《职业教育提质培优行动计划（2020—2023 年）》《关于推动现代职业教育高质量发展的意见》等职业教育政策相继出台，系统推进职业本科教育落地实施。2022 年，新修订的《中华人民共和国职业教育法》（以下简称《职业教育法》）实现了职业本科教育

---

① 李媛媛、彭巨擘：《德国应用科技大学与我国高等职业本科教育的比较研究》，《价值工程》2016 年第 5 期。

从政策到法律的升华，表明职业本科教育已上升至由政府主导、社会实施的具有政策连续性和创新性的国家行动。

教育部、人社部等部门统计的关键指标反映出我国人才供需结构性矛盾，并引导政策决策者感知问题变化。2016 年 12 月，教育部等三部门印发《制造业人才发展规划指南》，指出制造业人才供需关系紧张的突出问题，并预测到 2025 年，信息技术产业、高档数控机床、电力装备等十大重点领域人才总需求量为 6191.7 万人，人才需求缺口 2985.7 万人，缺口率达 48.2%[①]。因此，我国要不断加强职业教育体系建设，提高技能人才培养质量及其市场匹配度。但根据全国人力资源市场信息监测中心数据，服务员、生产操作工等一线岗位存在大量缺口，技能人才的求人倍率始终保持在 1.5 以上，高技能人才的求人倍率高达 2.5 以上[②]，劳动力供给较之于需求的增加仍旧相对疲软，企业招聘困难程度逐步上升。此外，2021 年全国教育事业发展统计公报显示，尽管高等职业教育规模几乎占据高等教育的一半，但培养更高层次技术技能人才的职业本科院校的数量与高职专科学校相比不足其 2.2%，在校人数不足其 0.8%[③]，难以有效满足在"智慧社会"中我国经济高质量发展的内在需求，中低层次技能劳动者甚至面临着人工智能飞速跃迁所带来的职业替代风险。人才供需的结构性矛盾不仅给企业发展带来诸多问题，也不利于劳动者实现高质量就业。政策决策者对此表示高度重视与关注，进一步探索如何优化技能人才结构，提高整体劳动力素质。

习近平总书记对职业教育的长期谋划和推动，向公众传达了党和国家大力发展职业教育的决心。1990—1996 年，习近平总书记在任闽江职业大学校长期间求真务实，倡导职业院校办学发展应"不求最大，但求最优，但求适应社会需要"。此后，他始终心系职业教育，相关政策文件相继发布，职业教育热度急速攀升。其背后包含了国家对职业教育高度的重视与期许，蕴藏了人们对职业教育成就出彩人生的美好愿望。但同时，部分职业院校虚假招生、混乱管理、违规实习等办学乱象和政策失真事件频出，成为社会痛点，引发舆论对职校学生生存和发展的高度关注。相关报道获得众多媒体转载，将职业教育问题暴露在公众视野中，并持续发酵为对职业教育质量的群体不信任，严重影响了职业教育的吸引力，再加上我国职业教育长期止步于专科层次，职业教育已然被贴上"二流教育"的标签。尽管《教育部办公厅关于做好 2014 年高中阶段学校招生工作的通知》（教职成厅〔2014〕3 号）曾表示，应按 50% 的比例引导初中生源有序分流至中等职业学校，但出于对职业教育

① 教育部、人力资源和社会保障部、工业和信息化部：《制造业人才发展规划指南》，2016 年 12 月 27 日，http://www.gov.cn/xinwen/2017-02/24/content_5170697.htm，访问日期：2023 年 12 月 10 日。

② 中华人民共和国人力资源和社会保障部：《坚持就业优先，推动实现更加充分更高质量就业》，2022 年 6 月 17 日，http://www.mohrss.gov.cn/SYrlzyhshbzb/dongtai-xinwen/buneiyaowen/rsxw/202206/t20220617_454034.html，访问日期：2023 年 12 月 10 日。

③ 中华人民共和国教育部：《2021 年全国教育事业发展统计公报》，2022 年 12 月 1 日，http://www.moe.gov.cn/jyb_sjzl/sjzl_fztjgb/202209/t20220914_660850.html，访问日期：2023 年 12 月 10 日。

的质疑和对学术学历的追捧，接受职业教育似乎成为无奈的选择。显然这只是职业教育问题的冰山一角，正如德国哲学家尤尔根·哈贝马斯（Jurgen Habermas）所言，唯有生活世界发生的东西，才可能成为公共议题，它不仅将公众注意力转移到职业教育领域，也促使政府决策系统接受公众意愿，意识到如果不打通职业教育学历层次，改善职业教育办学质量，职业教育难以持续发展。

此前，我国主要通过普通本科高校向应用本科转型发展，以及高职院校与普通本科学校合作办学的形式，促进本科层次职业教育落地实践，其运行是否符合预期、产生了哪些意外后果等反馈信息，是职业本科教育问题识别的重要依据。1999 年我国高等教育开始大规模扩张，加上经济的高速发展，培养应用技术人才成为时下最迫切的需求。2009 年，教育部以"地方性"和"应用性"为核心，启动新建本科院校合格评估工作，鼓励其适时转向。2012 年《国家教育事业发展第十二个五年规划》高度重视应用型、复合型和技能型人才，并将"应用本科学校"概念带入公众视野，应用本科院校建设初具成效。由应用型高校直接开展职业本科教育，理论上能够有效满足我国高等职业教育需求多样化的现实要求，扩充高端技术技能人才的培养数量和供给规模[①]。但在实际办学过程中，部分院校依旧处于普通本科院校和高职院校的"夹心层"，尚未真正从"精英教育办学理念"和"学术型"培养模式的桎梏中解放出来[②]。同时，尽管职业专科教育是现代职业教育体系的主体，其培养的技能人才在我国就业市场中仍然占据着最大份额[③]，但与普通本科院校合作办学的高职院校往往因为学位授予权缺失等问题而受制于普通本科学校，人才培养出现"贴牌生产"现象[④]，甚至极力模仿、照搬普通本科教育，对职业教育存在普遍的逃离心态，"去职业教育"成为高职院校办学的突出问题，高等职业教育一度陷入模棱两可、似是而非的尴尬境地。这些信息引发决策者对高等职业教育办学形式的重新审思，发展层次和质量更高、更凸显类型特色的职业本科教育的新项目应该被纳入议程。

（二）职业本科教育的发展应当顺应当下的国家政策、市场环境

高层次技术技能人才是支撑中国制造和中国创造的重要力量，对于增强国家核心竞争力、科技创新和缓解就业结构性矛盾具有重要意义，也是支撑中国式现代化建设的重要资源。面对我国新百年、新征程的时代背景，我国迫切需要一批高层次技术技能人才服务于国家科教兴国战略和人才强国战略，然而我国高层次技术技能人才的紧缺倒逼高等教育结构的调整，在此背景下，本科层次职业教育顺势而生。因此，发挥本科层次职业教育培养

① 邓旭升：《应用型高校开展职业本科教育的意义、难点和突破路径》，《教育与职业》2022 年第 5 期。
② 刘振天：《地方本科院校转型发展与高等教育认识论及方法论诉求》，《中国高教研究》2014 年第 6 期。
③ 李胜、徐国庆：《职业本科教育发展背景下职业专科教育定位研究》，《中国高教研究》2022 年第 2 期。
④ 梁克东：《职业本科教育的实践探索、发展瓶颈与推进策略》，《中国高教研究》2021 年第 9 期。

高层次技术技能人才的基础作用，制订符合国家和社会发展需求的人才培养方案，使得人才培养质量符合国家重大发展战略方针，是发展本科层次职业教育必要之举。

发展职业本科教育，要准确理解、全面落实习近平总书记关于"稳步发展职业本科教育"的重要指示精神，既不能盲目冒进，也不能止步不前，要坚持"三个高、两个衔接、三个不变"的总体发展思路。"三个高"，即遵循高起点、高标准、高质量的发展原则，建设一批学校和专业，通过长学制培养模式，为产业转型升级提供高层次、高水平的技术技能人才支撑。"两个衔接"，即注重与中职和高职专科专业设置管理办法的衔接，注重与本科层次职业学校设置标准和有关评估方案的衔接。"三个不变"，即在办学定位上坚持职业教育类型不变，在培养模式上坚持产教融合、校企合作不变，在学校更名上坚持特色名称不变。

职业本科教育要坚持走"不求最大，但求最优，但求适应社会需要"的内涵发展道路。要遵循职业教育的基本规律，瞄准技术变革和产业优化升级的方向，按照职教本科 247 个专业制定专业标准，设计人才培养方案；深化"三教改革"，建设高层次"双师型"教师队伍，构建引领教学模式改革的教师创新团队；构建理实一体化的"学科专业"课程体系，建立"技能操作—技术应用—技能技术融合—技术创新"的"四阶段"阶梯式实践课程体系；推进产教融合，构建校企结合的评价体系；增加通识教育和创新创业教育，推动职普融通；探索长学制培养模式，实施"岗课赛证"综合育人，促进教育链、人才链与产业链、创新链有效衔接，办出特色和水平，在精准对接科技发展趋势和市场新需求、培养高精尖产业亟须的技术技能人才方面发挥好"领头雁"作用。

二、职业本科教育的发展规律：遵循高等教育和职业教育的共性和个性规律

本科层次职业教育，也称职业本科教育或本科职业教育，就层次而言，属于本科教育层次；就类型而言，属于职业教育类型。职业本科教育是层次与类型的辩证统一，职业本科与普通本科、高职专科既有区别，又有联系。

（一）职业本科教育与职业教育、本科教育的差异

1. 从层次上区分本科层次职业教育与专科层次职业教育的差异

《中华人民共和国高等教育法》明确规定高等学历教育分为专科教育、本科教育和研究生教育。中国教育家潘懋元教授曾提到高职教育在专科层次上增设本科、研究生层次，构成完整的高职教育体系[1]。专科、本科以及研究生教育存在层次差异，类型上并无区别，

① 潘懋元：《建立高等职业教育独立体系刍议》，《教育研究》2005 年第 5 期。

即本科职业教育与专科职业教育同类不同级。鉴于我国当前职业教育正打破职业教育止步专科的"天花板"，尝试建立职业本科教育，一些学者认为本科职业教育是专科职业教育的延伸版或加强版。因此，有必要对本科职业教育和专科职业教育进行比较。

无论是本科职业教育，还是专科职业教育，作为职业教育，其人才培养规格均须达到《中华人民共和国职业教育法》中的高素质技术技能人才要求，但由于培养层次的不同，其技术技能要求则存在明显差异，专科职业教育培养的人才主要是满足具体岗位的技能要求，侧重于"技能＋就业"。本科职业教育培养的人才既需具备相应的职业理论，又能够满足产业链和高端岗位群所需求的复合型技术技能。技能要求的不同，必然导致本科职业教育与专科职业教育在专业设置、课程建设以及教学实施上有所不同。在专业设置方面，专科职业教育强调"专"而聚焦某一学科，本科职业教育则需拓宽专业口径以增强学习者的社会适应性，同时实现与专科职业教育的有效衔接。相对专科职业教育课程内容的"必需、够用"原则，本科职业教育作为专科职业教育的更高层次，其课程建设应体现技术理论知识的系统性、相近课程内容的整合性，为学习者将来能够在职业发展中解决复杂生产实际问题打下基础。在教学实施方面，专科职业教育围绕解决实际生产中出现的工艺和操作问题为核心，组织知识的学习以及技能的训练。本科职业教育则是理论教学与实践教学并重，以适应岗位群的需要。

2. 从类型上区分职业本科与普通本科的差异

2017 年《教育部关于"十三五"时期高等学校设置工作的意见》明确提出，我国高等教育总体上可分为研究型、应用型和职业技能型三大类。因此，本科教育可分为研究型本科、应用本科以及职业技能型本科。研究型本科高校以基础理论研究为主，其使命为科学教育，强调学术研究引领教学。应用本科高校以应用研究为主，开展工程教育，强调学术科研成果的转化与应用，以应用研究支撑教学。研究型本科和应用本科都属于普通本科的范畴。职业技能型本科高校则注重真实工作情景的创设，追求新技术、新方法、新工艺，强调实践经验对教学的促进作用。就当前职业本科教育实施现状来看，包括高职院校以"升本"形式开展职业本科教育以及应用本科高校"转型"举办职业本科教育等，这样多种形式实施职业本科教育可归为"职业技能型"这一大类。也就是说，职业本科与普通本科属于同级不同类。其区别主要有三种。

一是逻辑起点不同。普通本科源于传统的学术教育，随着以知识为主要载体的学科不断深化或分化而逐渐形成，培养研究型人才和应用型人才，遵循学术逻辑，逻辑起点为科学知识，本质是学术，偏理论性。职业本科是本科层次的职业教育，产生于职业发展的需求，伴随劳动复杂程度提高而出现，遵循工作体系逻辑，其逻辑起点为职业岗位群，本质是技术，偏实践性。

二是职业属性不同。按照《教育学名词（2013）》的术语解释，专业性职业泛指工作复杂程度较高，运用特定专业的学科知识进行自主及创造性工作的职业，例如科学家、建筑师、医生、律师等。非专业性职业则立足于职业本身需求，依据相应理论开展创新与实践的职业①。由此可见，普通本科职业属性为专业性职业，而职业本科职业属性为非专业性职业。

三是知识类别不同。按照知识的表现形式不同，知识可分为关于事实、概念、原理等回答"是什么""为什么"的陈述性知识和关于过程、步骤、经验等回答"如何做"的程序性知识。由专业学科构成的学科体系是以传授显性的陈述性知识为主要追求，这类知识具有鲜明的可论证性特点，是普通教育主要采用的知识类别。由实际情境构成的工作体系以获取自我建构、隐性的过程性知识为主要追求，这类知识是基于认识论基础上转化而成的直接经验，即实践知识，是职业教育主要采用的知识类别。

正是基于逻辑起点、职业属性、知识类别的不同，职业本科与普通本科在培养理念、办学体制、模式上均呈现差异性。职业本科教育遵循工作体系的内在逻辑，要求职业本科院校加强与企业、行业的联系，按照岗位群的知识能力素质要求建设课程体系，基于产业结构的变化适时调整课程内容和教学，以产教融合、校企合作、工学结合、现代学徒制的形式培养技术技能人才，其办学体制更具灵活性与开放性。普通本科遵循学术逻辑，以学科理论知识为基础设置课程，强调理论知识的深度与完整，并辅之以实践验证理论知识，培养研究型人才和应用型人才，其注重学术性的特征使得普通本科相较于职业本科办学体制具有一定的封闭性。

（二）职业本科教育与职业教育、本科教育的联系

1. 坚持教育性的内在属性

从逻辑学角度出发，"教育"作为"职业教育"的上位概念，"教育"是职业教育的"事实本质"②。作为有目的地培养人的活动，育人功能是教育的本体功能，因此，教育性作为职业教育的"魂"，要体现其育人本色和生命立场，包括道德修养、职业精神、职业伦理等③。习近平总书记指出，培养什么人、怎样培养人、为谁培养人是教育的根本问题④。职业本科教育同样要积极思考教育的根本问题，全面贯彻党的教育方针，遵循人才培养的客观规律，培养德、智、体、美、劳全面发展的社会主义建设者和接班人。2022 年 12 月中

---

① 匡瑛、李琪：《此本科非彼本科：职业本科本质论及其发展策略》，《教育发展研究》2021 年第 3 期。

② 梁卿：《论职业教育本质研究中的三个假设》，《教育理论与实践》2008 年第 36 期。

③ 尚晶、李宪印：《职业教育类型逻辑的内在寻求：对"技术""教育""职业"的哲学澄清》，《中国职业技术教育》2022 年第 21 期。

④ 习近平：《高举中国特色社会主义伟大旗帜为全面建设社会主义现代化国家而团结奋斗：在中国共产党第二十次全国代表大会上的报告》，人民出版社，2022，第 34 页。

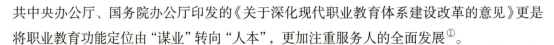

共中央办公厅、国务院办公厅印发的《关于深化现代职业教育体系建设改革的意见》更是将职业教育功能定位由"谋业"转向"人本",更加注重服务人的全面发展①。

2. 坚持高等性的基本属性

联合国教科文组织发布的《国际教育标准分类法（2011）》将高等教育解释为建立在中等教育之上,以高度复杂和专业化的学习为目标,包括学术教育和高级职业或专业教育,比学术教育更广泛。可见,国际教育标准分类将高等职业教育归为高等教育范畴。《中华人民共和国高等教育法》明确提出高等教育是指在完成高级中等教育基础上实施的教育,并指出实施高等教育的机构包括高等职业学校。

高等职业教育作为高等教育,体现在教育功能的"高"和教育内容的"高"。职业活动的专门化和专业化使得工作岗位对从业人员的能力要求呈现不同特点,因此高等职业教育的学习者相较于中等职业教育学习者而言,所面对的工作更复杂,岗位（群）需要具备的综合素养等更高。同时,职业活动的集成度与作用域的不同,直接体现在高等职业教育和中等职业教育在教学内容的深度和广度的不同。高等职业教育学习者不仅能驾驭中等职业教育学习者所具备的偏"点"与"线"的经验层面的工作,而且能驾驭偏"面"与"体"策略层面的工作②。

3. 坚持职业性的类型属性

《中华人民共和国职业教育法》明确了职业教育是与普通教育具有同等重要地位的教育类型。职业教育的职业类型属性以法律的形式予以确认。从社会学角度而言,职业是劳动者能够稳定从事并赖以生活的工作,从这个意义上说,职业教育的目的是鲜明而确定的,即培养能够面对未来职业生涯、胜任职业岗位需要的劳动者。职业教育是因经济社会发展伴随产业转型优化升级而产生的,其在诞生之初就带有强烈的职业导向。社会经济发展造成社会分工不同,不同社会分工形成不同职业需求进而产生职业教育。换言之,职业教育是以职业需求为出发点,为行业、产业培养职业人才。本科层次职业教育与专科层次职业教育均属于职业教育,可谓"同宗同源"。本科层次职业教育作为职业教育,意味着要提高职业教育的适应性,推进教育链与产业链的对接,其专业设置需以产业发展需求与变动为导向,依据产业结构的调整对专业进行优化。同时本科层次职业教育应遵循职业教育的人才培养规律,注重学生专业知识和技术技能的积累,突出实操性,在人才培养过程中,秉承职业教育的实践性、开放性原则,通过制定专业规划、优化专业结构、彰显专业特色来应对高新技术产业、战略性新兴产业,促进专业设置与产业需求的同频共振。

---

① 中华人民共和国教育部:《教育部〈关于深化现代职业教育体系建设改革的意见〉发布:职业教育改革转向何方》,2022 年 12 月 28 日,http://www.moe.gov.cn/fbh/live/2022/55031/mtbd/202212/t20221228_1036756.html,访问日期:2023 年 12 月 10 日。

② 姜大源:《职业教育:类型与层次辨》,《中国职业技术教育》2008 年第 1 期。

4. 坚持本科性的层次属性

职业本科教育是职业教育的本科层次，这种层次属性主要体现在培养目标、教学内容以及教学方式等方面。

一是培养目标体现本科属性。根据《中华人民共和国高等教育法》对本科学历教育的学业标准，本科教育应使学生比较系统地掌握本学科、专业必需的基础理论、基本知识，掌握本专业必要的基本技能、方法和相关知识，具有从事本专业实际工作和研究工作的初步能力。与强调技术技能要素的专科教育和侧重理论与学术研究的研究生教育相比，本科教育以基本理论知识为基础，侧重学习者的探究、创新能力。二是教学内容体现本科属性。职业本科教育位于当前现代职业教育体系的顶端，在课程内容设计上需关注中职、高职专科学习的课程内容的深度与广度，以便构建中职、高职专科、职业本科相互衔接的人才培养体系，打通职业教育人才培养的"直通车"。三是教学方式体现本科属性。尽管各种层次的职业教育均强调技术技能，但层次不同，教学方式也表现出较大的差异性，较低层次的职业教育的技术技能通过操作和模仿训练，注重熟练性，而本科层次的职业教育的技术技能则更突出工作情境的复杂性以及知识运用的综合性，注重创新性。职业本科教育相对普通本科教育，其本科属性更偏向于学生创新能力的培养和"技术"的创新应用。

三、职业本科教育的创新规律：突破传统模式和思维定式，探索适合自身特色和条件的新路径

职业教育体系的制度设计者希望通过学位制度改革，鼓励高职院校创新办学模式，其思维还是企图将职业本科教育设计成与普通本科教育相对照，造成"形似异质"的效果。但在本科教育的限制下，职业本科教育的职业属性始终难以发挥。职业本科教育必须要突破传统模式和思维定式，探索适合自身特色和条件的新路径。

（一）职业本科教育发展的传统模式：在"职业教育"和"本科教育"中摇摆

当前的职业本科院校办学定位不够清晰，存在着摇摆于职业专科教育和普通本科教育之间的问题。其一，偏向职业专科教育。由于办学惯性和现实条件的限制，部分职业本科院校仍然延续固有的专科办学方式，以培养一线的基础技术工人为办学目标，以增加实践课课时为教育手段，把教育的重心聚焦于对学生进行基础技能的重复训练，缺少对技术创新、科学研究投入的重视，缺乏对学生职业能力和创新素养培养的关注，难以培养具有创新能力的高层次技术人才。其二，受普通本科教育影响较大。不论是《本科层次职业学校设置标准（试行）》（教发〔2021〕1号）对学校设立和办学的基本条件的规定，还是《职业

教育专业目录（2021 年）》对相关专业设置的规定，其实都没有绕开普通本科教育学科专业目录的管理形式。各类量化指标的设定依然是仿照普通本科教育院校办学来进行的。一些职业本科院校因缺乏可供参考的成熟办学范式和急于摆脱社会轻视职业教育的固有偏见，在培养目标和培养模式上过多地模仿了普通本科教育。更倾向知识教育而非高水平职业技能培养，未能充分彰显职业教育的内在属性，未能依据职业教育的类型特点寻求特色发展，"学术漂移"现象凸显，以致有些职业本科院校的职业教育基因弱化，使得职业本科教育面临自身存续的合法性危机。

从符号互动论来看，教育活动自身就意味着符号生产与交换的过程。通过学历、院校层级以及专业等标签的生产，教育实现了将不同人群进行分类的目标。而这种符号生产的行为不只是存在于一种教育活动内部，也频繁发生在不同类型的教育中。从政策制定到办学理念，再到人才培养的各个环节，不少教育改革只不过是将代表成功的教育经历进行符号复制，从而获得声誉上的认同。原因就在于教育生产出符号的另一面是资本，对符号资本的追逐是驱动符号生产的主要动机，"这种制度资本反映在证书、文凭和证明上。这种符号性的证明反映了行动者与现代制度的密切关系，不同的制度场域中的符号性证明可能是不同的"[1]。而在社会成员与政策制定者的眼中，既然符号可以在教育系统内生产出来，那么就意味着可以在不同类型的教育活动之间实现复制。人们之所以看重符号超过教育活动本身，是因为身份、资历或各种标签代表着秩序、资本与权力，"符号权力使得共同体就这个社会世界的重要意义达成共识成为可能，它还有助于社会秩序的再造，使支配关系合法化，确定社会空间，它通过构造既定世界，确定或改造世界观，乃至改造世界本身"[2]。在我国，不论是对职业教育的研究还是实践，由于缺乏有效的理论支撑，所以诸多的发展理念与逻辑不得不借助于普通本科教育、职业教育。这也使得新政策的制定、办学策略的实施变为一种符号生产的复制行为。

据统计，"1999 年至 2005 年，普通高等专科学校从 313 所调整到 186 所，专科层次的职业院校则从 161 所增加到 892 所。这一时期是我国高等教育大发展时期，短短 6 年间，原有的普通高等专科学校 2/5 以上都升格为本科学校，而专科层次的职业院校则增长了 4.5 倍"[3]。新增加的职业院校数量无疑为高等教育大众化作出了突出贡献。然而，这种升格本身是脱离了质量控制的，而偏向于追求普通本科教育符号，其发展逻辑充满着混乱。其实不少学校在办学实力、发展水平方面距离普通本科院校很远，但正是由于前期在政策上已

---

① 林南:《社会资本:关于社会结构与行动的理论》, 张磊 译, 上海人民出版社, 2005, 第 190 页。

② 章兴鸣:《符号生产与社会秩序再生产——布迪厄符号权力理论的政治传播意蕴》,《湖北社会科学》2008 年第 9 期。

③ 赵惠莉、顾栋梁、王亚鹏:《职业本科教育的政策演进、内在意蕴与发展策略》,《职教论坛》2022 年第 6 期。

经营造了制度环境，才会有如此多的学校能够升格成功。然而，在各类高职专业院校获得"本科"符号与社会持有的普遍观念之间，仍然有无法弥合的冲突，这就进一步加深了在办学理念、人才培养模式以及社会认可度之间的裂痕。很显然，不论是理论还是实践层面不少观点都认为，单一的学历提升、身份符号的变化并不能真正改变职业教育社会地位低下的尴尬事实，在提升职业院校办学水平，实现与普通本科教育协同发展上也缺乏有效的证据，正如潘懋元所说的："'专升本'意味着从职业技术教育转变为理论性普通高等教育，从多样化趋向单一化。"于是，到2004年教育部等七个部门颁布的《关于进一步加强职业教育工作的若干意见》就叫停了这种"升格"行为："专科层次的职业院校不再升格为本科院校。"原因之一当然是各类职业院校自身还不具备本科层次人才培养的实力，而更重要的则是这种追求符号的行为本身在时效性上并不长，行为参与者一旦获得了相应符号的合法性，其后续办学的持续动力便会明显不足。而不少进入本科教育序列的院校，其办学也离开了原有的"符号属性"，即渐渐弱化了职业教育的特色，转而追求学科门类齐全的院校发展模式，企图通过"学术漂移"向普通本科院校甚至是研究型大学靠近，从而能够获得更大资源投放力度。当追求符号成为支配一种教育活动的逻辑时，原本的办学模式、人才培养机制以及发展理念都会遭到扭曲。但是如果继续将职业教育的定位放在高职专科层次，则又会引发社会成员对职业教育发展的疑虑与抵制。这种由追求符号带来的两难困境事实上一直制约着职业教育整体发展，并使职业教育体系无法尽快完善。

（二）职业本科教育发展的创新模式：适应多变的社会经济环境

长期以来，社会成员对于职业教育接受程度不高，一方面是由于职业教育本身在办学水平、招生、人才培养质量等层面显现出参差不齐。另一方面则是由于我国经济发展方式的转变，在一定程度上规定着各类教育活动的目标。如果仅仅关注在教育系统内部进行制度设计，而没有考虑到经济社会发展的真正需求，最终结果很可能是适得其反的。

从本质上看，本科层次职业教育发展要面对的核心议题并不完全在于补齐短板，增加高层次技术技能人才的培养，而在于应对变化的经济社会环境。从我国实施"双循环"发展战略以来，人才结构的需求已经发生了巨大变化，由最初的劳动密集型人才需求转向了技术技能人才需求。正如施展所说的："中国的经济成长带来了全球经贸结构的深刻变迁，从沃勒斯坦所说的'中心—外围'结构变为一种'双循环'结构，中国的制造业成为一个中介性的'枢纽'，衔接起西方发达国家的创业产业及高端服务业与不发达国家的原材料产品"[①]。正因为"双循环"在经济结构上的调整，才要求各类教育系统重新进行变革，以培养有创新能力的各类人才。提升人才培养层次要应对的是经济结构变化后面临的人才匮乏，

---

① 施展：《溢出：中国制造未来史》，中信出版社，2020，前言第2页。

实际上更要求各类职业院校变革办学模式，对标产业界而非传统的普通本科教育的办学标准。学位制度改革所带来的不应仅仅是提升职业教育的地位或突出类型特征，而是应该真正将其纳入国家创新体系，使其变为社会观念所能接受的教育类型，专科层次学位的设立是高职教育发展与国家工业化进程相匹配的需要。高职教育在国家工业化之路上所起的巨大推动作用，必然导致高职教育地位的上升，这就需要借助学位制度来巩固其地位，明确其贡献[①]。

换言之，今天我国需要的本科层次职业教育并非是专科教育的升格，也绝非是设立一种让社会观念所接受的学位符号，而是需要确立一种与新发展格局相适应的教育类型，职业本科面向的场域是产业。这是职业教育的场域，也应该是职业本科的场域。这就让职业本科的知识生产具有倒推性特征，即其非从学科体系中来，而是源自产业生产实践的知识再生产，这是职业本科区别于普通本科之所在[②]。确立本科层次职业教育的发展逻辑需要摆脱既有的先扩张规模，再追求质量的逻辑，更需要从一开始就确立以高质量人才培养标准为核心的发展思维。职业院校的办学目标也不应停留在升格或吸引更大规模的生源，而是要将自身办学纳入技术技能的创新体系，成为经济发展创新链条上必不可少的一环。

总之，我国职业本科教育的发展逻辑经历了从复制到逐步创新的历程。其政策制定、办学理念、人才培养模式和院校格局都在向着独立类型的方向变革。从早期各地的"专本衔接""院校升格"，再到如今出台有关职业本科院校办学的具体标准，我国职业教育体系已经经历了跨越式发展。但是从发展逻辑上来看，职业本科教育仍然带有普通本科教育的发展轨迹，各类政策和制度设计，都是为了使职业本科与普通本科教育在地位上更相近。相比较而言，社会观念更容易接受模仿普通本科教育发展逻辑而制造的符号，这也使得目前职业教育的类型特色并不明显。实际上，不论在制度还是组织形式上，职业本科教育的发展逻辑应该来自产业结构的变化，特别是"双循环"背景下对技术技能人才的新要求，由经济产业结构来牵引实现类型教育的发展逻辑独立。其制度设计也不能从"先规模，后质量"的逻辑中获得，而是应该成为国家整体创新环节的构成部分，寻求发展质量的提升，重新获得尊重。

---

① 王永颜:《高等职业教育学位制度研究的回顾、反思及建议》,《教育与职业》2014 年第 35 期。
② 伍红军:《职业本科是什么？——概念辨正与内涵阐释》,《职教论坛》2021 年第 2 期。

第五章

当代中国职业本科教育的发展方向与目标

第一节　职业本科教育的发展方向确定

当前我国的职业本科教育正处于起步阶段，各方面的发展都不够完善，在人才培养目标定位上，要能够在原有的基础上发现问题所在，向有经验的或发展有所成就的国家学习借鉴。

一、坚持以人为本，服务社会经济发展和人才培养战略

职业本科教育是社会发展到一定水平的必然产物。我国本科层次职业教育是在社会经济转型、科学技术提高的背景下产生的，它的发展必须适应社会经济和科学技术的发展需求。社会发展对高层次技术应用型人才的大量需求推动了本科层次职业教育的出现和发展，为其提供了强大的原动力和广阔的发展空间，发展本科层次职业教育也是社会发展的客观需要。

（一）经济发展转型为职业本科教育人才培养政策提供依据

改革开放以来，国家一直把经济建设作为国家发展的重心，取得了巨大的成就。表现在教育领域上，各项教育事业继续蓬勃发展，职业教育作为与社会经济发展最为紧密的一种教育形式，面对经济发展的需求，开始建立起培养紧缺型技术人才的职业大学，随着经济水平的提高和经济体制的转变，职业本科教育人才培养规模不断扩大，质量也不断提高。同时在职业本科教育人才培养方面也颁布了一系列政策，并不断进行调试，以促进经济的发展。总之，职业本科教育人才培养政策的制定是由经济状况决定的，只有以经济为基础，抓住经济转型期的历史机遇，才能促进职业本科教育人才培养政策的决策更为科学化。

1.经济发展水平对人才培养政策提出新要求

随着改革开放的推进，一些经济发达的沿海地区，对于技术型人才的需求与日俱增。为了解决这种人才需求，急需建立一种新的高等教育形式，于是一批以服务地方经济和社会需求为宗旨的短期职业大学就相继建立。

但是这一时期的经济发展仍以计划经济为主，经济发展的重心也主要在中职上，高职没有得到应有的重视。

进入 20 世纪 90 年代，党的十四大确立了我国建立社会主义市场经济体制的目标，经

济发展对人才培养提出了更高的要求，同时因为市场经济体制的建立，改变了以往的统包统配的就业制度，于是企业和毕业生开始进行双向选择。在企业的需求下，高等职业教育在这一时期得到了重视，颁布了职业大学的改革的相关政策文件，政策重点强调加强职业教育的基本能力建设，在德育、教材、教学等各个方面提出指导性意见，开始注意高职人才培养的质量。

进入 21 世纪后，我国的经济发展方式向集约型发展转变，开始实施"科教兴国"战略，也把经济建设的重心转移到了依靠科学技术的进步和提高劳动者的素质上来。这一时期政策的重点就是开始加强高职人才培养的统筹规划，颁布规划性文件，力求培养大批高素质的人才，为高职教育规模化发展做铺垫。

随着近年来国际经济形势的持续变化，我国提出的"中国制造 2025"的制造强国战略，推动了我国经济社会进入转型发展的关键时期，需要大量高端技能型专门人才来支撑，随着经济发展，只有在供给侧继续发力，完善高职人才培养政策，才能培养大量高端技能型人才，实现经济成功转型。

2. 产业结构转型影响人才培养政策具体内容

相对于普通高等教育，职业本科教育与行业、产业有着更紧密的合作关系，国家或地区的产业发展整体上是与职业本科教育发展调整有机互动的过程。因此，在职业本科人才培养政策的制定中，随着产业结构的调整，专业与课程也应该不断进行更新。职业本科教育人才培养政策的制定，需要及时做好岗位的需求分析，不断从量化方面，着重考察各行业领域不同岗位、不同层次对人才的需求情况。从而适应行业产业发展趋势为动力，推动产业转型。

改革开放前，我国大多是以指令性计划指导发展重工业，改革开放初期，我国开始加强轻工业，主要以消费资料为需求导向。随着改革开放和市场机制的引入，产业结构也开始发生了一系列变化。到了"七五"和"八五"时期，产业结构调整强调"以加强基础产业"为主要内容，不断优化。总的来说，这一时期第三产业劳动力的比重是不断上升的，但是政府在专业设置上仍然处于主导地位，学科专业设置主要作为发展国民经济的一个手段，还没有形成完整的专业目录。

进入 21 世纪，我国经济进入了快速增长的时期，经济增长的主要动力也从过去牺牲资源环境为代价逐步转向创新驱动，产业结构持续优化。2004 年《普通高等学校高职高专教育指导性专业目录（试行）》是首个高职高专指导性专业目录，以职业岗位群或行业为主，兼顾学科分类的原则进行划分，体现鲜明特色，引导高职主动服务经济社会。2015 年《普通高等学校高等职业教育（专科）专业目录》更加主动服务国家战略，服务产业链的中高端人才培养，建立高职专业目录与本科、中职专业目录的衔接体系，打通技术技能人才成长通道，2021年《职业教育专业目录（2021年）》是为贯彻《国家职业教育改革实施方案》，加强职业教育国家教学标准体系建设，落实职业教育专业动态更新要求，推动专业升级和数字化改造而全面修订形成的。

依托于产业转型升级的人才培养政策，一方面产业转型要求高职培养高端技能人才。另一方面，新兴产业的快速崛起，要求人才培养环节中企业也要发挥作用，不断加强实践环节，最终形成适应产业结构调整以及产业转型升级的人才培养格局，培养出适合产业转型发展、适应社会需要的发展型技术技能人才。

（二）政府行为给职业本科人才培养体系构建提供支持

早在2002年我国就提出"要在2005年之前，初步建立与社会主义市场经济体制相适应的现代职业教育体系"的发展目标。2005年国家在《国务院关于大力推进职业教育改革与发展的决定》中提出：要进一步建立和完善适应社会主义市场经济体制，满足人民群众终身学习需要，与市场需求和劳动就业紧密结合，校企合作、工学结合，结构合理、形式多样，灵活开放、自主发展，有中国特色的现代职业教育体系。现代职业教育体系是一个不断发展、不断成长的教育体系，在不同的发展阶段，它具有不同的结构和功能，现阶段的现代职业教育体系应该是中等和高等职业教育结构合理，中职、专科、本科、研究生等层次完整的教育体系[1]。但是由于我国教育管理体制、经济发展水平和社会文化认识等方面的限制，职业教育主要限定于专科层次，这导致了我国职业教育体系的不健全和不完整，制约了社会经济的发展和人才的成长通道。为此，2010年《国家中长期教育改革和发展规划纲要(2010—2020年)》又提出"到2020年，形成适应经济发展方式转变和产业结构调整要求、体现终身教育理念、中等和高等职业教育协调发展的现代职业教育体系，满足人民群众接受职业教育的需求，满足经济社会对高素质劳动者和技能型人才的需要"的职业教育发展总目标和任务。构建完善的现代职业教育体系成为我国职业教育未来十年的重要任务。此后，国家高度重视现代职业教育体系的建设。

2011年3月，《国民经济和社会发展第十二个五年规划纲要》正式出台。根据规划，未来五年中国将围绕加快转变经济发展方式这条主线，促进经济结构、产业结构、城乡区域结构的调整。劳动者整体素质的提高是实现经济发展方式转变的重要支撑。为我国各领域培养了大批不同层次技能型人才的职业教育，承担着实现"十二五"转方式、调结构、促升级的发展目标的重大使命。建设现代职业教育体系成为"十二五"时期的一项国家重要战略，将在国家和地方各个层面得到大力推进。同年10月，教育部在南京召开现代职业教育体系建设国家专项规划编制座谈会，会议提出要加强现代职业教育体系建设统筹规

---

① 周建松：《关于全面构建现代职业教育体系的思考》，《中国高教研究》2011年第7期。

划职业教育体系的国家架构，为推进现代职业教育体系建设创造国家条件[①]。

2012 年召开的全国教育工作会议指出，中等职业教育与高等职业教育的协调发展是现代职业教育体系构建的重点，要促进中等职业教育和高等职业教育的有效衔接，逐步推进它们的协调发展[②]。同年的全国职业教育与成人教育工作视频会议在北京召开。以体系建设为引领，以提高质量为重点，以深化产教结合、校企合作为主线，进一步完善基本制度，深化关键领域改革，整体推进现代职业教育体系建设和继续教育改革发展。2014 年是本科层次职业教育发展的重要年。2014 年 6 月，由教育部、国家发展改革委等六部门印发《现代职业教育体系建设规划（2014—2020 年）》，提出现代职业教育体系建设总目标是：到 2020 年，形成适应发展需求、产教深度融合、中职高职衔接、职业教育与普通教育相互沟通，体现终身教育理念，具有中国特色、世界水平的现代职业教育体系，建立人才培养"立交桥"，形成合理教育结构，推动现代教育体系基本建立、教育现代化基本实现。同年 9 月，国务院印发《国务院关于深化考试招生制度改革的实施意见》，正式提出实行分类高考，整体设计从基础教育到高等教育考试招生制度改革，促进普通教育、职业教育、继续教育之间衔接沟通，统筹实施考试、招生和管理制度综合改革，试点先行，稳步推进。

至此，我国现代职业教育体系建设工作正在逐步推进，从中央到地方，从理论到实践，构建层次结构完整、中等和高等职业教育协调发展的职业教育体系已成为共识。现代职业教育体系的大力构建为本科层次职业教育的发展提供了机遇。本科层次职业教育作为职业教育系统的一个要素，它的发展也是系统发展的内部诉求。同时，现代职业教育体系构建也为本科层次职业教育提出了发展要求：与中等职业教育、专科层次职业教育进行有效衔接，与普通教育进行立体互通，共同促进现代职业教育体系整体功能的实现。

二、坚持以质量为核心，提升办学水平和人才培养质量

为满足社会发展的需求，国家提出要发展本科层次职业教育，并在全国各地积极进行试点探索。

（一）专科职业院校试办本科专业

随着国家大力构建现代职业教育体系发展目标的提出，各地以此为契机，为贯彻落实《教育发展规划纲要》，构建现代职业教育体系，打通职业教育毕业生的升学成长通道，依据现有体制，各地开始了多种形式的探索。通过调研和文献分析，主要包含以下四种。

[①] 张祺午、李玉静：《"十二五"体系年——教育部召开现代职业教育体系建设国家专项规划编制座谈会》，《职业技术教育》2011（30）。

[②] 袁贵仁：《扎扎实实推进教育规划纲要贯彻落实——在 2012 年全国教育工作会议上的讲话》，《中国教育报》2012 年 2 月 21 日。

1. 专科职业院校与普通本科高校联合培养

这种培养方式主要依托专科职业院校进行人才培养，本科院校负责招生和学生的学籍管理，学生在完成学习任务后，颁发本科院校的高职本科毕业证书，对符合学位授予条件的颁发学士学位证书。如深圳职业技术学院与深圳大学联合培养高层次技术应用型人才。深圳大学（与深圳职业技术学院联合培养）2014 年高职本科招生简章（部分内容）第一条，为保证高校招生工作的顺利进行，切实维护学校和考生的合法权益，本简章为《深圳大学2014 年本科招生章程》的补充说明。第二条，为加快推进高职教育培养方式改革，深圳大学与深圳职业技术学院开展联合招收培养高职本科生试点工作。2014 年以"深圳大学"（与深圳职业技术学院联合培养）名义招生，招生院校代码 80003，在电子信息工程（高职本科）、计算机科学与技术（高职本科）、机械设计制造及其自动化（高职本科）、食品科学与工程（高职本科）单列理科招生计划 300 名(分专业计划)，录取批次为第二批本科 A 类院校，办学地点在深圳职业技术学院（广东省深圳市南山区西丽湖）。招生范围为全省招生。招生对象为具广东省户籍的普通高中毕业生。第三条，办学模式：深圳大学负责招生与学籍管理，深圳职业技术学院负责日常教学及学生管理。高职本科生作为单独培养类别进行管理，学生在深圳职业技术学院校内学习和生活，不能转入深圳大学其他学院和专业学习，不能在深圳大学校本部修读学分。第四条，毕业颁证：按国家招生管理规定录取并取得学校正式学籍的高职本科学生，在允许的修业期限内获得规定的学分，完成教学计划规定的理论和实践教学环节，达到高职本科毕业条件者，准予毕业并颁发深圳大学高职本科毕业证书，毕业证编号采用高职编号，并注明"高职"字样。对符合学位授予条件的毕业生，授予学士学位并颁发学位证书。

2. 对口贯通分段培养

普通本科院校面向本省专科职业院校某专业的对口招生，由普通本科院校进行人才培养。每所专科职业院校限报 1~2 个专业，1 个普通本科高校对应 1~2 个专科职业院校。山东、河北、江苏等省都已开始了相关试点工作。以山东省为例，山东省政府为扩大高等学校招收职业院校毕业生的比重，增加中等职业学校学生和专科职业学校学生对口升入本科继续学习的机会，进行职业院校与本科高校对口贯通分段培养试点。在 2014 年印发的《关于做好 2014 年职业院校与本科高校对口贯通分段培养试点工作的通知》指出，本着"分批实施稳步推进"的原则，逐步扩大试点院校范围和专业覆盖面，本科高校一个专业点，原则上只选择"3+4"或"3+2"其中的一种模式进行贯通分段培养。江苏省 2012 年组织开展现代职业教育体系建设试点，优选国家示范中等职业学校、高等职业学校、应用本科院校进行分段联合培养的试点。一是中等职业教育与应用本科教育"3+4"分段培养试点，二是三年制专科职业教育与应用本科教育的"3+2"分段培养、五年制专科职业教育与应用本科教育的"5+2"分段培养[①]。

3. 专科职业院校联合开展四年制本科专业试点

从本省市专科职业院校中遴选几所办学实力强的院校，由这几所专科职业院校根据自身特色，共同确定专业试点，共同制订人才培养方案，充分利用各自的优势教育资源，共同进行四年制本科层次职业教育的人才培养。天津市、辽宁省等已开始这方面的试点探索。如天津市已在海河教育园区开始试点筹建工作，以中德职业技术学院为主，由园区其他专科职业院校共同申请四年制职业本科专业，共同制订人才培养方案，进一步实现海河教育园区教育资源共享。

4. 三方签订合作协议，建立联合培养机制

由专科职业院校、本科院校、相关企业三方自愿合作进行本科层次职业教育专业试点联合培养。本科院校负责招生和发放与本校其他学生相同的学历和学位证书，专科职业院校出专业并负责人才培养，毕业时发放职业资格证书，企业深度参与人才培养，提供实习岗位和实践场所。目前四川省已开始类似的试点工作。

（二）地方本科高校转型

为优化高等教育结构，引导各高校发展出特色，国家提出鼓励引导部分地方本科高校向应用技术大学转型发展，重点实施本科层次职业教育，培养高层次技术应用型人才。

《教育发展规划纲要》提出：优化高等教育结构，发挥政策指导和资源配置的作用，引导高校办出特色，争创一流。为地方本科高校转型发展提供依据。教育部发布的2014年工作要点指出：研究制定关于地方本科高校转型发展指导意见，启动实施国家和省级改革试点，引导一批本科高校向应用技术类型高校转型。2014年2月，国务院时任总理李克强主持召开国务院常务会议，研究部署加快发展现代职业教育，也明确提出要打通职业教育毕业生进修通道，引导一批普通本科院校向应用技术型高校转型。随后，教育部印发《关于地方本科高校转型发展研究指导意见》（征求意见稿），对于转型的目标、任务、政策措施提出了原则性建议。2014年3月，教育部在北京召开全国职业教育与继续教育工作会议，会议要求要大力推动地方本科高校转型发展，并有6所地方本科高校参加了此次会议。时任教育部副部长鲁昕指出，2013年教育部组织了15个省份和35所地方本科高校及研究机构，系统研究欧洲实体经济、现代职业教育体系和应用技术大学发展模式，明确引导国内地方本科高校转型为本科层次职业教育发展主要途径，并召开了省级教育行政部门通气会。上海、山东、江苏、天津已要求地方本科高校整体向应用技术学校转型。2014年5月，国务院印发的《国务院关于加快发展现代职业教育的决定》（国发〔2014〕19号）明确提出："采

---

① 尹伟民：《江苏现代职业教育体系建设的实践与探索》，《中国职业技术教育》2013年第36期。

取试点推动、示范引领等方式，引导一批普通本科高等学校向应用技术类型高等学校转型，重点举办本科层次职业教育。独立学院转设为独立设置高等学校时，鼓励其定位为应用技术类型高等学校。建立高等学校分类体系，实行分类管理，加快建立分类设置、评价、指导、拨款制度。招生、投入等政策措施向应用技术类型高等学校倾斜。"教育部建议省级政府对招生存量计划进行调整，用于扩大符合产业规划、就业质量高和为经济社会发展贡献力强的专业招生规模[①]。

2014 年 6 月，教育部等六部门印发《现代职业教育体系建设规划（2014—2020 年）》提出，在办好现有专科职业院校的基础上，发展应用技术类型高校，培养本科层次职业人才，本科层次职业教育达到一定规模；构建从中职、专科、本科到专业学位研究生的培养体系，拓宽高校招收职业教育毕业生的通道，满足各层次技术技能人才的教育需求。2015 年 2 月 12 日，教育部发布 2015 年工作要点中提出：印发引导部分地方本科高校向应用技术型高校转型发展改革试点的指导意见，启动改革试点，有序引导部分有条件、有意愿的地方高校转型发展。

三、坚持以创新为动力，推动改革转型和内涵发展

新时代中国职业教育的现代化改革要审时度势，以创新为核心，以教育信息化为牵引，超前打造职业教育现代化生态，深度对接国家现代化建设需求，以供给侧适需改革为支撑，协同驱动职业教育内涵式发展。

（一）教育信息化支撑牵引，超前打造职业教育现代化生态

"以教育信息化推动教育现代化"是 21 世纪以来中国教育改革发展的战略选择。2018 年《教育信息化 2.0 行动计划》再次提出"将教育信息化作为教育系统性变革的内生力量，支撑引领教育现代化发展"[②]。因此，推进中国职业教育现代化改革，必须充分发挥教育信息化的引领作用。"职教 20 条"专门提出要"适应'互联网＋职业教育'发展需求，运用现代信息技术改进教学方式方法，推进虚拟工厂等网络学习空间建设和普遍应用"，这为职业教育现代化改革提供了实践方案。近年来，在"网络学习空间人人通"工程的持续推动下，我国职业教育信息化实现了跨越式发展，但总体上技术只是被作为工具和手段"移植""嫁接"到职业教育领域，依然是职业教育发展的外生变量。这在一定程度上导致职业教育信

---

① 《地方本科院校怎样转型(教育视界·聚焦部分本科院校转型(下))》，《人民日报》2014 年 5 月 15 日。
② 中华人民共和国教育部：《教育部关于印发〈教育信息化 2.0 行动计划〉的通知》，2018 年 4 月 20 日，https://etc.hzu.edu.cn/2018/0420/c877a156035/page.htm，访问日期：2023 年 12 月 10 日。

息化应用水平不高、创新能力欠缺、服务能力不足[①]，无法有力推动和引领中国职业教育现代化改革的进程。因此，职业教育现代化建设必须重新定位信息技术的角色和作用，使其由浅表结合应用走向深度融合创新，真正赋能职业教育发展，促进职业教育在教学环境、教学资源、教学决策等方面实现系统性和整体性变革。

一是利用现代信息技术创设智慧化职业教育学习空间，助力真实学习和终身学习。基于智慧教育理念，职业教育现代化改革应将新一代信息技术赋能于物理学习空间和网络学习空间中，并增强空间中各要素的交互，使之成为一种线上学习与线下学习融合、正式学习与非正式学习无缝衔接的混合式学习空间，为学习者终身学习（Life-Long Learning）和全方位学习（Lite-Wide Learning）提供机会与体验。同时，职业院校要通过借助虚拟仿真技术、增强现实技术、交互技术和可视化技术等，创设基于工作过程的真实学习环境，例如虚拟工厂、虚拟车间、仿真实验平台、模拟实训场景、3D数字工厂等，为学生"活学""活用"知识营造具有真实感、沉浸感的认知情境，增强"空间教育力"和"学习场所感"，刺激学生进行有意义的知识和技能学习，不断提高职业教育质量。

二是依托"互联网+"平台建设，共建共享优质职业教育资源，提升现代职业教育的开放性。职业教育现代化建设要基于人工智能、大数据、物联网和5G通信等新兴技术，以专业群建设为契机，整合不同职业院校优质资源、行业企业资源和区域社会资源等，并通过对办学过程的数据挖掘生成个性化资源，进而打造辐射区域内外的职业教育资源库，为更多学习者开展学习和培训提供优质和多元化的知识服务，逐步解决职业教育发展中的公平和均衡问题。

三是借助大数据技术开展"循证型"教学决策，增进教学效率、效能与效果，办成人民满意的职业教育。大数据时代，云计算、云储存、传感器和学习分析等技术广泛进入教育领域，能够实时监测和全域无损采集真实自然状态下教师教与学生学过程中的行为数据，并通过建模归纳分析教育大数据背后隐藏的多元价值。为此，职业教育现代化改革要充分利用大数据开展教学决策，一方面"让数据发声"，以"数据"创生教学，引发职业教育教学从预设走向生成，实现教学效能的增强。另一方面，借助大数据将职业教育发展情况的反馈由教育决策者扩大到教育利益相关者，从而使多元利益主体能够基于不同立场参与"循证型"决策，以消除决策中的主观性和不确定性，驱动职业教育提供精准化学习服务。

（二）开展供给侧适需改革，深度对接国家现代化建设需求

供给侧结构性改革是指用改革的方法推进结构调整与优化，促进要素重组与创新，增强供给结构应对需求变化的适应性和灵活性，从而扩大有效供给，提高供给质量，释放活

---

① 孙苹：《教育信息化2.0视域下职业教育的发展方向与实现路径》，《职业技术教育》2019年第8期。

力[①]。职业教育供给侧改革既由产业转型升级引发，又受自身现代化改革推动，是提升职业教育质量、实现内涵式发展的必然选择。长期以来，中国的职业教育被看作"低等次的教育"，其主要参照和模仿普通教育办学模式，与工作领域联系不足。这造成结构性矛盾突出，主要体现为职业教育低端供给过剩导致"就业难"与高端供给不足导致"技工荒"。随着职业教育打破"低等次"教育定位，实现"类型"身份的转变，其不能再简单地借鉴他国发展经验或直接移植普通教育的课程教学，而必须面向中国国情和国家发展战略规划，对接产业结构转型升级需要和劳动力市场需求，开展供给侧结构性改革，办出符合中国国情、具有中国特色的现代职业教育，以更有效、更有力地支撑国家现代化进程。

首先，中国职业教育现代化改革要结合市场需求不断精准职业教育和培训服务的供给，打破"就业难"的窘境。当前，全球范围内正在掀起新一轮科技革命，其将进一步释放历次科技革命和产业革命积蓄的巨大能量，并通过推动技术进步、效率提升和组织变革重塑产业结构和生产系统，使社会更加需要具备跨专业技能、跨行业技术、跨产业意识的复合型人才。调查显示，2017 年前 10 个月，中国人工智能型人才需求量已达到 2015 年的 5.3 倍，缺口在 100 万人以上[②]。针对此，职业教育要根据市场需求不断优化专业结构，淘汰落后专业，孵化新兴专业，培育复合型专业，打造优势专业，提升专业与产业的对接度，增强职业教育与区域产业联动发展的契合度，缓解劳动力结构性失业。同时，职业教育还要根据国家战略发展需要灵活调整人才培养方案。不同的国家战略需要不同的职业和群体来支撑，例如乡村振兴战略需要新型职业农民，精准扶贫和城镇化建设要求培养新市民等。职业教育要根据具体的职业标准相应调整教育内容和教育标准，以增强精准化的服务能力。

其次，职业教育现代化改革还要打通教育内部壁垒，提升职业教育的跃升功能。《2018 年中国大学生就业报告》显示，2017 届高职高专毕业生毕业半年后的就业率为 92.1%，超过了普通高等教育，中职毕业生就业率也常年稳居在 95% 以上[③]。但高就业率背后隐藏着显著的质量差距，2018 年应届本科生就业平均起薪为 5044 元，高职高专毕业生为 4016 元，而中职毕业生不到 3000 元[④]。这表明职业教育在支撑个体实现可持续发展和阶层跃升中相对乏力，人才供给质量不容乐观。为此，职业教育现代化改革要重点构建横向融通、纵向贯通的现代职业教育体系，让个体不仅能够在不同教育类型间自由转换，还要能获得接受本科和研究生层次职业教育的机会，从而在主要劳动力市场中实现更高层次的就业和更广阔的发展可能。

① 陈正权、朱德全：《高等教育供给侧结构性改革：目标、内容和路径》，《现代教育管理》2017 年第 2 期。
② 杜传忠、胡俊、陈维宣：《中国新一代人工智能产业发展模式与对策》，《经济纵横》2018 年第 4 期。
③ 麦可思研究院：《2018 年中国大学生就业报告》，社会科学文献出版社，2018，第 125 页。
④ 江燕、李慧玲：《"面向 2035"职业教育现代化的挑战、矛盾与战略图景构建》，《教育与职业》2019 年第 16 期。

（三）多方协商式精准治理，驱动职业教育内涵式发展

职业教育现代化治理是国家推进治理体系和治理能力现代化在职业教育领域的具体体现，是职业教育现代化改革的重要内容，也是实现职业教育现代化的重要保障。当下，我国的职业教育治理仍然面临着政府失灵、资源配置不足、片面工具价值导向、制度供给缺失等现实困境。要真正突破困境，推动职业教育提质增效、释放活力，为新时代经济结构转型升级增添新动能，职业教育就必须增强现代化治理能力。

首先，我国要加快健全完善职业教育法律体系，以法治思维提升职业教育治理能力，实现职业教育治理法治化。《中华人民共和国职业教育法》立法内容笼统且操作性不强，相关条款修订滞后等，导致部分职业教育治理行为缺少合法性支撑，严重制约了治理效率和削弱了治理权威。为此，我国要加快修订《中华人民共和国职业教育法》及其他相关法律法规，进一步规范地方立法，加强职业教育制度体系的顶层设计，为职业教育现代化治理提供坚实的后盾。

其次，我国要建立职业院校、政府、行业企业、社会组织合作的职业教育治理网状结构，推动职业教育治理主体从单一集权向多元分权转型，对职业教育治理系统实现民主化重构。推进国家治理能力现代化的核心在于建立多元参与的社会治理模式，充分发挥市场和社会组织在资源配置中的重要作用，形成政府与市场相互协调、相互促进的治理格局。落实到职业教育领域，意味着我国要建立政府、院校、行业企业协同联动的多中心治理模式，使多元利益主体能够基于平等协商共同治理，从而避免"单中心化"和"泛行政化"引发的治理失灵。具体而言，一方面，我国要赋予职业院校一定的办学自主权以激发其办学活力，使职业院校在经费使用、教职员工聘任与管理、学生招生录取、专业课程设置等方面进行自我管理，同时优化职业院校内部治理结构，形成学校管理者、教师、学生、家长共同参与的内部治理机制，形成治理合力。另一方面，职业教育现代化治理要面向社会，推动行业企业等相关利益主体的深度参与。在职业院校创新职业教育人才培养模式的过程中，行业组织作为连接学校与企业的桥梁，应发挥行业需求风向标的作用，推动职业教育教学过程与生产过程对接、教学标准与职业标准对接；企业要加强与职业院校的深度合作，共建共享优质职业教育资源，实现"双主体"协同育人，促进职业教育质量的跨越式提升。

最后，我国要明晰各治理主体的权责利关系，推进管办评分离，使多元主体有序发挥作用。当前，在我国职业教育发展过程中，由于管办评各主体权责混乱导致的职业教育治理不畅、办学缺乏活力、评价科学性不足已经严重制约了职业教育的内涵式发展。因此，在职业教育现代化改革中，我们必须将管办评分离作为推进职业教育现代化治理的重要着力点，通过明晰和廓清政府、职业学院院校、行业企业和社会各利益主体的职能边界，不

断提升职业教育治理、办学和评价的科学性与规范性。作为主要责任主体的政府，在管理方面，要转变职能，由微观管理和办学转为宏观治理和服务，侧重对职业教育进行顶层设计，并制定相关的政策文件，为职业教育发展营造良好的生态环境。

在办学方面，要减少干预，增加职业院校的办学自主权，同时探索社会力量兴办职业教育的路径，形成混合所有制办学、中外联合办学、集团化办学等多元化办学格局，不断激发行业企业参与职业教育的内生动力和活力；在评价方面，要打破"既当运动员又当裁判员"的格局，将评价权让渡于第三方评估机构，这既有助于对政府制定和实施职业教育政策开展科学性的评价和反馈，也有助于客观公正地监测和反映职业教育的办学质量。因此，实施管办评分离能够促使多元利益主体形成协同互动的内外治理合力，从而有效驱动职业教育的现代化改革。

第二节　职业本科教育的发展目标制定

人才培养是本科层次高等职业教育的根本任务，保证人才培养质量是实现本科层次高等职业教育持续、健康、快速发展的前提和基础，而这一切都依靠科学、合理的人才培养目标的制定。

一、建立完善的职业本科教育体系和机制

（一）对接市场需求，构建人才供需信息平台

职业本科之所以出现，究其根源在于国家政策和社会发展的需要，反映了我国经济社会发展的市场需求。职业大学最基本的职能在于培养高级技术技能人才，因此职业教育院校应主动对接市场需求，灵活搜集市场对人才供应的需求变化信息，科学规划人才培养目标和人才培养模式。为了避免人才资源的浪费，教育部瞄准市场需求和经济需要，为此专门批准了八大专业（群）和增设更多的专业，强化专业导向和学科引领。为了更好地反映市场需求，需要大力推进数字化、信息化进程，加速人才供需信息平台体系建设，让每一位本科层次职业教育毕业生的就业需求信息能够同步到人才供需信息平台。通过平台反馈和数字化、信息化对接，本科职业院校能够及时地调整职业教育专业课程，适时培养职业人才的专业能力，使得每一位学生都具备与其职业岗位要求相关的职业技能和职业素养[①]。

---

① 何为：《职业本科教育：时代价值与策略选择》，《教育理论与实践》2021年第33期。

构建人才供需平台，大力推进数字化进校园，提高信息开放建设水平，将信息化水平纳入专业建设，从而强有力地推进信息化平台体系建设。通过数据上传、联动和共享，提高本科层次职业教育高等院校的信息化水平，建立健全信息采集、处理和反馈机制，形成专业建设与人才供需相互连接的大数据系统，实现信息的统一管理、共生共享和共用。

（二）优化人才培养方案，强化校企协同育人机制

本科层次职业教育试点高校颁布的人才培养方案，应该反映出对"本科层次职业教育"新内涵的解读和践行，理应充分把握专业建设的每一个环节，专业建设的全过程都要时刻绷紧严格规范人才培养这根弦。人才培养方案是人才培养在实践过程中的理论指导和文本依据，人才培养的全过程绝大部分都遵循着人才培养方案运行与实施。为了适应新时代动态化的产业发展和新型人才需求，人才培养方案在拟定过程中离不开"灵活化、弹性化"的基本原则。为建设职业特色鲜明、专业特色突出的本科层次职业教育，各试点高校必须重新审视原有的人才培养方案，结合专业优势优化人才培养方案，在专业设置过程中严格落实政策文件对本科层次职业教育专业的要求。例如，教育部颁布的《职业教育专业目录（2021 年）》，其中详细规定了对新拟定的 247 个高职本科专业的建设要求。这就客观要求各试点高校在院校现有专业建设的基础上，积极优化人才培养改革方案，在培养方案的修订和完善过程中，以职业能力和理论知识为牵引，重点强调实践教学的重要性。本科层次职业教育的人才培养方案不是普通本科、应用型高校和高职高专的照搬照抄，而是需要探索出能够凸显职业本科鲜明的专业特色，创设出适合本科层次职业教育教学的新教学范式，培养学生在实际工作场景中解决问题的能力。同时，加强学校和企业的相互交流和合作，强化校企协同育人的培养机制。职业院校将人才培养融入企业实际生产、管理和服务的各个环节，不断促进校企协同育人机制全过程的制度创新，不断探索深化"职前—职中—职后"校企合作一体化的办学模式[①]。学校依托企业资源，积极引进社会力量，加强与企业、行业的深度合作，强化校企协同育人机制。

（三）健全人才衔接培养体系，完善"双证书"制度

本科职业教育是独立的教育类型，不是普通职业教育年限的简单延伸，在建设过程中，应注重解决好人才衔接培养体系问题。职业教育院校应结合区域地方特色，在中职、高职乃至职业本科等学习阶段建立人才培养衔接机制，加强各学段之间的有机联系，促进人才衔接培养体系的不断完善[②]。本科层次职业教育试点高校在推进中高职和本科职业教育的人

---

① 赵德明:《职业本科院校深化产教融合、加强校企合作的途径初探——以山西工程科技职业大学为例》，《太原城市职业技术学院学报》2021 年第 10 期。

② 邱亮晶:《利益相关者视角下的本科职业教育战略选择》，《职教发展研究》2021 年第 4 期。

才培养衔接方面，应紧紧抓住培养目标、课程体系和校企合作等多维度进行深度建设，在探索过程中逐渐形成集团化、联盟式的衔接方式和多维度、多形式的衔接路径。健全人才培养体系，学生能够从接触职业教育开始就学习相应的课程并参加相关的实践活动，充分给予学生自主选择权，培养较高专业技能和职业素质的高级专门人才。本科层次职业教育是高层次的学历教育，它既要培养学生具有扎实的专业知识，也要求学生掌握专业必需的职业技能。因此，本科层次职业教育试点院校应不遗余力地优化完善符合职业本科教育特点的"双证书"制度。本科层次职业教育的学生在进入工作岗位之前，就要求在毕业时必须取得学历学士证书，除此之外，还要取得从业所要求具备的一个或多个职业资格或技能等级证书。为了保证学生能够拥有更多的就业选择机会，自主站在"立交桥"与多个出口进行衔接，本科层次职业教育试点高校应坚持逐步完善"双证书"制度，打破"双证书"之间的隔阂和阻力，将学历证书和职业资格证书之间进行双向融通建设，从而实现学历学位证书体系和职业资格证书体系的有机衔接，打通"中高职—职业本科"的贯通连接体系，大力培养本科层次职业教育现代化高素质、复合型人才。

（四）加强高等教育评估

政府在放权的同时应加强对高校的考核与评估。在评估过程中，政府、市场、院校三个不同主体表现出明显不同的价值需求。为了协调这种价值冲突，政府需采取一系列的政策措施，实现对本科层次职业教育的特色评估。第一，协调平衡教育评估中的主体力量。协调的前提是应明确各主体的权利，在明确各自权利的基础上才能更好地分工协作，共同参与高等教育的评估。政府对促进教育评估中各主体力量的协调与平衡具有直接的作用。政府可以通过立法、行政政策、经济等手段等方式行使自己的权利。通过立法来构建高等教育的质量评估体系，使评估工作有法可依。在法律、法规的指导下，制定灵活的、有针对性的政策和措施，宏观引导高等教育评估工作的有效实施。利用资助、拨款等经济手段诱导并影响高等教育的发展。提高评估中市场机制的作用，引入专业的第三方参与教育评估，第三方的评估主要由中介机构完成，这种中介机构具有科学性、专门性的特征，受市场机制的作用，中介机构将会通过它的客观性、权威性的评估获得政府、高校以及社会的认可[①]。各高校也要对自身的教学、科研、管理等活动进行自律性评价，从而完善自身的发展，提高高校的积极性，保护高校的自治和学术自由。应改变行政权力过于集中，市场权力、院校自治权利过于弱化的现状，合理分配各自的权利，建立高校自我评估为基础、行政评估为指导、第三方评估为核心的多元高等教育评估体系。第二，成立第三方教育评估中介机构。高等教育、职业教育的发展日趋多样化、复杂化，专业间的交叉融合速度加快，

---

① 闫飞龙:《高等教育评价制度中的权力及其分配》，《教育研究》2012年第4期。

这不仅需要具有专业评估知识的专家队伍，还需要专门评估理论和评估技术的支持。政府职能的转变催生了中介机构的产生。教育评估中介机构的出现是一种必然的趋势。通过中介机构，政府在简政放权的同时，可对高校教学质量加以控制；通过中介机构，社会公众既可以全面、正确地了解高校数据信息，也可以传递自己的教育需求；院校既能充分地对外展示自身的发展，获得社会的支持，也能及时掌握人民群众的教育需求。中介机构弥补了行政评估和自我评估的不足，但其具有公益性和盈利性的特点，在经济利益的驱动下，难免会出现"评估腐败"的可能，因此政府应加强对第三方教育评估中介机构的监管，规范其评估行为[①]。同时，教育评估应该充分使用信息技术实现无感采集，避免教学评估的功利性导向。

二、形成鲜明的职业本科教育特色和优势

（一）加强教学平台建设，强化实训基地建设

专业建设的高层次发展给教学平台提出了更高的要求，良好的教学平台能够使教学顺利地进行，为人才培养提供强有力的支撑。为了培养学生的职业能力和实践能力，教学平台建设是必不可少的。只有教学平台建设跟得上职业教育的发展，培养出来的学生才称得上是具备较强动手能力的高级技术技能人才。本科层次职业教育要想尽可能地满足教学建设的需求，就应该大幅度地提高教学平台利用率和利用效果，改进实践场所的建设和实训教学模式。实训教学在本科层次职业教育过程中处于核心地位，实训教学建设成效直接影响到教学的质量。在教学过程中，本科层次职业教育试点高校应重视实践内容、实践形式以及实训训练的改革，充分给学生创设真实的一线工作场景，让学生获得直接的实践技能与经验。学校要积极拓宽融资渠道，建设一批资源共享、实践教学、校企合作和社会服务领先的一流职业教育实训基地，积极探索新型实训教学模式，从而提高教学能力和达到高质量的育人水平[②]。

本科层次职业教育作为现代职教体系的重要组成部分，是实现"不同类型、同等重要"的重大举措，是我国产业转型升级对高层次技术技能人才的现实需求，是推进中国职业教育走向国际的关键之举。而专业教学标准是开展专业教学的基本文件，是明确培养目标和规格、组织实施教学、规范教学管理、加强专业建设、开发教材和学习资源的基本依据，是评估教育教学质量的主要标尺，同时也是社会用人单位选用职业院校毕业生的重要参考。就本科层次职业教育试点高校而言，组织有关专家讨论、研究并制定专业教学标准依然是

---

① 高月春、闫博：《美国高等教育质量保障机制的特点及启示》，《世界教育信息》2010 年第 4 期。

② 刘建林：《陕西高等职业教育改革创新实践研究》，北京理工大学出版社，2020。

学校教学工作开展的重要内容，学校标准是对国家标准的细化和补充，也能解决国家专业教学标准统一性与学校专业教学标准灵活性统一问题。专业教学标准是开展专业教学的理论指导和现实依据，对课程体系、教学内容和质量保障等方面做了明确的规定。专业教学标准的拟定和开发离不开对职业教育专业目录的遵循，各高校应根据专业目录和院校实际制定专业教学标准，在教学过程中落实推进专业教学标准与规范教学工作。践行专业教学标准与规范教学工作是本科层次职业教育专业建设质量得到保障的基本要求。践行专业教学标准理应从规范职业技能标准入手，从实质上而言，规范职业技能标准是践行专业教学标准的基础部分。简单来说，职业技能标准是一种职业技能准则，是衡量从业人员技能水平和业务能力的重要尺度。之所以要规范本科层次职业技能标准，是因为有利于鼓励学生通过技能训练达到从业标准，进一步提升学生的职业技能水平。

在推动学校、企业和行业相互合作的基础上，职业院校应建立产教融合制度，深化产教融合，充分发挥产教融合优势，建立产教利益共同体。学校根据区域特色和学校实况，与企业、行业和其他行会团体建立产教联盟，使其认识到产教融合的必要性和重要意义，推动各方深入交流与合作[1]。学校通过与企业和行业之间签订深度合作协议，推进产教融合的持续化和常态化发展，组织学员赴具有成功经验的产教融合示范基地学习交流，积极开展产教融合发展研讨会，共同探讨产业升级对人才培养的影响，推动校企多维度、高层次、全方位的合作。职业教育与产业教育相互联系但并不趋同，两者相互促进，在强化产教融合的同时，也不能忘记推进落实职业教育"1+X"证书制度[2]。"1+X"证书制度彰显了人才培养和企业职业岗位能力的需求对接，企业对人才的需求倒逼学校围绕职业能力对教学内容进行改革，使学生能够主动去适应社会经济和新市场的需求。学历证书与职业技能等级证书既不是相互并行，也不是背向发展，两者则是相互促进、相互补充的关系。各高校应加强对学历教育与职业培训并举的重视程度，让职业教育"1+X"证书制度落实扎根，深入推进职业院校证书制度改革。

（二）培育高质量教师队伍，配全"双师型"师资

教师队伍是本科层次职业教育的第一资源，离开了高质量的教师队伍，高质量的人才培养将无从谈起。本科层次职业教育的教师必须具备较强的科研、教学和实践能力。本科层次职业院校可以通过采取拓宽人才招聘渠道、规范"双师型"教师认定标准、优化教师队伍结构和提供定期教师培训等措施，不断培育高质量的教师队伍。

为了建设高水平的教师队伍，各高校需要不断拓宽人才引进渠道，以老手带新人，以

---

[1] 朱永新：《中国教育改革大系职业教育卷》，湖北教育出版社，2015。
[2] 周建松、郑亚莉：《学习贯彻国家职业教育改革实施方案》，浙江工商大学出版社，2014。

新人促老手的方式，进一步调整原有的教师结构。现阶段，很多高等院校的招聘侧重于学历这一要素，招聘时大多要求应聘人员至少是博士学位或是具有海外留学经历，较少考虑在企业实践经历较为丰富的高级技术人员或是研究生甚至是本科生。但本科层次职业教育的育人目标一般指向于为社会或产业培养一大批高技术技能人才。因此，各高校在招聘时应将学历要求和专业实践能力结合起来进行综合考虑，对于在专业能力和技术应用能力有突出贡献者，可适当降低学历门槛，简化招聘手续，采用考察（考核）方式进行招聘，通过后期的学历提升、职后培训进一步提高学历层次，除此之外，本科层次职业教育学校应在源头上引进专业能力较强的人才，加大引进力度，引进一大批专业能力较强的实践型人才，也要在专业带头人的引进和培养方面加大力度。本科层次职业教育高校在原有师资队伍的基础上，加大实施现代产业导师特聘计划的力度，从学校和企业、行业领域打通具备丰富实践经验人员的从教渠道。通过在高校或是企业遴选专业带头人，在专业带头人的专业引领下，借助定期开展学术研讨、企业调查和出国进修等方式，以"老"带"新"，调整原有的师资结构，提高专业带头人和其他教师的教育教学水平。本科层次职业教育试点院校要充分发挥产教融合的优势，依托拓宽人才引进路径，推动企业高层次技术技能人员与职业学校教师之间进行双向动态流动，不断扩充教师队伍，灵活调整原有的教师结构，按标准配齐"双师型"师资。

《国家职业教育改革实施方案》（职教20条）作出明确规定，要求"双师型"教师不仅要有理论教学能力，还需要具备一定的实践教学能力。对标"职教20条"中有关"双师型"教师的规定，各高校应结合院校实际师资状况，将实践技能、现代工匠精神、指导学生参与技能大赛和参与企业横向课题等因素融入认定标准，明确认定范围和考核依据，严格规范"双师型"教师的认定标准，研制"双师型"教师的聘用和管理办法，给教师提供清晰的政策引领和方向导向。各高校对"双师型"教师认定标准进行规范化管理，是为了给学校教师提供发展的目标，让教师们向学校的"双师型"认定标准看齐，从而有计划地提升自身专业发展，带动整体教师队伍的科研能力和实践水平的提高，推动本科层次职业教育的师资队伍建设。除此之外，学校要多渠道筹措资金，提高教师薪酬待遇，激发教师的工作积极性，为"双师型"教师的职业发展创造良好的基础条件。学校应摒弃原有传统职业院校的教师绩效评价标准，建立符合本科层次职业教育特点的教师绩效方案。例如，在薪酬、待遇和未来发展方面，职业院校应适当地向"双师型"教师进行政策倾斜，提高教师的津贴、奖金以及福利等，探索与企业合作的教师年金制度，拓宽教师收入渠道。学校可以通过与企业合作、技术培训和社会服务等拓宽收入渠道，按照合理的比例作为绩效工资和激励制度给予教师福利，进一步改善"双师型"教师的薪酬体系，提高"双师型"教师教学科研的积极性与参与度。

本科层次职业教育教师职称评定制度不能够简单模仿乃至等同于普通高等院校的教师职称评定制度。这是因为本科层次职业教育与普通本科不同，职业教育是独立的高等教育类型，具有自身的本质属性和特征。因此，制定符合本科层次职业院校特点的职称评定制度，将实践成果和应用性成果的元素融入教师职称评定制度，打破传统"五唯"的束缚，恰当地衡量职业院校教师应具备的职业能力和职业素质。在今后的职称评审评定过程中，本科层次职业教育各高校应积极鼓励教师从事实际生产环节的创新，肯定任课教师在实训基地建设和实践性成果转化过程中的贡献，增强专业实践课程教学成果的认定力度。这样可以刺激教师根据产业发展形势有计划地提升自身职业能力，从而带动职业学校与企业、行业之间的双向联系，以合作促发展，促进更多科研技术和科研成果的研发和转化。本科层次职业教育试点高校一方面与时俱进改革教师职称评定制度，另一方面也要为职业院校的教师提供完善的培训保障制度，并加强对老教师和中青年教师的培养力度，尤其是中青年教师队伍。本科层次职业教育高等院校应加大对不同阶段教师的培养力度，逐渐完善教师人才培养、评级和激励保障等制度，加紧落实教师全员轮训制度。各职业院校紧密结合院校实际，拟订相应教师素质提高计划，加强与企业、行业之间的联系。本科层次职业教育试点高校应积极利用相关企业资源建立"双师型"教师职业教育师资培养基地，鼓励教师每年至少1个月在企业或实训基地实训，促进职业院校教师的专业化、职业化发展。

三、培养大批符合社会需求的高素质应用型人才

职业本科教育的人才培养目标是其对受教育者的一种基本目标要求，是教育活动的出发点和归宿，也是区别于其他教育类型的决定性因素。

（一）本科层次职业教育人才培养目标

职业本科教育的发展与社会发展息息相关，其所培养的技术应用型人才应达到高等职业教育的培养规格要求，适应社会发展需求，满足人们不断成长的需要。

1. 达到本科教育、高等职业教育的培养要求

职业本科教育是属于本科这一高等教育层次的职业教育类型，它的人才培养目标既要达到本科教育人才的规格标准，又要符合职业教育的总目标。《职业教育法》规定，职业教育必须贯彻国家教育方针，对受教育者进行思想政治教育和职业道德教育，传授职业知识，培养职业技能，进行职业指导，全面提高受教育者的素质。《教育部关于加强高职高专教育人才培养工作的意见》（教高〔2000〕2号）提出，高等职业教育是我国高等教育的重要组成部分，要培养拥护党的基本路线，适应生产、建设、管理、服务第一线需要的，

德、智、体、美等方面全面发展的高等技术应用性专门人才；学生应在具有必备的基础理论知识和专门知识的基础上，重点掌握从事本专业领域实际工作的基本能力和基本技能，具有良好的职业道德和敬业精神。

2.应满足社会发展的需求

社会的现代化程度决定了本科层次职业教育发展的规模和速度。当前，我国部分地区已基本实现工业现代化，知识现代化的特征逐步显现。随着知识经济时代的来临，以知识、信息、人力资源开发为动力的高新技术产业逐渐成为经济发展的主导产业，产业的发展对人才的需求结构也发生了改变，对高层次技术应用型人才的需求更加迫切。高新技术产业化亟须一大批高层次的技术应用、技术创新、技术管理、技术咨询的一线实践者，将技术迅速转化为现实生产力。技术水平不断提升，使得生产过程中的技术含量增加，技术含量的增加要求内化在劳动者身上的技能要求也相应提高，劳动者的知识能力结构发生变化，要求劳动者具有更强的理论应用和工作实践能力，能够实现对新技术的应用、管理和维护。目前专科层次职业教育的人才培养规格满足不了这种客观需求，不能完全适应这种岗位变化，因此需要提升职业教育的人才培养层次，来满足技术水平提升给劳动者带来的更高要求。本科职业教育作为更高层次的职业教育，它所培养的技术人才应满足社会经济发展和科学技术进步的需求。

3.满足受教育者的成长需要

好的教育不是一种单一的标准，而是一种多元的理念，它要考虑每个学生的个性、兴趣、能力、潜力和价值观，给予他们适合的指导和支持，让他们能够发现自己的优势和特色，实现自己的目标和梦想，为社会和国家做出贡献。好的教育不应该只注重学生的学习成绩和升学率，而应该关注学生的全面发展和终身学习。学习成绩和升学率只是教育的一种结果，而不是教育的全部。教育的本质是培养人的品德、能力、思维、创造力和责任感，让他们能够适应和改变这个不断变化的世界。好的教育不应该只有一种模式和路径，而应该有多种选择和可能。每个学生都有自己的特点和需求，不一定都适合走同样的路。有的学生可能更适技术应用，有的学生可能更适合学习技能操作，有的学生可能更适合创业或从事艺术。好的教育应该尊重学生的个性和意愿，提供多样的教育机会和资源，让他们能够找到适合自己的发展方向和平台。本科层次职业教育是一种非义务教育，受教育者作为职业教育产品的投资者和消费者，本科层次职业教育应该满足受教育者的成长需求，注重受教育者的可持续发展能力的培养。同时，本科层次职业教育应该为有一定文化基础和有提升知识技能意愿的学生提供支持，而不能成为社会盲目追求学历的一种被迫选择。

（二）高素质应用型人才的知识能力结构

"任何现实的教育理想形态，都应该是实现其终极目的的一个暂时性、阶段性环节"[①]。本科层次职业教育的人才培养只是受教育者终身教育中的一个教育阶段，使受教育者能够适应岗位需要的同时，也为未来的职业发展打下坚实的基础。本科层次职业教育的人才培养中，要构建知识、能力、素质等要素的合理的结构，协调发展，共同形成受教育者良好的综合素养。知识是能力的基础，能力是知识具体运用的体现，而素质是在职业活动和社会活动中体现出来的知识和能力的有机结合[②]。

1.知识要素

知识作为人们社会实践的经验总结，作为若干事实、概念、准则的系统，作为人们认识活动的结果，确实反映了知识的某些特征，或者说，反映了从一个维度对知识的认识，即从静态的维度对知识的看法。但从动态的维度看待知识，知识是认识的结果，更是认识的过程，是探索知识形成的过程。知识是事实、概念的系统描述，更是获得知识的方法。德国哲学家卡尔·西奥多·雅斯贝尔斯（Karl Theodor Jaspers）认为："教育是人的灵魂的教育，而非理智知识和认识的堆积"[③]。职业本科教育人才培养过程中，知识教育必不可少，但知识教育不仅是事实知识的简单传授，更多的是学生对知识的应用、实践与探索，在知识习得的过程中，不断提高自己各方面的能力。本科层次职业教育不同于本科学术教育，它所培养的技术应用型人才要求具备更宽更广的专业知识面，强调理论知识在实践中的应用，而非强调理论知识的深度、学科性、系统性。"一个国家，一个民族，没有现代科学，没有先进技术，一打就垮；而一个国家，一个民族，没有人文传统，没有文化精神，不打自垮"[④]。人文教育、通识教育可以弥补单纯技术教育的不足，克服其局限性和片面性[⑤]。高素质应用型人才需要不仅要拥有专业技术知识，还要具备一定的应用科学知识、基础科学知识以及人文社科知识。高素质应用型人才所需要的知识，尤其是专业知识，是对相关专业的理论知识整合的知识，是将人文社科知识融入专业知识的知识。

2.能力要素

能力是运用智力、知识完成一定实践活动过程中，经过反复训练而获得的。合理的知识结构是能力形成的基础，在本科层次职业教育人才培养过程中，在复合知识的基础上，经过反复训练，形成了符合高素质应用型人才能力要求的复合性职业能力。这种职业能力

---

① 陈鹏、庞学光：《培养完满的职业人——关于现代职业教育的理论构思》，《教育研究》2013 年第 1 期。
② 涂向辉：《本科层次高等职业教育培养目标及其内涵探析》，《中国职业技术教育》2012 年第 27 期。
③ 卡尔·雅斯贝尔斯：《什么是教育》，邹进 译，三联书店，1991，第 4 页。
④ 杨叔子：《现代大学与人文教育》，《高等教育研究》1999 年第 4 期。
⑤ 龚放：《试论大学素质教育》，《教育研究》1997 年第 11 期。

主要包括通识能力、专业能力和可持续发展能力。

通识能力是高层次技术应用型人才完成基本的工作任务所具备的基础能力，是一种通识教育的培养，主要包括听、说、读、写、算等基本的求"真"的通识能力。无论未来从事何种职业，这些通识能力都是基础而必需的。它们既是每个个体参与凸显现代文明的职业社会所必需的基本素养，也是个体进一步掌握其他专业能力的重要前提和基础。高校应根据不同的专业和职业类别对学生的通识能力培养做出一定的职业倾向引导。

专业技术能力是本科层次职业教育应着力培养的一种主要能力，是职业性的内在要求。需要学生懂得某一专业领域的技术原理并综合应用于工作实践当中，技术理论转化为现实生产力，解决来自生产和生活实际中的具体问题，同时还应具备一定的能够理解技术缺失的思考能力，促进完成新的技术开发项目[1]。因此，高素质应用型人才成为技术应用、技术管理、技术更新的"主力军"。

可持续发展能力是学生适应现代社会之复杂多变的职业世界所必需的高级职业能力，仅具有专业技术能力是不够的，要培养学生对价值有所理解并获得对美和道德的判断力，成为一个和谐发展的人[2]。与通识能力相比，高级职业能力更体现为现代性和高级性，主要包括判断能力、学习能力、组织协调能力、情感认知能力，可以促进学生的整体性发展，也促进学生持续成长、增强学生的发展后劲[3]。

① 包国光:《社会需求、技术缺失与机器的诞生》,《自然辩证法研究》2006 年第 1 期。
② 许良英、赵中立、张宣三:《爱因斯坦文集第三卷》, 商务印书馆, 1979, 第 310 页。
③ 黄尧:《职业教育学——原理与应用》, 高等教育出版社, 2009, 第 119 页。

第六章

当代中国职业本科教育的发展模式与路径

第一节　职业本科教育的发展模式探讨

办学模式是我国教育情境中出现频率较高的一个概念，也是中国教育研究中所特有的一个概念。我国职业本科教育的主导办学模式大致可以分为单独办学模式、联合办学模式和国际合作办学模式。

一、职业本科教育的单独办学模式

（一）单独办学模式

2019 年 10 月 10 日，教育部发布的《职业技术师范教育专业认证标准》指出，该标准适用于普通高等学校培养中等职业学校教师的本科师范类专业。延续这一政策思路，职业本科参与职教师资培养也应遵循其职业属性、技术属性和师范属性的内在标准[①]。

第一，澄清职业本科办学定位困惑。教育行政部门需注意职业本科与职业技术师范院校的办学差异，充分发挥职业本科办学优势，把参与职教师资培养视作其办学定位选项之一，进一步释放职业本科办学功能，并在人才培养模式、专业建设、学科体系、课程教学等方面进行全方位指导。

第二，畅通职业本科师范类专业设置渠道。健全完善《本科层次职业教育专业设置管理办法》，明确职业本科师范类专业设置标准及程序，定期更新《职业教育专业目录》，遴选支持一批职业本科院校设立职业技术教育学院或职教师资培养基地，在可预见的将来，鼓励、支持职业本科布局职教师资的硕士、博士层次培养，形成职业本科师范类专业良性循环发展的制度保障体系。

第三，设立专项资金鼓励、支持职业本科开设相应师范专业进行招生培养，增加职业本科师范专业类招生计划，适当开放职教师资硕士层次培养权限，以期提高职教师资培养层级，突破职业本科发展局限。职业本科有着较多的应用技术培养与教学经验积累，能够快速实现培养目标和角色转换。在专业技能课程之外，加强职业教育教育学、心理学等课程的实施力度，进一步突出师范性和职业性，以期培养出真正意义上的"双师型"教师。

---

① 赵鑫、孟京奥、崔莉萍:《职业本科参与职教师资培养的模式创新研究》,《职业教育(下旬刊)》2023年第 8 期。

（二）单独办学模式的优势

尽管目前职普联合的办学路径有着诸多便利，但从长远来看，两类院校联合办学依然存在难以弥补的缺陷：一是两类院校差距明显的硬件基础、非统一的管理制度与文化氛围可能对学生的心理适应能力造成影响，而跨市域、长距离的生源迁移又给学生管理带来一定困难。二是在目前普通本科院校着重理论教学，职业本科院校注重应用实践的合理分工下，若两者长时间分离必然不利于职业本科各门专业学科的完整建设、合理衔接，同时地理位置的差异又给两校的互动交流带来诸多不便，难以形成统一的考核评价标准，教学管理的成本也随之增加。三是目前的本科专业学历学位的发放权始终掌握在地方本科院校手中，而教育的主导权却明显倚重在职业本科院校一方，由原本并不精通职业教育技术教育的地方本科院校来主导评判职业本科院校的教育质量显然并不适宜，即使赋予职业本科院校在实践教学阶段同等权力的学位学历审核权，终究不利于整个职业教育专业学位体系的建设。四是目前挂应用本科之名、行职业教育技术教育之实的联合办学路径，很难在直观上向社会释放职业教育层次提升的信号，而事实上按目前本科第二批次的招生范围水平来看，许多有升学需求的中职毕业生、职业本科专科毕业生向上流动的渠道依然闭塞，仍然给大众造成"职教在专科"的错觉，既不利于中职、职业本科专科教育的持续发展，也不利于从意识观念上去厘清职业本科在构建高等教育"立交桥"上的意义与作用。综上所述，目前职普联合的办学路径只能作为一种短期过渡路径来探索。

再者，普通高等教育和高等职业教育毕竟是两种不同类型的高等教育，两者在办学理念、人才培养方案、教学内容与方法、质量评估等方面始终有着较大差异。抛开前面各种软硬件缺陷不说，地方本科院校未来要向应用本科转型，独立承担起本科层次的职业教育，意味着其在教学方向上必须舍弃一贯"重学轻术"的传统，在相当程度上向职业教育技术教育靠拢，甚至向本科职业本科院校看齐，而持反对意见的学者始终认为其隔行如隔山，让普通院校来操心职业教育技术教育的发展未免有些越俎代庖甚乎班门弄斧。但从长远来看，不论是职业本科院校升格独立办学，还是地方本科转型成应用本科，甚至职业本科大学独立办学，都有可能因应社会和个人需求而成为未来职业本科发展的有效途径。

而反观在职业教育轨道上驾轻就熟的职业本科院校，其厚重的行业背景、相对鲜明的职业特色以及悠长的职业教育发展史，使其在职业本科的发展上具有得天独厚的优势。多年来与企业血脉相连、患难与共的伙伴关系使其相对于普通本科院校来说更容易获得行业企业的大力支持，过往在职业本科院校毕业的学生多数都活跃于原有的专业领域，有些甚至还成了行业企业的管理核心和技术骨干，为校企合作的发展带来了诸多便利。在教师方面，大多数人对企业的生产操作流程都有一定认识，部分实力较强的教师甚至还能协助企业解决一线的生产问题，不仅在行业企业中影响力大，同时在教学中也积累了较为丰富的实践经验，创建了特色鲜明、享誉一方的专业品牌。这些院校所独有的优势只需稍加整合，完全可以承担起本科层次的高职教育，相对于地方本科院校的转型来说可谓成本低、见效快。事实上，从当前暂时推行的普校一年职校三年的联合办学方案中，我们也可以大致窥探出上级部门不仅把人才培养的重任着重交付给职业本科院校，同时也让这些院校为将来独立办学积累经验与实力。

正如前文所言，职业本科院校的升格办学相对于职业教育自身来说，不仅是一种教育层次的跨越式提升，也是职业教育层次晋级的最直接表现。当前的职业教育太需要职业本科来为其正名，摆脱其低等教育、断头教育的负面标签。事实上，参照德国职业教育的发展历史，本科、研究生层次高职教育的出现不但提高了职业教育自身的质量与影响力，同时也带动了专科高职的发展，为德国社会经济的建设作出了莫大贡献。我们有理由相信，只要政府继续加大对职业本科院校独立办学的扶持力度，职业教育的下一个发展春天将为时不远。

（三）单独办学模式的实践路径

1. 改善院校独立发展的外部环境

完善的法制必然为职业本科的体制机制发展提供有力保障。在当前本科高职的法律地位尚未厘清的前提下，亟须在《高等教育法》和《职业教育法》的修改中将职业本科教育由原来的专科层次提升到本科甚至研究生层次，在法律层面上巩固职业本科教育晋升的合理地位。其次，要进一步细化法律中有关职业本科教育的规定，将本科职业本科的理论内涵、教育性质、办学任务、管理职责、管理权限、举办主体等用法律的形式固定下来，强调本科职业本科在构建终身教育体系、建立学习型社会与人力资源强国中的地位与作用。同时要明确各个办学主体在实施职业教育中的责任与义务，发挥行业、企业等社会团体在职业教育办学中的积极性。另外，要进一步明确《高等教育法》和《职业教育法》的执法主体与法律权限，建立并完善职业教育两大基本法的监督与处罚机制，促进各主体在职业本科教育的改革中依法行政、依法管理、依法办学。

要丰富自身的内涵建设，促进自身教育层次的提升，势必要求职业本科教育配备更为优良的师资，购置更为先进的设备，建设更为完善的基础设施，这必然要求政府及社会各界提供更有力的政策支持与资金投入。首先，政府在资金分配上应平等对待职业教育与普通教育，在中央政府要硬性规定每年政府财政预算中投入在职业教育上的比例，在地方各级人民政府要按当地年度经济总量的大小设立配套投入的标准，按要求规定生均事业经费的合理比例，并将其纳入政府的年度财政预算，保证职业本科的正常运转。同时在职教经费的内部分配上，中央及地方各级人民政府都应重新思考直接拨款与按人头生均拨款的分配方式，与企业、院校共同协商制定一套统一可行的办学效益评估标准，按各校办学效益的多少来分配教育经费，通过竞争性的激励机制来促进职业教育质量的提高。同时，要建立并完善行业、企业、社会及民间团体投资办学、资助办学的激励政策，鼓励他们通过设立各种奖学金、助学金，提供免息贷款、学费减免等方式来降低学生的就读压力，免去学生就读的后顾之忧。另外，要加大教育经费投入落实情况的检查与监督。相关主管部门不仅要注意推进职业教育经费分配与管理的制度化与规范化，加大监督检查的力度，同时要在法律上进一步明确责任追究的条款，例如地方政府、行业和企业因不能及时足额拨付教育经费而对其作为办学主体身份的处罚；企业不能按规定足额提供员工培训经费时对其法人、法定代表人的处罚等。

2. 强化院校独立发展的内涵建设

人才培养的质量是职业本科教育得以持续发展的原动力，与"双师型"教师的质量息息相关。当前，我国的职业本科院校在"双师型"教师队伍的建设上普遍存在数量不足、质量不高的问题，要解决这一难题必须从内培和外引两方面入手。在内部培养上，一要继续加大教师培训与进修的鼓励政策，提高相关的费用补贴与福利待遇，将培训、进修的时长与成绩及考核后获得各项证书、奖项作为职位晋升、薪酬增加的参考依据，并为教师的职业生涯做好明确规划，帮助教师自身能力与价值的双向提升；二要依托教学质量高、办学条件好的职业院校或培训机构及实力相对雄厚的大中企业，按省内合理的区域划分、筹建职业教师培训基地。除了定期要求教师到企业、生产一线进行技术实践，参加企业举办的各项技能培训外，还应鼓励在院校专职教师与企业兼职教师间建立一个学习平台，两者相互交流，相互学习，共同进步，不仅在教师内部与师生之间经常开展新知识、新技术的培训与讲座，也积极参加工厂企业的技术革新、生产科研，与企业兼职教师、技术骨干一起研究课题、开发项目，促进自身职教水平的提高。同时，要厘清教师的职责权限，原则上肩负培训实习任务的教师不应在学习培训期间再承担繁重的招生任务，招生工作应由专业对口的行政教师或教辅人员承担，在招生工作上确有压力的院校应实行年度招生、培训的轮换机制，最大限度地降低两类教师的工作压力，保证他们有足够的时间完成理论知识和技术技能的学习与培训。而一些亟须培训提高的招生教师在招生任务完成后也可考虑学校教学的具体情况，利用学期闲暇时间到企业弹性学习，参与培训与考核，但院校应妥善处理好教师离岗或在岗学习的经费补贴、福利待遇等问题，保证教师拥有足够的时间与充足的经费完成实习培训，提高"双师"培养的积极性与主动性。在外部引进上，要积极创造各种有利条件，吸引高素质人才进入职业本科院校。一要改革职校教师的薪资福利，"双师型"教师在原则上来说是理论知识与技术实践兼备的教师，与同学历、同职称的普通院校教师相比，他们自身所体现的劳动价值要相对大些，其在各方面应获得同等甚乎更高的薪资福利，而这需要政府财政的强力支持。二要改革当前带有学术倾向的职称评价制度，教师的职称评比应注重教师技能的等级考核与技术应用开发能力，教师在职称评比期间取得何种等级、何种类型的职业资格证书或技术证书、教师在实际的教学工作岗位中所担当职位的重要性与工作量、在规定期间内参与开发的科研项目及取得的技术专利量等都应纳入职称考核的考量范围，既要注重量的多少，更要注重质的高低，防止数量压倒质量的现象再度重演。三要提高职业教育的社会地位，明确把职业本科教育列入高等职业教育体系，结合市场未来的需求预测职业本科院校的进入指标与编制数量，并在项目审批、经费申请、学术交流、材料设备的供给与支持上给予与普通高等教育同等的待遇。

二、职业本科教育的联合办学模式

我国职业本科教育的联合办学模式主要是校企合作职业教育办学模式。

（一）校企合作职业教育办学模式

2005年，国务院印发《国务院关于大力发展职业教育的决定》（国发〔2005〕35号）提出："大力推行工学结合、校企合作的培养模式。"校企合作从不同的范围来看有着不同的含义。广义的校企合作是指教育机构与产业界在人才培养、科学研究和技术服务等领域开展的各种合作活动，高等职业教育的校企合作也属于广义的校企合作的范畴[①]。但进一步而言，职业教育校企合作的核心主要是高等职业院校与企业合作，对所需人才进行培养、培训的过程，在国际上通常将这种教育模式称为合作教育。2001年，世界合作教育协会对合作教育做出了相关定义："将课堂上的学习与工作中的学习结合起来，学生将理论知识应用于与之相关的、获取报酬的实际工作中，然后将在工作中遇到的挑战和见识带回学校，促进学校的教和学。"合作教育不但符合辩证唯物主义认识论中"实践认识实践"的哲学规律，也符合我们教育与生产劳动相结合的教育方针。大量调查显示，人们70%以上的工作技能获取途径来自工作经验，这些工作技能不仅包括专业动手操作能力、问题的分析解决能力，还包括实际工作中计划、组织、沟通的能力。这一调查也更有力地说明学校与企业合作、理论学习与工作实践结合是职业教育良性发展的基本保障。

校企合作人才培养，国际上又称为"合作教育"。对校企合作这一定义来说，不同的人有着不同的理解。重庆航天职业技术学院副校长罗能认为，校企合作是从"教育模式"的角度来分析的；长春汽车工业高等专科学校校长魏葳认为是一种"办学理念"，而湖南铁道职业技术学院高职教育研究所副所长李忠华是对校企合作是从人才的"培养模式"或"实

① 李敏：《浅谈职业学校"校企合作"问题》，《科技资讯科教平台》2006年第16期。

践性教育模式"的角度来理解的，陈洪浅则把它理解为"一种产教结合的途径"，河南省焦作卫生学校的教育专家耿洁把它和"工学结合、半工半读、顶岗实践、零距离对接、产学研一体、订单式培养"等概念联系在一起理解。具体来说，对校企合作的理解有以下两种。

1. 直接定义

在《探索校企合作模式 培养优秀人才》中，孙宏伟把校企合作定义为"校企合作是一种以市场和社会需求为导向的运行机制，是学校和企业方共同参与人才培养过程，它以学生的全面素质、综合能力和就业竞争力为重点，利用学校和企业两种不同的教育环境和教育资源，采用课堂教学与学生参加实际工作的有机结合，来培养适合不同用人单位需求的应用型人才"，王震把校企合作理解为"职业本科教育中的校企合作教育是企业、职业本科院校在各自不同利益基础上寻求共同发展、谋求共同利益的一种组织形式，是一种以培养技术应用型人才和高技能型人才为主要目标的高等职业教育人才培养模式"。这些定义通过对培养目标和重点的阐述，清晰明了地指出什么是"校企合作"。

2. 综合定义

陕西理工学院教授李新生指出，"校企合作和工学结合是指职业本科院校和相关企业或行业在共同育人方面遵循平等互利的原则进行优势互补的合作，是一种将学校的教育资源和企业的各种资源整合，学校把课堂设置到企业，让学生在企业生产经营过程中进行学习，企业把学生视为正式员工使用，按企业要求进行管理和考核，以培养适合企业或行业需要的应用型人才为主要目标的教育模式"。将校企合作及其相关的概念相联系进行定义，综合论述了校企合作的内涵。

在直接定义中，专家主要较讨论学校如何制定教学目标、教学计划，如何进行课程设置等，将重点着眼于校企合作中学校的主导作用。而对于综合定义的归纳，则重点强调能把学校和企业进行有机结合的办学模式。但无论是综合定义还是直接定义，都从不同角度揭示了校企合作的目标，并且指出了相关的研究方向。

（二）校企合作模式的类型

通过对校企合作的模式进行不断地研究和探索，可以将其归纳为以下三类。

1. 学校和企业的合作程度

从学校和企业的合作程度来看，黄亚妮的"企业配合模式、校企联合培养模式、校企实体合作型模式"，胡常胜的"浅层次合作模式、中层次合作模式和深层次合作模式"，杨如顺的"校办产业（企业）模式、行业（企业）办学模式、校企股份合作模式"都是一些被学术界认同范围较广的校企合作模式。黄亚妮在《职业本科教育校企合作模式初探》中指出，"目前我国多数学校的人才培养以'企业配合模式'为主导，处于浅层次的初级阶段和刚刚开始的中层次的起步阶段，其合作深度与深层次的高级阶段还相距甚远"。

2.办学过程中学校和企业主导作用

从办学过程中学校和企业的主导作用的重要程度来看，主要有刘晚明等人的"订单式培养模式"，认为在学校和企业之间，要积极探索和实践"产权股份化、运作企业化、后勤社会化"的办学模式，还有傅新民的"学校服务企业、企业支持学校、学校服务企业"的校企合作模式。

3.其他模式

（1）与地方经济相结合的全面合作模式，将高等职业院校教学培养目标与地方经济发展密切结合；（2）企业为主导的合作模式，这一模式"极大地调动了企业在办学中资金投入和资质整合投入的积极性"，合作教学中将社会需求、企业要求作为出发点。

从现阶段我国教育发展现状来看，校企合作模式仍然是众多教育专家、学者研究和探讨的重点内容，并且对其的重视程度正与日加深。

（三）校企合作办学模式案例

友嘉机电学院是杭州职业技术学院与台湾友嘉实业集团合作成立的校企共同体。倡导"企业主体、学校主导"的办学思想，实行企业化管理模式，以培养应用型人才为目标，企业深度参与人才培养的全过程，实现"课堂工厂化""课程三明治化""学生实习岗位化""校园文化企业化""师资队伍双师化"。同时，友嘉集团投入了大量经费购买先进设备，保证学生在校期间学到的知识与技能都是最新的。金华职院根据浙中地区"小商品大市场、小产业大集群"的经济发展特征，以学校为主导与行业企业开展紧密合作，在区域层面上建立了多个校企利益共同体。校企利益共同体主要依托理事会、专业指导委员会以及行政领导班子三层组织架构以及校企双方合作制定的工作章程进行管理，涉及学历教育、员工培养和社会培训多个方面的人才培养，并开展一体化的实训基地建设。

三、职业本科教育的国际合作办学模式

（一）中外合作办学模式

这种办学机构由合作方共同投资，相对于合作办学的中方大学而言的，为合作提供办学独立、法人财产自由的条件。我国现有本科及以上的10所中外合作办学机构，其办学地点均位于我国东部经济较发达的城市，中外合作方也均为综合办学水平较高的院校。这些办学机构相对来说办学自主权较高，其办学呈现以下特征：办学经费或由合作双方提供，或通过筹款解决，或二者兼之；学校的财务核算权独立，并独自承担一切民事责任；学校

根据运行需求安排教学活动与管理，有自己的办学场地与设施，自己管理；拥有招生与颁发学历证书的权力。总的来看，拥有较大办学自主权的中外合作办学机构，在合作办学过程中能够更好地发挥双方合作的长期性与深入性，这种模式下的中外合作学校，在树立自身办学特色和品牌上更具有优势。但是，它对资金的需求度也相对较高，办学经费要机构自己解决，资金压力更大，经营、管理要求和办学风险更高，学校需保证经费来源的稳定性和多样性，高额学费便是其筹资渠道之一。因此，中外合作办学机构较之于二级学院、项目和普通高校，学费高昂、学生就读成本高，很多普通家庭无力承担，这就在一定程度上缩小了优质生源范围，影响办学质量。

中外合作办学项目是指中方与外方在课程、专业和学科等方面展开合作[①]。它是我国开展中外合作办学的主要形式之一，与机构和二级学院相比，其数量最多、覆盖范围最广。合作项目一般设置在中方合作院校内，招生工作主要由中方负责，人才培养和教学安排由双方协商管理。合作项目可共享主体高校的各种资源，但必须接受主体高校的管理。

（二）中外合作办学模式的特点

1. 多元化

中外合作办学模式呈多元发展趋势，其多元化一方面表现在办学模式种类丰富，另一方面表现在其办学涉及社会主体多元上。从整体上看，中外合作办学是以政府为主导力量，中外双方合作协商，社会各方参与，高校自主运营的一种办学活动。与办学相关的包括政府、中外方高校、合办机构和项目以及社会各方力量。政府推动主要体现为高等教育中外合作办学提供办学信息和政策支持，并行使资格审批、办学评估与考察等行政监管权力；中外合作院校共同商定办学事宜，或设立理事会、董事会，或设立联合管理委员会，筹集经费、自主招生、自行安排教学管理，具有"双主体"的性质。政府一方面在高校中外合作办学的审批上能够严格管理，把控准入门槛，多方面评估高校能否引进优质教育资源，开展中外合作办学活动。另一方面，对高校的合作办学过程进行质量监管，并将相关办学信息向社会大众公布，为社会服务，保障中外合作办学的质量与社会效益。高校自主运营有助于高校结合自身特点、发挥办学优势，进一步提高办学效益，在一定程度上避免统一办学带来的弊端。中外双方协商能够有效地保障合作双方权益，避免出现涉及教育主权的问题。

2. 本土化

招生方式和办学内容本土化。招生方式方面，选择参加中外合作办学的学生也须参加中国的高考，达到一定标准进入选拔范围后，各合办机构再根据具体的标准来进行选拔。

---

① 中华人民共和国教育部：《中华人民共和国中外合作办学条例》，http://www.crs.jsj.edu.cn/news/index/2，访问日期：2023 年 12 月 10 日。

也就是说，除少数拥有自主招生权的机构外，大部分中外合作办学机构的生源依然来自高考，因此，中外合作办学机构在办学过程中依然要遵循教育部的有关规定。此外，很多办学机构都设有学生思想政治教育课程及学生党建管理部门，办学内容涵盖了很多层面，但是在军事、宗教和政治领域不允许进行中外合作办学，这是具有中方特色的办学底线。

3. 国际化

国际化的特点一方面体现在中外合作办学国际化人才培养的办学理念上，另一方面体现在其教学设置上。中外合作办学模式下的教学过程，都在一定程度上吸纳了外方合作院校的教学模式、教学经验和管理经验，教育资源来自双方合作院校，大多情况下，外方院校所占比重较多，所使用的教学资源约80%来自外方，例如宁波诺丁汉大学，它的师资和教学资源全部都来自英国诺丁汉大学，国际化特征相当明显。

4. 市场化

虽然我国将中外合作办学定性为公益性教育事业，但是其市场化的特征依然明显。其中最能表现这一特征的便是办学机构的管理体系构成，即董事会下的校长负责制。这种管理体系市场化特征显著，将学校的管理结构以企业管理的方式进行设计，其管理权相对较为集中，校长由董事会任命，对董事会成员负责，管理办学事宜。此外，这种管理模式下的中外合作办学，外方较看重经济利益和投资回报，在办学的专业设置、学费标准和财务运作等方面，市场主导性很明显，办学经费主要来源于高昂的学费。

（三）中外合作办学模式案例

中外合作模式是政府主导的学校型合作办学实践。上海市电子工业学校是教育部与德国巴伐利亚州文教部签约合作的执行单位，旨在借鉴德国"双元制"职业教育模式经验实施中等职业教育[①]。中德双方合作开发课程、教学大纲和教学具体实施方案，互派师生开展交流访问，还联合成立了专业考试委员会，并组织毕业生参加德国工商大会AHK考试和获得相关证书。此外，德方派遣专家定期来访学校，为校内专业教师进行培训，并指导学校的专业建设、教育教学和教学质量监控等多项工作。中澳(重庆)职业教育与培训项目是政府主导下的区域型、多层面的合作办学项目，是迄今为止中国和澳大利亚两国在职业教育领域由政府组织实施的最大合作项目。该项目在学校、市级、国家三个层面均开展合作。学校层面上主要在重庆工业职业技术学院(汽车行业)、重庆旅游学校(旅游行业)、重庆龙门浩集团职业高级中学(电子商务行业)、重庆电子职业技术学院(电子信息技术行业)、重庆江津工商职业高级中学(建筑行业)5所项目试点学校开展澳大利亚TAFE模式

---

① 兰金林、石伟平：《职业教育办学模式改革的实践成效与经验反思——基于多个案例的实证分析》，《教育与职业》2020年第20期。

的本土化探索；市级层面上主要为重庆市教委建立一个收集、贮存、使用职业教育与培训主要评估指标数据的职教管理信息系统，同时帮助重庆师大职教师资培训基地改进课程和教学设备；国家层面上主要协助教育部评估以需求为导向的职业教育与培训方法，促进职业教育与培训改革成果的推广。

第二节　职业本科教育的发展路径选择

高质量发展是新时代职业本科教育改革发展的核心目标和重要方向，其本质要义在于"如何培养人"。基于高质量发展视角，阐明职业本科教育高质量发展的路径，着力提升高素质应用人才培养质量。

一、职业本科教育的专业化发展路径

（一）建立高校分类标准体系

发达国家和地区的发展经验表明，基于标准的管理比基于机构的管理更加高效迅捷。只有建立科学的分类标准体系，才能引导高校合理定位，政府这只"看不见的手"才能提供办学资源、制定办学法规、保护消费者权益和引导办学市场[1]。我国许多地方本科高校定位模糊不合理，难以凸显高校的特色或优势，政府亦无法给予更多的政策支持。因此要建立起高校分类标准体系，对这类高校进行分类管理和指导，建立起符合中国国情的可操作的分类管理制度。

第一，制定高校分类标准时，既要考虑"类"，也要考虑"层"。考虑"类"是为了防止各高校都朝着一个目标发展，只培养一种人才，不适应经济发展对多样化人才的需求，不利于各高校办出特色和优势；考虑"层"是为了防止出现阻碍人才成长的要求和学术探索的阶梯、不利于拔尖人才的选拔和激励机制的形成、无法协调大众教育与精英教育的矛盾。

第二，制定应用技术大学设置标准。落实鼓励和引导部分地方本科高校向应用技术大学转型发展的政策，为部分地方本科高校转型发展明确目标和方向，也可作为部分专科职业院校升格为应用技术大学的申请标准和依据。

---

① Kathy Reeves Bracco, Richard C. Richardson, Jr. Patrick M. Callan and Joni E. Finney, "Policy Environments and System De-sign: Understanding State Governance Structures," *The Review of Higher Education* 23, No.1（1999）: 23-44.

第三，对应用技术大学进行分类。以实施本科层次职业教育为主的应用技术大学，根据不同的分类标准，可以分为多种类型的应用技术大学。例如，我们可以按资产所有权分类标准，以高校公有资产占该校总资产的比率是否在51%以上为分类标准，把应用技术大学分为公立类与私立类，便于政府分别对公立类高校的办学资源实施重点配置和管理，私立类高校办学资源给予条件支持和必要政策引导，促进公私立院校竞争发展。私立类应用技术大学又可分为非营利类和营利类。营利类应用技术大学的办学可以有营利行为，但不能以营利为主要目的。还可按学士学位授予涉及的学科领域为分类标准。根据授予的学士学位授予项目占学科领域比例分为单科型应用技术大学、多科型应用技术大学和综合型应用技术大学。利于政府对这些单科型高校的单一学科重点的资源配置、硕士授予权申报等实施管理；对多科型应用技术大学的教学特色和新学科的设立实施管理；对综合性应用技术大学的一级学科和二级学科进行均衡发展的管理。

第四，设立有效的隔离机制与顺畅的沟通机制。不同类型的高校在教育资源的竞争中难免会出现漂移或趋同的现象，应设立有效的隔离机制，根据经费、师生需求、专业设置、人才培养等方面的差异，合理划分不同高校的权责，引导不同类型的高校进行特色化发展，实现竞争互补，促进高校合理发展。建立顺畅的沟通机制，打通不同层次、不同类型教育间资格认定通道，打通工作与再教育的进修渠道，增强院校之间、高校与社会之间的沟通，有效利用有限的教育资源，满足社会和人们的发展需求。

（二）开发国家资格框架

开发国家资格框架是符合国际教育发展趋势的，许多发达国家、发展中国家都已开发或正在开发国家资格框架体系。它可以促进职业资格证书与学历证书的等值与沟通，能够提高职业本科资格证书的可信度与权威性，能够提高职业本科教育的地位与吸引力。

第一，应建立起统一灵活的"桥梁式"的国家资格框架体系，既在纵向建构完整的职业资格证书体系、完整的职业教育与普通教育的学历证书体系，又在横向架设职业资格证书体系与学历证书体系之间互通的"桥梁"，致力于构建职业资格证书与学历证书的等值体系，致力于构建职业教育与普通教育的"纵向单轨，横向双元"的体系，真正提升职业教育的地位和吸引力，促进本科层次职业教育的发展。

第二，完善国家职业资格证书体系。根据职业成长阶段理论，借鉴欧盟8级"欧洲资格框架"和联合国教科文组织的《国际教育标准分类法2011》的8级分类的经验，确立我国职业资格等级也包含8级，并确立与我国学历证书体系的相对应关系。接受本科层次职业教育所获得的职业资格证书或者学历证书应属于第6级。

第三，制定本科层次职业教育这一等级标准。这一等级要求受教育者需要完成特殊具体问题的工作任务。这一等级的受教育者是在达到第 5 级要求的基础上进行的学习，目的是使学习者掌握与系统能力互补的、涉及解决问题较多且具有特殊性职业工作任务的细节与功能知识，并具备完成诸如故障诊断等非规律性的工作任务的能力。其中涉及相应理论知识、特殊的手工艺技术及对最初经验的运用。学习者在完成的任务中应包含新的质量要求，与职业情境紧密关联并使完成任务的过程更加系统结构化，以引导学习者在理论与经验的基础上导出解决方案并在小组工作中独立实施。在等级标准的要求下，制订本科层次职业教育人才培养方案时，应充分调动行业企业共同参与，不仅要求学生具有能够理解和掌握其专业领域的理论知识、实践技术和专业技能，以及针对问题提出恰当的一个或若干个解决方案并解决实际问题的能力，还要具备成功应对各种不确定性的能力。

第四，以政府的力量推行实施。政府通过法律、法令和行政条规的形式，为国家资格框架的实施与发展提供保障。成立专门机构负责国家资格框架的开发、测试与修订，例如及时更新各等级资格证书的标准，根据产业发展开发新的资格证书，并修订或取缔一些不符合需求的资格证书。政府以法律法规的形式授权相关机构，专门颁发和管理资格证书，明确各级政府或相关机构的责任。建立健全资格证书质量评估标准体系，规范考核行为，保证资格证书的信度、权威性以及人才的质量。

（三）加强高等教育评估

第一，评估指标体系导向鲜明。指标体系坚持正确理念。评估理念是评估实践探索的方向指南，也是评估制度政策的思想基础。从理念切入，不但可以更好地把握高等教育的本质、功能、规律，而且能更好地理解高等教育规律如何制约与支持人们对高等教育的认识和追求。"适应社会需求能力评估"紧扣国家要求设计指标，主要体现了三个方面理念。其一是贯彻党和国家关于发展高质量职业教育的精神，围绕"优化职业教育类型定位""深化产教融合、校企合作"等设计指标，引导高职院校更好地对接科技发展趋势和市场需求，提高产教融合效能，提升服务地方和行业发展的能力。其二是按照教育部、财政部等部委提出的有关高职院校设置标准、合格标准和投入要求设计指标，引导高职院校不断夯实适应社会需求的基础保障条件。其三是依据职业教育管理部门近年工作要点设计指标，引导高职院校不断深化改革，凸显类型特征，提高适应社会需求能力[1]。

第二，从对事物本质的认识出发，在对传统教育评价进行反思后设计 20 项核心指标，简化指标体系，降低评估的繁琐程度和成本。围绕核心指标，形成以三表（高职院校基本情况表、师生情况表、专业情况表）、三问卷（校长问卷、教师问卷、学生问卷）的评估工

---

[1] 郭文富：《高等职业院校"适应性"评估的实践与反思——基于"全国高职院校适应社会需求能力评"实践的分析》，《职教论坛》2023 年第 10 期。

具为导向的，着眼于法制化、制度化的基础性指标，强调适应社会需求的基础。与此同时，重视评估内容的科学性和合理性，在评估方案研制完成后，并不适合全面铺开，需要在试点的基础上进行完善。因此在开展试测的基础上形成评估实施方案，进而全面开启职业院校的评估工作。数据采集中运用信息技术简化评估过程。强调适应社会需求的专业教学能力和培养能力，更加强调利用互联网与大数据的高效、便捷优势。评估按照政府推动、第三方评估、大数据监测、服务发展的原则，开展多项探索，比如采用网上评估，利用互联网采集数据并评价；开展不进校评估，不影响正常教学。基于这种"不见面"评估模式，为保证数据采集的有效性，2016 年首次评估时即面向全国 31 个省份开展培训，并建立全国层面、各省层面两级答疑沟通群。与此同时，数据采集先后经过学校填报、省级审核并提交、数据复核、学校二次确认等环节，强调采集数据的真实性和客观性。

二、职业本科教育的综合化发展路径

（一）深化产学研合作

产学研合作育人是地方本科高校内涵建设的核心。地方本科高校要改变传统的"等、靠、要"思想，积极寻求与企业的深层次合作，达到校企合作的有机团结高级阶段[①]。地方本科高校具有公益性，不以营利为目的，而对企业来说，利益最大化是其追求目标。地方本科高校转型后主要实施本科层次职业教育，这是一种与经济发展联系最为密切的教育类型，应深化与企业的密切合作，为各相关利益者创造价值。对人才和技术的追求则成为企业参与产学研合作教育的最大动力。双方所追求的目标达成一致，也为学校和企业开展合作提供了内部动力。产学合作是实现本科层次职业教育人才培养的本质要求，也是实现提高人才培养质量的根本途径。开展产学研合作，既能提高学生的实践技能和综合素养，同时又能改变教师的知识结构、思维和行动逻辑，使教师从原先的以学科为逻辑起点转向以行业、职业等为逻辑起点来思考问题、从事教学，从关注知识的内在体系性转向关注行业的实践开放性。教师和学生是教与学的主体，院校的整个发展过程都需要这两者来实现。产学研合作可以通过联合培养人才、共同研发项目、院校提供科研力量、企业提供实训条件等多种形式的合作，随着产学研合作的不断深入开展，地方本科高校可以将教学、科研、服务三大职能有机联系起来。通过产学研合作，提高应用性技术人才的培养质量，提升研究水平、实现技术转化提升服务社会的能力，实现知识积累、传播和创新，发挥高校文化育人

---

① 陈沛富、闫智勇、纪颖：《校企合作式职业教育的发展历程与趋势研究》，《职业技术教育》2012 年第 16 期。

和引领社会的作用等①。因此，要提高地方本科高校发展内涵，须在各个环节深入开展产学研合作。

人才培养过程中，通过产学合作，使得学生既能够得到系统的理论学习，又能够得到充分的实践锻炼，高标准满足企业的用人需求，满足了院校的人才培养需求，企业得到了高质量人才，这是一种双赢的合作。中小企业由于自身实力的关系，不能独立开展技术研究，无法实现企业的战略发展，发展后劲不足。地方本科高校应主要面向这些中小企业的技术科研需求，针对生产实际中问题开展技术基础性研究，促进技术成果的转化并提供技术咨询服务。为中小企业解决实际问题，创造价值，寻找学校与企业的利益结合点。通过产学研合作，企业得到了巨大收益，提高了产品质量和竞争力，实现了战略发展，高校的学生和教师得到了实践锻炼，在理论和实践层面都得到了升华，学生毕业后也可以进入中小企业就业，进而解决高校就业问题。这样的合作不仅院校愿意，连企业也会主动寻求合作，为院校提供科研经费、实习机会等支持。

（二）完善职业教育内外部衔接通道

完整的现代职业教育体系不仅仅指中职、职业专科、职业本科三个层级职业教育的发展，而是要在三段职业教育之间形成紧密的内部联系，同时不断完善职业教育与外部的衔接通道，这才是确立职业教育类型地位的关键。建立类型特色的"职教高考制度"，有助于进一步完善职业教育内外部衔接，既是构建稳定的现代职业教育体系的关键制度建设，更是实现职业教育类型地位从强化到优化的重要改革任务②。

第一，在国家层面对"职教高考制度"进行顶层设计。职教高考制度的存在主要是为了解决中职生公平升学问题，同时也有助于高等职业院校获得稳定且高质量的生源。现有的职业教育升学路径尽管类型多样，但也存在诸多问题。例如，三校生高考、自主招生、中高中本贯通等路径，在一定程度上限制了中职生升学的比例和自主选择或调换专业的自由，并且这几种升学途径多为各省市行政干预的结果，其稳定性和统一性无法保障。而以普通高考为主的路径，采取的是分批次投档录取机制，职业本科高专录取批次在本科批次之后，这意味着无缘上本科学校的学生要想有学上不得不选择高等职业院校，这会直接影响高等职业院校的招生质量。同时，普通高考实行全国统一考试的方式，考试内容以文化科目笔试为主，这对于以职业能力培养为主的中职生而言无异于变相增加了考试难度，一定程度上阻碍了中职生的升学。因此，必须设立普、职独立考试的招生制度。在国家层面设计基于职业教育类型特色的"职教高考"制度，既可以保证考试的针对性和专业性，也

① 顾永安：《新建本科院校转型发展论》，中国社会科学出版社，2012，第72—73页。
② 吕玉曼、徐国庆：《从强化到优化：职业教育类型属性确立的实践路径》，《现代教育管理》2022年第2期。

有助于解决中职生升学困难和高等职业院校招生质量低下的问题。"职教高考"制度需由国家统筹规划，制定统一的考试框架，各省市可以在基本框架内因地制宜，凸显区域特色。作为一种国家制度，"职教高考"应设计统一的规则或运作模式来规范个体行为，例如在考试内容方面确定不同专业大类的考试课程及标准、在考试运作过程中规定统一的考试时间和考试流程、在录取方式上采取统一的录取标准和要求等。在考试内容方面，注重对学生职业能力的培养，侧重考核学生对理论知识、实践知识、实践操作等内容的掌握情况。考试形式上，包括以文化素质为主的笔试和以职业技能为主的实践操作，笔试内容也应区别于普通高考，坚持实践导向，以工作情境中的工作知识为主。

第二，维护公平应成为职教高考制度存在的基石。公平自古以来便是贯穿各类考试制度始终的主旋律，只有公平竞争才能真正选拔出优秀的人才，推动社会的有序发展和进步。以往的中等职业教育强调"就业导向"，为了促进中职生毕业后能够顺利实现就业，高等职业学校在招生时都会有意识地限制中职生升学比例，这在当时的社会环境中有其合理性，但从本质上讲，限制学生升学违背了教育公平，这也是职业教育屡遭诟病的原因之一。因此，在职业教育体系化建设阶段，应建立公平、公开的考试制度，保障职业教育真正做到面向人人。维护公平应做到以下两点：一是"职教高考"的生源应开放，以中职应届毕业生作为生源主体，取消高等职业学校对中职生的比例限制，同时"职教高考"也应满足普通教育应届毕业生和社会性生源的深造需求，允许一切符合报考要求的人员报考。二是在录取比例方面，"职教高考"的设计应充分考虑不同区域经济社会发展以及报考人口的差异，录取规模向偏远贫困地区和人口大省倾斜。

第三，"职教高考"应助力中职业本科纵向衔接和普职横向融通。在职业教育内部，随着职业本科扩招和职业本科的快速发展，中等职业教育的办学定位由就业导向逐渐转变为职业基础教育，为学生进一步升学深造奠定基础，"职教高考"制度打通了中职应届毕业生顺利进入高等职业教育的通道。通过"职教高考"反推作用，在教学内容层面明确中等职业教育与高等职业教育之间的界线及其衔接关系[1]。在职业教育外部，"职教高考"制度的构建应尝试在普通教育与职业教育之间建立融通关系。一是在生源方面，允许普通教育和职业教育的应届毕业生自由选择参加普通高考或是"职教高考"，实现普职生源的自由流动。二是在考试科目的设计方面，可把一部分职业教育中技术性强的课程，例如信息技术、机械技术、电子技术、机器人技术、国际贸易等专业中的核心课程，纳入普通高考的选考科目，让这些课程在地位上等同于普通高考中的物理、化学、历史等科目。

---

① 徐国庆：《作为现代职业教育体系关键制度的职业教育高考》，《教育研究》2020 年第 4 期。

三、职业本科教育的多元化发展路径

（一）聚焦区域经济发展

职业本科教育与之联系最密切的就是生产实践，生产活动则具有区域性，不同地区其发展的产业类型是有所不同的，每个地方都有适合本地发展的支柱型产业，职业本科教育对口产业发展，因此，在制定人才培养目标时就要充分考虑当地的支柱型产业特色，突出地方特色。各职业本科院校在制定人才培养目标时，首先要以当地政府政策指导为导向，牢牢把握经济的发展方向，必要时可求助政府帮忙与地方企业相对接，做好统筹工作，积极协调职业院校与企业之间的关系，共同制定人才培养目标，承担人才培养责任，努力促成职业院校与企业间的双赢合作，形成校企命运共同体，突出区域经济发展特色，一同致力于为当地经济发展培养高层次人才。其次，切忌一味地发展热门专业，盲目跟风，忽视当地产业发展对人才的实际需求，从而导致人才培养同质化，与当地产业发展对人才的需求脱钩，造成人才滞留。最后，《国家职业教育改革实施方案》中要求职业教育的专业设置要与产业需求相对应，不同学校所在区域不同，其专业设置要充分考虑到地区发展、产业特征、资源情况等，即便是相似产业在不同区域间的发展也会各有千秋，这样一来，相同专业在不同地区的职业本科试点院校中应充分考虑当地特色，在其人才培养的各个环节做到因地制宜。

每一所职业本科院校都具备自身的特殊性，所在区域不同，经济发展内容不一样，产业发展所需的人才也就因地方而异。例如德国的慕尼黑应用科技大学，慕尼黑应用科技大学在最初办学之时，其办学所在区域属于重工业发展基地，因此对人才培养目标的重点就放在机械相关专业，后来因为城市资源枯竭，再加上新兴产业的发展对复合型人才的需求越来越多，学校就转变人才培养目标方向，对其人才培养做出了及时的调整，将其人才培养定位于服务高新技术产业的发展。因此，职业本科院校在人才培养目标的制定上需要聚焦区域经济发展，紧扣当地经济发展对人才类型的需求。此时可借助地方企业的力量，地方企业对区域经济的发展方向有敏锐的洞察力，学校要积极主动与当地企业联系，搭建共同培养人才的平台，学校可在利益分配机制上以及企业荣誉上对企业做出让利，与企业共同承担起制定人才培养目标的任务，学校把控人才培养目标的大致方向，在人才培养目标要聚焦区域经济发展上由企业来进行把控，做好人才培养的精准供给。

（二）构建多元主体协同治理

办学制度是保障办学模式功能实现的重要规范，但为了避免冗余制度造成"制度破窗效应"，需要通过构建相应治理体系以促使制度有序运行。制度运行的有序性对于职业本科教育办学模式功能的发挥具有正向影响作用。由于职业本科教育办学模式根植于区域经济与行业企业，其产生目的在于持续提升对地方经济社会发展的适应性与贡献度，所以推动地方政府与教育主管部门、行业企业、用人单位等多元利益相关者协同参与职业本科教育办学治理是保障办学实践高质量开展的逻辑要求[①]。为推进多元主体协同治理体系的构建，必须基于职业本科教育办学模式转型共识融入办学思想与定位，从而形成长效、规范、稳定、互利的治理契约。首先，必须高度重视多元参与主体。职业本科教育办学模式突破传统职业教育存在的内外部隔离问题，通过多种优势资源的交换互补，贯通政府、学校、行业、企业、第三方组织、科研院所等主体之间的合作渠道，并混合运用权威手段、激励手段、能力手段等多种政策与治理工具，促使各主体之间有机融合，形成职业本科教育协同办学的新模式，以提高办学实践质量与效能。其次，形成以高质量发展为导向的治理目标。各类学校在制定相关合作政策时，要瞄准经济社会发展与产业转型升级的关键技术与工艺环节，制定符合社会需求变化的专业建设动态调整机制，及时改善微观层面的办学与人才培养工作，增强办学模式针对性与专业布局精准性，避免功利化、评价化、形式化的办学实践。最后，拓宽服务多功能办学模式的治理手段。职业本科教育办学模式涉及人才培养、技术创新、社会服务、交流合作等多个方面，支撑多功能办学模式的治理手段必须借助人工智能、云计算与网络技术等工具手段促进办学活动有序开展，逐步探索互利共赢的新型办学模式与合作机制。

（三）树立教育多元价值取向

教育价值取向是培养目标制定者对教育价值进行选择时表现的倾向。一直以来，社会本位与个人本位两种价值取向是人们争论的焦点，前者主张人才培养以社会需求为根本，后者强调人才培养以人的完善为目的。我国职业教育"以社会需求为导向"在体现社会本位强势的同时忽视了学生的选择权。实际上，相对于其他教育，职业教育与社会发展、个人发展同时密切相关恰恰是两种价值取向的调和剂，唯有兼顾社会发展和个人发展两个需求，所培养的人才才能在适应现存社会的同时谋求对社会现实的超越[②]。因此，本科层次职业教育的价值取向应该从"厚此薄彼"转变为"两个兼顾"，即把注重满足社会发展的一个需求变为满足社会发展和学生发展的两个需求，且在培养目标制定上注意两点。一是扭转工具化培养倾向。我国职业教育社会本位价值取向的强势导致了人们的一种共识：职业教育是制造物质财富的工具。例如，政府所关注的是培养人才能否促进社会发展，企业关注

---

① 陆宇正、曾天山：《协同共生：职业本科教育办学治理的逻辑生成与运行机制》，《国家教育行政学院学报》2022 年第 11 期。

② 沙鑫美：《类型目标：本科层次职业教育的必要指向》，《中国职业技术教育》2020 年第 25 期。

的是应聘者能否满足工作岗位要求，学生和家长关注的是能否顺利就业等。客观上看，早期职业教育的工具理性无可厚非，人类所有活动都难免有工具理性倾向，这里强调扭转工具化培养倾向，是指价值理性与工具理性的失衡，旨在强调本科层次职业教育的培养目标设计要体现价值理性与工具理性的和谐共生。二是注重学生个性化培养。与普通本科教育相比，本科层次职业教育的培养目标应该体现"三个特"，即教育类型有特色，专业设置有特点，学生发展有特长。其中，学生特长是其职业生涯的核心竞争力。然而，特长的形成不宜外力驱使，而是内驱使然。因为兴趣是学习的动力，爱好是创新的源泉。对于本科层次职业教育，虽然做不到从"批量生产"到"单件加工"，但要强化职业教育首先是"人的教育"的理念，基于"专业平台＋职业方向"的载体设计和"自主选择、分流培养"的培养机制，给学生以充分选择权，激发其学习兴趣，发挥潜在优势，谋求个性发展，实现人才培养内因与外因的相互耦合、同频共振。

总体而言，我国的职业本科教育模式在注重实用性、强调实践、多元化办学主体等方面取得了显著的成就，为培养适应市场需求的高素质人才做出了积极的探索和实践。

第七章

当代中国职业本科教育的改革与创新策略

第一节　职业本科教育的课程体系改革与创新

在当今社会，职业本科教育正面临着前所未有的挑战与机遇。随着科技的飞速发展和产业结构的不断优化升级，传统的职业本科教育课程体系已经难以满足日益变化的社会需求。因此，对职业本科教育的课程体系进行改革与创新，不仅是提升教育质量、培养创新型人才的必然要求，也是推动社会经济持续健康发展的重要途径。

首先，我们必须认识到，职业本科教育的核心目的是为社会培养具有实际操作能力和创新能力的高素质技术技能人才。这就要求教育者跳出传统教学模式的框架，构建与时俱进的教育理念。课程体系的改革应着眼于未来产业发展趋势，注重培养学生的综合素质，包括专业技能、创新能力、团队协作能力以及终身学习能力等。改革的首要任务是更新课程内容。在信息技术迅猛发展的今天，许多新兴领域如人工智能、大数据、云计算等正在成为产业发展的新引擎。职业本科教育应当紧跟时代步伐，将这些新知识、新技术融入课程之中，使学生能够掌握最前沿的技术和应用。同时，也要加强通识教育，提高学生的文化素养和人文关怀，以适应多元化的社会需求。

其次，教学方法的改革也是课程体系改革不可或缺的一部分。传统的填鸭式教学已不能满足现代职业教育的需求，应该倡导以学生为中心的教学模式，鼓励探究式学习、项目式学习和工作场景模拟等多样化教学方法。通过实践操作、案例分析、团队合作等方式，激发学生的学习兴趣，培养其解决实际问题的能力。

最后，评价体系的创新和校企合作同样重要。传统的以考试成绩为主的评价方式往往忽视了学生的实践能力和创新能力的培养。因此，建立多元化的评价体系，将学生的课堂表现、实践操作、项目成果等多方面纳入考核范围，更能全面反映学生的学习效果和能力水平。校企合作是职业本科教育课程体系改革的重要途径。通过与企业的紧密合作，可以及时了解行业动态和人才需求，使课程设置更加贴近实际，同时也为学生提供了实习实训的平台，提升了学生的就业竞争力。

由此可见，职业本科教育的课程体系改革与创新是一项系统工程，它需要教育者、学者、企业和政府等多方面的共同努力。通过不断的探索和实践，我们能够构建一个更加科学、先进、实用的职业本科教育课程体系，为社会培养出更多符合时代要求的高素质技术技能人才，从而推动社会经济的全面发展。

经过几十年的发展沉淀，我国职业本科教育体系的未来方向展现出如下特点。

一、构建以专业（群）为核心，以能力为导向的课程体系

课程是本科层次职业教育人才培养工作的主要表现形式，也是重要载体。在对专业人才培养目标进行清晰定位、明确专业人才培养模式之后，就需要将其作为参照依据，建立健全专业课程体系，这也是保障职业教育专业类型特征凸显的主要环节。

人才培养定位体现着人才培养的特性与属性，不同层次和类型的教育有着不同的人才培养定位。为把握本科层次职业教育人才培养的特性，有必要廓清本科层次职业教育的人才培养定位，具体来说，在层次上坚定培养高层次技术技能人才、类型上坚定培养职业性技能技术人才和素质上坚定培养复合型技能技术人才。

要实现"高层次"的人才培养目标总的来说有以下两点要求。一是知识要求的高层次。随着智能化和数字化时代的到来，技术技能人才面临的工作情境日趋复杂多样，对受教育者技术技能知识学习提出了更高的要求，即工作任务与职业知识之间的联系不再是一种线性的关联而是一种网络化的关联，如何将知识应用到工作过程中对技术技能人才的知识储备以及判断决策能力要求日益提高。具体而言，高层次技术技能人才的培养，对受教育者知识学习的范围和深度要求更高，更加重视学习者通识知识和专业知识的储备与运用，而不仅限于知识的"够用性"。二是职业面向的高层次。《本科层次职业教育专业设置管理办法（试行）》（教职成厅〔2021〕1号）指出，本科层次职业教育的服务面向是产业基础高级化和产业链现代化，以对接新经济、新技术、新职业，培养高层次技能技术人才。以这意味着其人才培养要对接我国中高端产业发展需求，以打造融合能力强、综合素质高的人才链支撑产业链的转型与升级。

本科层次职业教育是职业教育的一部分，职业性是本科层次职业教育人才培养的根本属性。在职业本科的人才培养工作中，面向职业岗位（群）培养人才是本科层次职业教育人才培养工作的逻辑起点，职业性是本科层次职业教育的基本类型定位，其所产出的人才要具备较高的技术转化、实践和创新能力。

不同于高职专科"高素质"技术技能人才培养定位，复合性是本科层次职业教育人才培养的素质定位，体现为知识与能力等因素综合而全面的发展。一是理论基础知识的综合性。更加重视受教育者文化基础知识和专业理论知识的学习和建构。二是技术应用能力和创新能力。注重技术应用是本科层次职业教育人才培养定位的重要特色，受教育者应具备将理论知识转化成应用性技术的能力，具备将工程图纸、技术图纸转化为物质实体的能力。同时要重视受教育者的技术创新能力。三是具备可持续发展能力。新技术的应用给各行各业提供便捷的同时也带来了许多不确定性的因素，很多人一生从事于某一固定岗位的工作内容的情况将不复存在，在面对岗位日渐综合化和复杂化、职业岗位更迭速度加快的背景

下，本科层次职业教育要注重学习者可持续发展和终身学习能力的培养。

就类型定位而言，职业本科教育既属于本科教育，又属于职业教育；既是高等教育系统的重要组成部分，又是职业教育体系的创新产物。因此，其教育理念不能固守"理论够用、强调实践"的定位思路，狭隘地传授针对典型工作岗位（群）的知识和技能，而应采取"掌握技术、创新应用"的教育类型定位思维，全面深刻地传授支撑技术应用所需的知识和理论，实现人才培养目标从懂技术、精技能的技术应用型人才向理论过硬、技能熟练、技术精湛的复合型、创新型高端技术人才的转变。同时，职业本科教育属于职业教育，相关知识构成不仅源于学科体系，更加源于职业技术体系，因此在掌握理论知识和实践技术的基础上要坚持以面向产业、面向发展为导向，突出技术应用能力的培养。此外，职业本科教育与应用技术型本科教育也需要做出类型定位区分。前者以职业教育为本，培养区域经济发展所需要的高层次技术应用型人才，后者则是普通高等教育体系中区别于学术型人才培养定位的一种细分办学模式，两者不可混为一谈。

本科层次职业教育工作在建立健全专业课程体系时，需要构建出与学位有效对应的基础伦理课程和技术伦理类课程，并在课程体系建设之前，加强对企业的深度调研，从对职业岗位能力的分析着手，将职业能力需求作为课程体系的建设导向，结合更为前沿的产业链和有关岗位职权的发展能力，把产业发展的工作需求作为课程体系建设的逻辑题点，实现与企业、行业需求的有效衔接。

我们应结合在职业能力上的具体标准，把具体的职业活动作为单元来对课程体系进行建设。在课程体系的建设上，需要保障其系统性设计，把各种我国新兴产业的工艺、技术、规范与教学内容有机结合，将培养学生的复合型、创新型、学术型职业性能力融会贯通。以校企合作的形式共同开发校本教材，明确课程开发的具体标准，确定岗位实习的要求，构建出基于真实环境的校本课程、项目课程、研讨课程，并确定数字化教学平台，建立健全教学资源信息库，将提高"双主体"人才培养水平作为课程体系的建设导向。本科层次职业教育专业课程体系还需要展现出直线性特点，在课程体系建设中，突出职业情境始终遵循技术型人才的培养规范及要求，突破传统本科教育把学科理论知识作为逻辑起点的课程教育体系建设模式，把工作要求和工作逻辑贯穿于人才培养的全过程，并明确在企业实践环节上的具体要求，包括企业实践内容、实践方式和实践时长等；积极借鉴来自发达国家的成熟经验，要求实践课程需要在课程占比上达到25%及以上，真正实现"理实一体化"教学；始终坚持为产业发展服务这一需求导向，在其中适当融入工匠精神、创新创业精神，提高学生的创新创业能力，实现与产业发展需求紧密衔接，培养出可以适应产业转型的升级型人才，让人才可以有效应对市场需求转变带来的变化；通过对与就业岗位相关能力的全面分析，实现对课程内容体系的全面更新，对专业人才培养方案进行及时修订，紧紧跟随产业升级的变化动态，在不断实践中创新理论，在不断的理论研究中创新实践，形成真正符合区域经济发展需求的校本教材体系。

除此之外，本科层次职业教育课程体系建设还需要将重点放置在当代职业教育体系纵向贯通问题以及与人力市场的衔接问题上。为进一步适应人才培养的贯通需求，高职院校在进行专业设置时，需要把这些能力作为导向，形成模块化课程：向下需要与中职学校衔接，构建出职业一体化课程体系，并在专业内部开设专业课、普通基础课；向上需要与专业硕士研究生等教育课程体系衔接，为学生提供更多可以改善其学科素养、提升学历的机会，预留好充足的向上空间。除此之外，为进一步加强与外部人力市场的衔接，需要在校内广泛宣传"1+X"证书制度，提高学生对"1+X"证书制度的认可，实现与课程教育学内容的有效结合，保障教学内容与就业需求相匹配。

职业本科作为培养面向高端产业技术技能人才岗位需求的高等教育类型，相较于普通本科院校，能更加灵活地设置相应的专业课程来满足高新技术产业的实际需求，以帮助学生在课程中获得能够满足岗位要求的技能和知识，从而增加他们在职场中发展的机会，提高自身竞争力。当前我国高端产业链发展迅速，众多产业在智能化、数字化背景下对劳动力市场中的人才质量有了更高的要求。职业本科通过改革高素质技术技能人才的培养模式，可以较好地匹配新时代下的劳动力市场需求，在一定程度上缓解结构性就业矛盾。

对于职业本科院校而言，开设与当地产业相关性较强的专业有利于深化产教融合进程。我国现有产业发展具有显著的省域产业特征，地市或县域产业发展存在集中、单一的特征，这意味着职业教育在区域层面上进行深度产教融合更具操作性和可行性。对于上海等经济发达地区，更要统筹利用高水平、高层次的各类企业资源，建设专业化产教融合实训基地，提高校企双方合作育人水平，形成互利共赢的良好发展模式。随着经济的快速发展，职业教育作为一种跨界教育，要坚持知行合一、工学结合，促进产教深度融合，充分发挥校企"双元"育人的重要作用。尤其是当前我国制造业的高质量发展要求各类高新技术产业迅速转型，因而要考虑职业教育的改革先行于社会发展。加快推进高素质技术技能人才培养模式改革，职业本科教育是大势所趋。

高质量现代职教体系要更加突出科教融汇和核心技能。要始终坚持守正创新，深化科教融汇，不断增强应用技术教育、工程技术教育，有效加强专创融合教育、通专融合教育，着力培养学生的技术应用创新、实施方案创新、工艺流程创新、产品研发创新等核心技术技能，分别提升中职、高职专科和职业本科学生解决一般、比较复杂和复杂工程技术问题的能力。特别是要培养具有突出技术应用创新能力、善于解决科技创新中的复杂工程技术问题的大批现场工程师、大国工匠、高素质技术技能人才，筑牢技能型、技术型、创新型、复合型、发展型劳动者大军的根基。

二、实施以项目为基础，以问题为驱动的课程设计

与普通学校相比，职业技术学校的实践特点更加凸显，也更需要学生充分发挥其学习主体的作用。学习职业技术不同于学习理论或知识，只有亲自操作、练习才能实现学习目标。基于此背景，项目式学习和问题驱动式学习对职业教育而言十分适切。

项目式学习，又称为基于项目的学习（Project-Based Learning，PBL），强调让学生通过项目实现学习目标。在此过程中，教师会转换不同的角色，以学生为学习主体，通过鼓励学生协作探索问题来提升学生的学习能力[1]。与以往以教师为中心的传统教学方式相比，项目式学习更加强调以学生为中心，注重学生的学习成果。在项目式学习中，教师会改变自身角色，从知识的传授者转变为学生学习的引导者。PBL教学法是基于项目式（问题式）学习为导向、以学生为中心的教学方法，是以现实的、开放的项目（问题）为核心而展开的有设计的教育教学活动。以学生为中心符合职业教育本质的内在要求，是提升职业教育质量的现实需要，同时也是为企业输送高质量人才的核心体现。

真实的项目设置是PBL教学的关键之一。在项目设计中，教师不仅要为学生设计匹配的项目，推动学生在真实的业务场景中展开项目探究。还需引导学生们通过正确途径去查阅资料、获取信息、分析项目、交流合作，因此一个项目是否能激发兴趣点和挑战心，以及项目背后的设计的核心概念有哪些都直接关系到教学效果的好坏。职业教育课程项目应该与实际的岗位业务场景有关，才能使学生在真实的情境中探索项目，让学生们学会将所学习到的理论知识和现实生活当中所面临的实际项目进行有机结合，让他们更有兴趣，也更加积极主动地参与到学习和解决项目当中来。

针对职业学生的群体特点和学业基础特点，激发学习内生动力的内容设计是PBL教学的关键之一。传统教学是将教师作为中心，而PBL教学法则是将学生作为教育教学中心，将学生们作为学习的主体，而教师在其中则是进行适当的引导与帮助。应用PBL教学法进行教学，学生们在项目学习过程中将由被动地接受知识转变为主动去探索答案，逐步内化为自己的经验系统，从而构建属于自己的知识体系。学生学会在真实的项目背景之下理解并回忆脑海中过往的知识及经验，组建并强化深度联通自己的知识体系，从而深入地挖掘和发现自己的潜能。学生们在这样的探索学习过程当中，自己的主观能动性就会被最大限度地激发出来，他们会对学习更感兴趣，也更加积极主动。PBL教学法当中教师不再是主导者，而是引导者。教师不再是直接、粗暴地传授理论知识，而是通过设置项目，带领学生们去主动解决项目，帮他们获得知识。教师的主要价值在于促进学生学习，激发他们的学习兴趣与积极性。职业本科教育的教育理念强调要注重以"教师为主导、学生为主体"

① 董艳、孙巍：《促进跨学科学习的产生式学习(Do PBL)模式研究——基于问题式PBL和项目式PBL的整合视角》，《远程教育杂志》2019年第2期。

的教学模式创新，要强化中职学校学生在自主探究、解决问题等方面的能力塑造和培养。

根据职业院校学生的特点，激发合作学习的教学组织设计是PBL教学的有效落实关键点之一。在PBL教学法当中所设置的项目都具有一定的开放性。因此，学生们就需要和其他同学一起进行合作学习，从而更好地完成项目任务，初步感知团队合作动力及团队协作模式。通常情况下，一个团队是由4~6个成员构成，而各个成员都需要分工协作，不同组员就要结合自身特质与任务需要进入角色，并担负相应的责任，完成相应任务。一般来说，小组在负责人的带领下，以完成项目任务为目标，共同查找资料、交流讨论、复盘优化、共同面对学习进程中的阻碍和困难点，在此过程中，建立组员间的情感联结，为后续团队协作提供持续稳定的支撑力。

此外，要与PBL相匹配，离不开以问题为核心的教学设计。问题驱动式教学是其中的重要组成部分。教育家陶行知先生就曾经讲过："发明千千万，起点是一问。"这道出了问题的重要性，教师应该通过设计学习困境，激发学生原有认知的冲突，从而形成问题意识。对于"问题"的含义，学者们各持己见。美国当代教育心理学家理查德·E.梅耶（Richard E. Mayer）认为，任何一个问题都包括已知条件、目标和障碍三个必然要件。所以，解决问题其实是在已知条件和目标的情况下，实现障碍的过程跨越[1]。美国教学设计专家戴维·乔纳森（David H.Jonassen）则根据问题结构特性，将问题分为结构良好问题和结构不良问题，结构良好问题的条件及目标是确定的，障碍有限可用所学知识加以解决[2]。

问题式教学是用具有逻辑关联的问题链来整合学习内容，让学习者在解决问题的过程中建构新知识的教学模式。问题式教学的教学活动围绕问题展开，以问题为核心贯彻于整体的教学活动之中，因此必须优化问题的设置，把控问题的数量和质量。在此基础上，问题式教学可以被定义为：用"问题"整合相关课程内容的教学方式。它通过问题串联知识，指导学生在发现和解决问题的过程中灵活运用知识，锻炼较高层次思维。从苏格拉底的产婆术到杜威的五步教学法、布鲁纳的发现学习，再到20世纪苏联教育学家马赫穆托夫、马丘斯金、列尔耐尔等对问题教学的研究成果进一步系统化，有效地提高和发展了问题教学理论在教育教学中的地位和影响力。问题教学理论对问题、问题情境的创设、问题的提出、问题的解决、师生关系、教学实施方法等都进行了指导阐述，这为科学实施问题式教学，增强学生问题意识和发现、分析、解决问题能力并最终促进学生核心素养的落实提供方法指导。问题式教学中的"问题"以问题教学理论为重要参照，体现问题教学的关键要求。教师在教学过程中以地理问题整合相关学习内容，发挥学生主体地位，引导他们独立地获取和探索知识，真正感受到知识的实际效用，并通过解决问题培养学生的核心素养。

① Mayer R E, *Thinking, Problem Solving, Cognition*（New York: W. H.Freeman and Company, 1992）.

② Jonassen D H, "Instructional design models for well−structured and ill−structured problem−solving learning outcomes," *Educational Technology Research and Development* 45, no. 1（1997）: 65−94.

本科层次职业教育是隶属于本科层面、与普通高等教育并行的一种教育类型，也是职业教育体系中的一种层次。概言之，对本科层次职业教育的概念可以从三个方面进行把握。一是从教育活动的本质来说，本科层次职业教育是一种培养人的实践活动。二是从职业教育角度来说，本科层次职业教育相对于专科层次职业教育而言，作为职业教育中心层次，以培养高层次技术技能人才为目标。三是从高等教育角度来说，与普通本科教育不同的是其具有职业性属性，面向岗位职业（群）培养高层次技能技术人才。由于职业本科教育这样的特点，项目式学习与问题驱动式教学又完美契合了这一教育体系的特点，发展职业本科教育采用以项目为基础、问题为驱动的课程设计是合理且必要的。

三、开展以校企典型生产实践项目为主线，以工作过程为参照的课程实施

校企协同育人作为当前职业本科教育人才培养的重要途径，无论是对学生专业实践技能的提高，还是对企业定向人才的储备和输送均具积极意义。但从校企合作育人现状来看，仍存在育人合力不足、合作内容流于形式等问题。对此，我们有必要针对这些问题来探讨促进校企深度合作、人才培养质量提升的有效策略。

由于人才培养的定位是行业一线实用人才，高职院校与企业联系紧密。在发展本科职业教育的背景下，高职院校应根据自身特点和人才培养需求，积极与企业在人才培养、技术创新、就业创业、社会服务等方面进行合作。近几十年来，中国产业升级和经济结构调整不断加快。这一趋势在未来几十年内不会改变。企业对实用型人才的能力要求也将不断提高。高职院校本科层次的人才培养正符合企业的就业需求趋势。高职院校要搭建校企合作的人才培养平台，建立产学研联盟。在联盟的帮助下，学校和企业共同研究制订本科人才培养方案，及时将新技术、新工艺、新规范纳入教学标准和教学内容。

（一）开展校企合作实践存在的问题

1. 校企合作育人目标不够明确

校企双方虽然在协同育人的合作上确定了宏观目标，但从校企合作现状来看，阶段性目标不够明确，目标设置合理性难以达到预期。设置的阶段性目标是否科学合理，是否是在综合考虑学校、学生、企业三方实际情况的前提下来制定，必然会影响到校企双方合作的效果、落实的程度、育人的合力，对职业本科人才培养规格、培养质量均产生直接影响。

2. 合作内容流于形式，缺乏创新

校企协同育人的合作内容还停留在共建培训基地、签订校企合作协议、为职业本科生

提供实训实习岗位的层面，给学生提供的实践实训教育基地类型不一，流于形式。由于校企双方的合作内容缺乏创新，实训教育基地活动难以对学生产生吸引力，协同育人效果自然达不到预期。

3. 实训基地功能相对单一

校企合作、协同育人是职业本科人才培养的有效途径，校企双方共建实训基地能让学校和企业的各自优势得以充分发挥和互补，从而为人才培养创造有利条件。但从实训基地共建现状来看，实训基地的功能相对单一，通常依赖于单一的企业，其使用权也落在企业，导致实训基地利用率不高

4. 校企沟通有限，评价反馈机制不完善

校企协同育人离不开双方的支持与配合、反馈与交流，尤其实践教学是职业本科人才培养中重要的一环，对学生专业技能的掌握、实践能力的提高有着一定影响。但就校企协同育人现状来看，一方面对实训基地的建设与管理多集中于基地的使用上，而对学生实训效果以及基地使用效果的评价与反馈缺乏足够重视，以至于基地使用中出现的问题不能及时反映出来，自然也就无法加以改进和完善，影响学生实践技能的提升。另一方面，校企双方虽然签订了相互合作、协同育人的协议，但沟通有限，缺乏对校企合作内容的有效跟进和监督，"双元"育人模式的顺利推进受到阻碍。因此一些先进的实践技术便不能及时引入实践教学，令本科人才培养存在滞后性，学生所掌握的专业技能技术不能完全满足企业的岗位要求。

（二）课程设计应满足的要求

1. 科学合理设置校企合作协同育人的阶段性目标

校企协同育人要想达到预期的合作效果，前提便是不仅要明确协同育人的总目标，还要设置合理有效的阶段性目标。这就需要校企双方在共设目标时要全面考虑各自实际情况，且双方均要加强相互了解的力度和深度，关注到细节性问题。如学校教学的需求、学生学习的状态、企业所能提供的资源等，并同步考虑项目教学组织的形式、方式方法等，在综合考虑多方面诉求的基础上来设置有效可行的阶段性目标，并保证其科学合理能实现预期目标。如此才能为校企协同育人起到明确的指引作用，促进校企合作的深入发展。

2. 健全人才培养课程体系，突出工作过程与实践

校企协同育人要想起到实质性的作用，实现人才培养目标，就必须健全现有的人才培养体系。以行业企业岗位群人才需求和要求为标准，以学生专业实践技能的提升为宗旨，准确定位人才培养目标，并将其与课程的设置相结合。校企协作共建课程体系，同时在校企课程群的建设上，还要广泛征求和听取企业专家、管理者、技术人员的意见和建议，让

课程体系在专业性上得到进一步提升，覆盖面不断扩大，让教学结合岗位技能，以使职业本科生的培养与行业企业的需求无缝对接。实践教学也应立足实际，人才培养要具有实效性。搭建校企双方交流的平台，并通过平台资源的利用，着眼于企业项目，对学生实施项目化教学，让其参与到企业项目中去，共同研究项目课题与技术创新，与企业一同解决产品研发中面临的难题，实现校企双方的深度融合。学校通过订单式人才培养、工学交替、现代学徒制等多种协同育人模式对学生展开教育与培训，以使培养出来的人才兼具扎实的专业理论知识及熟练的操作技能技术。

3. 促进实训基地功能的健全完善

针对实训基地功能单一的问题，学校和企业均要整合双方优势资源，以拓展新项目的建设，从而促进实训基地功能的健全完善。一方面，学校要在互惠共赢的前提下与多个企业建立合作关系并共建功能完善的实训基地，以满足各专业学生实践学习的需求，并最大限度地避免或减少由于经济波动而产生的影响。另一方面，实训基地除开展实践教学和实训活动外，还要提高利用率。例如，引入社会资源，与社会团体、组织等共同开展与社会服务相关的合作，举办各种形式多样、精彩纷呈的社会服务活动，组织广大学生积极参与其中，从而构建功能齐全且多元化的实践场所，使职业本科生不仅能接收到专业知识与实践技能相结合的锻炼，还能增强其社会责任感，提高他们对所学专业的认同感，牢记时代所赋予当代青年学生的使命感，以全方位推动人才的不断进步与全面发展，提高育人质量，为国家培养和输送大批量高素质高技能专业人才。

（三）发展职业本科教育的要求

1. 充分发挥产教融合优势，创新技术技能人才培养模式

在知识经济和全球化背景下，职业本科教育承担着培养高素质技术技能人才的重要使命。为适应经济社会发展的新需求，发展职业本科教育必须充分发挥产教融合的优势，并在此基础上创新技术技能人才的培养模式。产教融合是职业教育发展的必然趋势，它要求教育机构与企业等产业实体深度合作，共同参与人才培养全过程。这种合作模式有助于教育内容及时反映技术进步和市场变化，使课程设置更加贴近实际工作需求，增强学生的实际操作能力和就业竞争力。职业本科院校应主动对接行业企业，通过建立实习基地、联合开发课程、企业导师制度等多种方式，让学生在学习过程中就能感受到真实的工作环境，提前适应职场角色。同时，技术技能人才的培养模式亟需创新。传统的以理论教学为主的模式已经难以满足快速变化的职业要求。因此，职业本科教育应注重理论与实践的结合，推广项目式学习、工作过程导向的教学模式，以及模拟实训等方式，使学生能够在"学中做、做中学"。此外，还应强化学生的创新能力和跨学科能力培养，鼓励学生参与科研项目、

创新竞赛等活动，以培养其解决复杂问题的能力。创新技术技能人才培养还意味着要建立更为灵活多样的学习路径。随着终身学习理念的深入人心，职业本科教育应提供多样化的学习形式，如远程教育、在线开放课程等，以满足不同学习者的需求。同时，应建立和完善学分银行制度，认可学生在不同教育阶段和途径中获得的学习成果，为其终身学习搭建桥梁。

总之，发展职业本科教育，需要深化产教融合，创新技术技能人才的培养模式，构建更加开放、灵活的教育体系，以培养适应新时代要求的高素质技术技能人才，为社会经济发展提供坚实的人才支撑。

2. 紧盯地方经济发展需求，开设特色职业本科专业

发展职业本科教育要始终紧盯地方经济发展需求，围绕区域主导产业发展人才需求，通过设置具有行业特色的职业本科院校，开设具有行业特色的职业本科专业，与区域经济社会发展形成良性互动，不断增强社会服务能力，真正把职业本科教育发展优势转化为地方的人才、技术和创新优势，推动地方经济社会实现高质量发展。一是要契合当地产业发展的走向。职业本科学校应积极承担满足地方产业人才需求的责任，客观把握产业发展的优势和劣势，专业设置不仅要与地方产业人才需求耦合链接，还要发挥对产业合理布局与均衡发展的导向作用。在职业培训方面，既要注重扩大培训的规模，还要不断提升培训的整体技术存量，为当地经济社会发展提供强有力的人才支撑。二是培育和打造具有更强育人成效和社会服务功能的职业本科专业。职业本科院校要坚持"与产业同频、与区域互动"的办学和发展理念，以提升专业服务贡献力为目标，落实《职业教育专业目录（2021年）》要求，强调人才规格要求和培养目标的升级改造，特色人才培养方案的校企共建，专业教学内容的及时更新，课程教学标准的精益求精，以产业化与数字化为核心特征的复合课程体系全面构建，实训基地和教学资源的数字化改造与升级，从而提升职业本科专业对数字经济的适应性和对区域经济的服务贡献能力。三是强化职业本科学校在推动创新中的优势。职业本科学校应通过深化产教融合，集聚产业服务优势，带头开展技术创新，将新理念、新知识和新技术融入人才培养和社会服务，充分发挥职业本科学校在技术创新中的"领头羊"作用，不遗余力地带动区域经济的高质量发展。

第二节 职业本科教育的教学方法改革与创新

一、采用以学生为中心，以工程实践能力为目标的教学方法

课程与教学是教育发展的两大支柱。除了课程的发展和变革，教学方法也需要随之进行改革创新。

目前，我国处于向高质量发展阶段迈进的转型期，促进新兴产业落地、优势产业改革升级是当前的重点工作，而新一轮的产业转型升级势必带动职业岗位革新、社会人才需求变革，这对职业教育提出了新挑战、高标准、高要求，所以构建和完善现代职业教育体系发展本科层次的职业教育，建立"学历层次＋技术技能"共生共荣的高层次职业教育模式，为社会培养复合型、创新型的高端技能人才、卓越工程师和大国工匠，是支撑产业高质量发展、服务企业持续创新的必然趋势，更是促进社会经济可持续发展的战略选择。2014年，国务院印发的《国务院关于加快发展现代职业教育的决定》（国发〔2014〕19号），首次提出要"探索发展本科层次职业教育"，寻求高层次技能型人才的培养路径；2019年，国务院印发《国家职业教育改革实施方案》提出"开展本科层次职业教育试点门"，同年教育部首次批准我国15所高职院校升级为"职业大学"，在实践层面开展本科层次职业教育试点工作；2021年，中共中央办公厅、国务院办公厅印发《关于推动现代职业教育高质量发展的意见》提出，到2025年"职业本科教育招生规模不低于高等职业教育招生规模的10%，职业教育吸引力和培养质量显著提高"，由此可以确定，本科层次职业教育迎来了高速发展期。

然而，前景广阔的职业本科的现实发展也面临着困境和危机，其中最直接的表现为职业教育观念陈旧，尚未建立以学生为中心、为学生个性发展、全面发展、终身发展提供教育服务的新型职业教育观念。长期以来，我国职业教育还是知识本位的教学方法，其典型特征为重知识讲授轻能力塑造、重学生服从轻个性培养、重教学结果轻学习过程、重学习规范轻创造引导，所谓"书本中种田，黑板上开机床"。这种教育行为下教师是知识权威、是教学的绝对中心，面对教师"灌输式"的教学方式、千篇一律的教学内容、毫无创新的考核方式，学生只能将自己约束在规则内被动地服从教师安排，而很难自发地通过主动学习、独立思考构建自己的知识网络体系，且缺乏独立见解和创新意识。随着先进教育

意识、教育理念的引入，为了顺应市场对人才的需求，为了培养学生的实践技能、职业技能，我国逐渐推行以"工作本位"为核心的职业教育理念。"工作本位"教育理念即"以就业为导向"，根据市场人才需求定位专业、确立人才培养目标、设置相关课程，强调以具体工作流程和工作环节为基础组织教学内容，并通过校企合作、工学交替、顶岗实习等一系列实践性教学模式的改革及应用，将学习环境与工作情境紧密连接，从而在增强学生未来工作的适应性的同时，着重培养、提升学生的职业技能。就职业教育而言，这种"工作本位"的教育模式的初衷是好的，但是在具体执行的过程中，"以就业为导向"被片面地理解、偏激地执行为"以就业为根本"，即以企业需求、工作岗位需求为根本进行教学设计，以培养、锻炼学生的劳动技能为唯一的教学目标，职业教育沦为"就业教育"。这种育人模式过分强调塑造市场、企业所需的工作技能，忽视了学生需求，导致学生的主体地位严重缺失，不利于学生的全面成长和可持续发展。遗憾的是，我国大多数职业本科作为高层次职业教育的代表仍旧遵循了"以就业为根本"的职业教育理念，将职业能力和技能训练作为人才培养的唯一目标，这种教育理念只能培养出具备简单重复性技能的传统技术型人才，而很难培养出具备职业核心能力、继续学习能力和创新思维能力的复合型、工匠型、学习型的高技能人才，难以为我国的科技成果转化落地、产业转型升级提供人才储备和支撑。所以在职业本科中重构"学生本位"职业教育理念，以学生为中心，从学生需求出发，尊重学生成才规律，不但要培养学生的实践技能让其获得一技之长，更要引导、培养学生自主学习能力和创新能力，注重学生长期、全面发展，这是当下职业本科亟待解决的问题。

所以，在教学方法上，我们首先需要对人才培养理念进行创新。我们需要始终秉承把学生作为核心、把人才培养成果作为导向的基本教育理念，构建出本科层次职业教育的专业教学体系，保障其专业教育的特色性，并始终遵循高层次应用技术型人才培养的基本成长规律与国家有关标准、行业发展实际需求的全面衔接，对教育教学内容进行全方位的创新，并对人才培养方案进行逆向设计，弥补传统顺向设计人才培养方案的不足。专业人才培养方案需要展现出在本科层次职业教育的类型特征以及在技术型人才培养上的详细定位，有效规避与传统本科人才培养以及专科人才培养方案制订的同质化问题。专业教学需要保障知识水平符合我国本科层次的教学要求，并在技术层面符合高职院校的教学水平。专业人才的培养工作还需要展现出我国的产业发展趋势，实现与服务产业链现代化、产业发展高级化的有效衔接。将重点集中在培养学生的复杂问题解决能力上，让学生可以在进入工作岗位之后进行复杂操作，从事高层次科技成果研究工作，实现实验成果的有效转化，可以生产出更多的中高端产品，为我国的中高端产业发展提供服务，助力经济实现高质量发展。

中国正处于产业转型升级的关键时期。随着行业升级，生产工艺越来越复杂，对相应技术应用型人才的需求也在不断扩大。这就要求大学提供适合复杂工艺和技术密集型行业的新型高端人才、应用人才。从人才分类上看，本科层次职业教育的核心是为社会提供符合专业社会实践、为社会带来效益的应用型人才。应用型人才可分为从事规划设计的工程应用型人才、从事工艺与执行的技术应用型人才和从事技能与操作的技能型人才。因此，本科层次的职业教育学校应以培养技术应用型人才为首要目标，要掌握工程实践所需的技能与方法。培养具有技术理论基础和实践技能经验的应用型人才。社会发展的转型升级、人才需求的结构性变化、高技术产业化的升级，迫切需要一批理论基础扎实、技术能力强的高层次技术人才的支撑。对于当前中国经济发展的需要，专科职业教育的人才培养标准已经不能完全满足客观需要。通过对本科层次教育的探索和比较分析，希望能够帮助当前中国现代职业教育体系构建一个有机整体，起到承前启后的作用。一方面打开了职业教育生源的成长通道，另一方面也符合国家经济发展趋势的必然要求。产业、企业、学校的有机结合，让学生学以致用，让企业精准发现合格人才，让行业在人才供给充裕的情况下，更快更好地实现产业结构升级。

在人才培养出口定位上，一方面需要明确职业本科教育学生核心素养培育的重点内容，包括通用核心素养和职业核心素养[1]。具体而言，职业本科教育学生素养既要满足相应专业能力的培养要求，也要结合理论课程、实验实训、岗位实习等过程开展，更要结合劳动教育、生活教育等形式进行，切实做到与国家职业标准中相应层次技术技能人才的职业素养相匹配。另一方面，需要实现职业本科教育人才培养出口与劳动力市场的有效衔接，实现为相关行业、产业与企业输送高层次技术人才的根本目标。结合职业教育的办学内核，职业本科教育需要进一步调整人才培养的出口标准，综合考查学生的课程学习成绩、综合素养、职业技能证书、毕业论文（设计）评价等，严格规范毕业证书和学位证书的颁发标准，严抓毕业生质量。在此基础上，职业本科教育人才培养出口路径或将更为多元，不仅可面向高层次技术应用岗位（群），也可适应行业内其他技术技能工作，以及进入研究生教育阶段继续深造。

根据国家相关政策的要求，高职院校课程资源建设应突出实用性。原则上，实践课程的学时占总学时的50%以上。高职院校要积极推广认知实践、跟岗实践、岗内实践等实践方式，加强对教育性实践培训的考核评价。学生上岗实习时间一般为6个月，可根据专业实际情况集中安排或分阶段安排。高职院校要全面推进文化实践教育，广泛开展各种社会实践活动。同时，要加强对实习、实训、毕业设计等实践性教学环节的全过程管理和考核评价。

高质量现代职教体系要更加突出产教融合和人岗适配。要始终坚持优化职业教育类型

---

① 陈宏艳、徐国庆：《基于核心素养的职业教育课程与教学变革探析》，《职教论坛》2018年第3期。

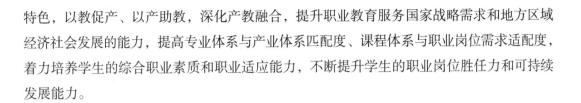

特色，以教促产、以产助教，深化产教融合，提升职业教育服务国家战略需求和地方区域经济社会发展的能力，提高专业体系与产业体系匹配度、课程体系与职业岗位需求适配度，着力培养学生的综合职业素质和职业适应能力，不断提升学生的职业岗位胜任力和可持续发展能力。

二、运用以数字技术为支撑，以资源平台为载体的教学方法

本科层次的职业教育要充分发挥高水平、复合型的教育特色，提高职业本科技术技能人才的培养质量。其关键在于要明确职业本科与普通本科、应用本科人才培养在定位上的区别。职业本科技术技能人才的培养定位是面向特定职业岗位的工程型人才，即在技术知识和实操技能等方面优于基础性技术技能人才，在高端型和复合型等方面区别于专门化的技术技能人才。职业本科所培养的高素质技术技能人才是面向高端产业链的职业人才，完善了原本由专科层次职业教育来培养技术型人才的高等职业教育体系，稳固了职业教育应有的类型地位，推动构建职业教育人才的可持续发展模式，对促进职业教育扎实迈向高质量发展起着重要作用。

在产业需求和教学定位方面，促进以数字技术为支撑、以资源平台为载体的教学方法创新，对于提升职业本科教育的质量至关重要。具体可以聚焦以下几个层面。

第一，紧密结合产业发展趋势：教育机构应密切关注产业发展的最新趋势，通过与企业的合作，定期进行岗位需求分析和预测，确保教学内容与职业技能标准的同步更新。这要求教育机构建立起快速响应机制，及时将新技术、新工艺和新理念融入教学过程中。第二，明确职业本科的教学定位：职业本科教育应明确其培养的是具有较强实践能力和创新能力的中高级技术技能人才。这要求教育机构在课程设置、教学内容和教学方法上，既要注重基础知识的传授，也要强调实践技能的培养和创新思维的激发。第三，利用数字技术优化教学方法：数字技术如虚拟现实(VR)、增强现实(AR)、人工智能(AI)等，可以为职业教育提供模拟真实工作环境的学习场景，增强学生的实操体验。教育机构应积极探索这些技术在教学中的最佳应用方式，提高教学互动性和趣味性，同时提升学习效率。第四，构建开放的资源平台：建立一个集成教学资源、企业案例、行业信息等内容的平台，可以让学生随时随地获取最新的知识和技能。这样的平台不仅有助于学生自主学习，也便于教师及时更新教学内容，实现教育资源的最大化利用。第五，强化校企合作：校企合作是职业教育的核心竞争力所在。教育机构应与企业建立长期稳定的合作关系，共同开发实训基地、实习项目和定制化课程。企业的参与不仅可以为学生提供真实的工作场景，还可以帮助教育机构及时调整教学计划，使之更贴合市场需求。第六，推动教学模式创新：传统的教学

模式往往难以满足快速变化的产业需求。因此，教育机构应推动项目式学习、翻转课堂、在线开放课程等新型教学模式的应用，鼓励学生主动学习，提高学习的灵活性和针对性。第七，加强师资队伍建设：教师是教学质量的关键。教育机构应加强师资队伍的建设，定期组织教师参加行业培训和学术交流，提升教师的专业水平和教学能力。同时，引入企业专家和技术人员作为兼职教师，可以使学生直接接触到行业前沿的知识和技术。第八，建立有效的评估和反馈机制：教育机构应建立一套科学的评估体系，对教学效果进行定期评估，并收集学生、企业和行业的反馈意见。这有助于教育机构及时调整教学策略，确保教学方法的创新能够真正符合产业需求。

通过上述措施的实施，职业本科教育可以更好地适应产业发展的需求，培养出既具备扎实理论基础又拥有强大实践能力的高素质技术技能人才，从而推动教育教学的持续进步和产业的健康发展。

在培养方向上，随着现代信息技术飞速发展，职业本科作为培养高素质技术技能人才的主要途径，人才的培养要从传统学习方式向数字化学习方式转变，需要综合掌握具有科学性和专业性的技术技能知识。随着工业生产走向高技能阶段，行业企业对技术技能人才的智力技能要求较高，综合素质能力中的操作技能占比下降，职业本科在人才培养中要注重将信息技术等科学理论知识灵活应用于实际生产制造过程中。值得注意的是，职业本科不是应用本科的"翻版"，也不是高职专科的"加长版"，这意味着职业本科院校对高素质技术技能人才的培养必须转向以行业需求为导向，兼顾掌握专业的信息技术知识和科学的技术技能理论。

在这样的背景下，职业本科教育的教育方法需要在数字技术与平台资源上下足功夫。只有使用与时代发展相契合的数字技术武装职业教育，才能在数字时代实现职业教育的目标，为产教融合提供基础。

为实现理论与实践相结合的"一体双元"育人目标，校企双方应共建协同育人平台，以使学校的科研成果与企业的创新技术均能实现相互分享，并推动科研成果的快速转化。一方面，学校利用与企业共建的信息技术平台来丰富教学资源，并开展线上线下相结合的教学，同时重视特色课程的教学，针对学生专业的不同，制订相应的培训方案，使其掌握专业所需的技能，提高专业知识应用于实践的能力。另一方面，以校企协同育人平台为依托，充分利用平台资源创建大学生创新创业孵化站。鼓励学生调研市场，以企业研究项目为参考开展创新创业，发展相关项目。学生所取得的创业成果则可成为校企共同的创新品牌，既能让学生所学知识得到实践应用，又能让企业通过协同育人实现利益的提高，达到双赢。此外，校内实训的进行，需要得到企业的支持，学校可邀请企业的骨干技术人员、专家到校共同参与实训教学，将企业的先进管理经验及成熟技术带到学校，模拟企业真实

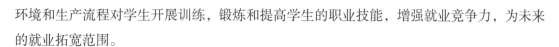

环境和生产流程对学生开展训练，锻炼和提高学生的职业技能，增强就业竞争力，为未来的就业拓宽范围。

除此之外，借助人工智能技术发展职业教育也是职业本科教育发展过程中可以考虑的重要一环。人工智能赋能职业本科教育，是由职业教育外生态"产业智能化升级"向职业教育内生态"教育智能化升级"波及所形成的逻辑范式，即职业本科教育应围绕国家或区域主导产业、支柱产业和战略性新兴产业重点领域，对接产业高端、高端产业职业岗位群智能化技术技能需求和教育智慧化发展，升级人才培养目标，建构"人工智能＋专业""人工智能＋课程""人工智能＋教学""人工智能＋评价"融合创新模式。产业智能化升级推动高等职业教育人才培养目标升级、培养层次由专科向本科转移，撬动高等职业教育生态均衡体系，要求其基于内外生态的转合效应和教育智慧化的发展趋势，重构培养体系和治理结构，升级培养模式，实现内外生态的再均衡。这一变革过程，实质是智能化背景下产业技术升级与教育技术升级"双轮驱动"的融合创新过程，表征为新发展格局下产教融合的适应性、技术知识的跨学科跃升、人才需求层次的高端化和复合化、培养和评价体系的智慧化和多元化，价值旨归于增强职业教育适应性的应然之需、职业岗位极化演进的必然、职业教育体系现代化的演化趋势、人才培养和评分模式的智慧化革新。

人工智能赋能教学，通过人工智能赋能教学环境、教学设计、教学实施达成教学目标。一是人工智能赋能教学环境。教学环境是教学活动的基础保障。赋能以5G、人工智能、大数据、物联网、边缘计算等技术完善教育基础设施，以知识图谱、模式识别、机器学习、自然语言处理等关键技术建设智慧教室和高仿真校内实习实训基地，使课堂空间"职场化"，并具有沉浸式智能交互能力。二是人工智能赋能教学设计。教学设计是教学过程的程序化安排，其设计内容包括教学目标、教学内容、教学方法、教学评价等。赋能以数据融合分析技术和可视化技术变革原有教学设计，使之趋向目标定制化、内容智适应、交互泛在化、评价精准化。三是人工智能赋能教学实施。教学实施是指教师依照教学设计完成教学内容和教学评价。赋能以人机协同变革原有教学组织，使"人工智能教师"成为人类教师的代理、助理、导师和伙伴（代理重复工作、助理支持服务、引导学习路径、参与互动交流）。

人工智能赋能教学落地于教学模式建构。基于"产教融合、校企合作"，围绕人工智能赋能教学环境、赋能教学设计、赋能教学实施，建构理实一体化、线上线下混合的教学模式。一是建构人机协同教学模式。将人工智能教师纳入课堂组成部分，辅助教学、测评、课堂管理和陪伴学习。二是建构智能可视化教学模式。将VR/AR/MR/XR和数字孪生技术应用于教学，实现高仿真、沉浸式、可视化教学。三是建构智适应学习模式。将智适应学习系统融嵌于多媒体课堂和泛在学习网络，依托教育大数据、机器学习、数据挖掘、知识图谱等技术分析学情，并根据学情智能推送个性化学习内容。

三、探索以企业为依托，以工作岗位为场景的教学方法

校企合作是提升我国职业本科教育质量的关键举措之一，多途径创新职业本科教育的办学形态，鼓励各类企业创新校企合作办学思路，夯实企业在职业本科教育中办学过程中的主体责任，推动校企共建共管共享技术技能创新平台、基础设施，实习实训培训基地和企业学院等；拓展校企合作形式内容，打造现代学徒制人才培养模式，合作共建新专业新课程和开展订单培养；各级政府要促进企业深度地融入校企合作，要求企业把培育德技双馨的高技能人才作为其发展的重要内容，规定企业应依法履行实施职业本科教育的义务，探索实施企业职业本科教育社会责任年度审核机制，对产教融合型企业给予多途径激励，制定相关税费减免政策。

新《职业教育法》推动和深化产教融合，"产"和"教"的全面融合、深度融合能最大限度发挥职业本科学校和企业共同育人的主体作用，打通"产"与"教"之间的壁垒，有效解决教育中如何育人的问题，也能解决企业对人才的培育、任用等问题。因此，职业本科教育需重点关注产教融合的深度，创新职业本科教育教学与企业生产无缝对接的路径，把企业生产实践教学纳入教育教学，推动行业企业深度参与职业本科教育教学建设全过程，在推动的整个过程中要统筹好职业本科教育、企业和城乡发展的规模和结构，建立、健全学校和企业无缝对接的深度合作办学机制，建立健全与学校办学规模和企业生产实践教学要求相匹配的产教融合教育教学机制。将产教融合列入职业本科教育和企业的双边规划，以前所未有的决心和勇气培育一批业内领先的产教融合、城乡融合办学模范企业，下大气力构建现代职业教育体系和职业本科教育育人的深度融合机制，打造一批令人民满意的国内领先、世界一流的优质职业本科院校。

本科层次职业教育最大的优势在于原有普通职业教育的校企合作、产教融合的机制基础。加强校企合作，从教师、教材、教法三个层面与企业全面开展合作，确保各个方面对学生开展有效的实践能力训练，保障本科层次职业教育人才培养的目标的顺利实现。基于学校学科特色与区域内优势行业，在教师、教材、教法视域下，产教融合具体需要做到以下三点。

第一，增强教师教学能力。与企业开展深度合作，教师走向行业一线，掌握最新技术。很多职业院校学校行政人员、学生，以及一线教师主体，对教师企业实践经验与能力认可度不高，很少人认为教师一线实践能力完全或者基本能够满足职业本科的要求。同时，对于"教师一线实践能力是否重要"这一问题，大多数人都认为特别重要或者重要。因此教师的企业锻炼能力对本科层次职业教育的发展极其重要。教师主要可以做到以下三点：一是主动学习，提升教学能力。面对社会职业的精细化发展和高职教育教学手段机器技术的

更新，职业教育教师必须学会使用网络资源，介绍最新的专业理论知识、技术开发、技术创新、产品升级、行业趋势和其他信息弥补教科书；必须学习使用多媒体教学软件，提高技术技能理论的实用性和实践教学模拟；与同行教师、科研人员、行企业技术人员等进行积极的合作，共同探索、解决教学问题，提高学术研究视野中的教学体系。二是依托校企合作，增强教学能力。与企业共建教师发展中心，聘请或邀请相关行业头部企业实践经验丰富的企业家、高管、专家、技术技能人员等开展系列主题培训及讲座，将专家引入学校，使教师及时了解最新的行业发展情况、最新技术、发展趋势等。三是通过了解行业发展动态，教师根据研究专业和领域，自主申报前往企业开展下场锻炼，让教师走向企业，以加强教师的实训实践能力，直接参与到企业最新产品的研发和技术升级中，不断丰富教师一线实践能力，以备更好地教授学生。同时，督促教师主动与一线技术人员进行学习和交流，掌握企业的内部运行与管理模式，提升自我教学认知能力。再者，利用企业资源，解决学校校内实训基地建设不足或师资队伍职业技能素养薄弱的问题。通过校企合作教育沙龙活动，注重教师工匠精神、企业实践能力的培养，解决教师企业经验不足的弊端，为教师提供职业素养、行业准则、企业标准、企业管理、技能操作等方面的学习平台。四是建立科研团队，实践教学能力。由校内教师、行业高管、技术专家组成的科研导师团队，依托产教融合平台，开展项目参与式—实践教学与导师制创新项目训练，加强对学生基于本专业的实践能力的培养。

第二，打造"双元"教材。目前，随着我国各产业的快速发展和升级，产业发展过程中新技术、新工艺、新流程的不断换代。为了满足行业和岗位的需求，高职院校要持续深化校企协作，深化产教一体化。我国职业技术教育的教科书体系存在着与企业生产脱节、内容落后、更新不够快、教材选择不合理等问题。对此，首先要进行的是内涵建设。在教材建设过程中，职业本科院校要以行业企业最新技术为准则，以典型工作任务为载体，以教育主体学生为中心，以技术技能培养为目标，有效衔接企业真实生产制作流程，模块化开展任务工单。主动与龙头企业合作，找到切入点，实现校企共赢，建立了校企"双元"教材编制团队，围绕企业最新产品与技术进行教材开发，积极融入课程思想政治要素，理论学习与实践学习相结合，最大限度地满足实践教学的需要。其次要改的是外部形式，包括教材结构、内容等方面，采用活页式教材、工作手册式教材等。在这一过程中，"活页式"的教学内容模型可以使新技术、新工艺、新规范的内容适时地在编制教材上进行更新，使其在保持完整性的同时，具备灵活性的特性。"工作手册式"教材内容模式，能够促进教学教法改革，以与企业密切相关的任务工单的模式，更好地与行业企业对接，在完成教材编制工作的基础上，加强企业理念的交流与学习，并提供相应的案例和说明文字，提高教材的实用性和真实性，满足现代职业教育的需求。同时，要充分融合数字化资源与信息化手段，助力本科层次职业教育教学改革，提升教学质量，促进高质量人才培养。

第三，丰富教法模式。教学方法是指教师利用一定的媒介，例如教材、多媒体、板书等完成教学任务的创造性过程，是教师与学生的直接联系，教师通过多样化的手段去传播知识。从学生的角度出发，与教师面对面沟通，如何学习是学生追随老师的原因。我们需要结合行业及区域经济的具体发展现状，结合生源群体实际情况，积极探索和研究高层次专业技术人才培养的有效途径。本科层次职业教育工作需要适应我国新时代在国家经济高质量发展上的全新经济体系发展需求，与区域内的支柱型产业进行衔接，实现与特色产业链进行产业链的沟通及对话。明确在现代工业体系发展上的数字化、智能化和绿色化发展需求，结合专业教育的具体特征以及在产业链、岗群上的详细情况，创造出现代化的产业学院，形成更为前沿的教育实体。把教学活动和教学要素与产业链全面衔接，持续推进引研入校和引企入校，实现教学工作的产学研一体化，为后续制订出更为完善的人才培养方案夯实基础。让企业全面参与到校本教材开发、教学内容的设计、教学模式的创新中去，形成产学研用的一体化管理平台，让学生积极参与到各种技术研发项目中去，改善学生的综合实践技能，培养其创新能力。

深化以市场为导向的校企合作，一方面可以依托行业企业的力量，壮大职业本科高素质技术技能人才队伍。另一方面可以满足企业高层次、高质量的人才需求，促进实现校企双方合作育人的互利共赢局面。首先，职业本科院校要与迫切需要实现产业升级的行业企业加强合作，尤其对于高技术含量的行业岗位以及适合长学制培养的先进制造业岗位进一步加强产学结合。要面向生产、管理、服务等一线工作，落实教学范式实施成效，优化教育生态环境，扩大职业本科院校人才培养规模。其次，要促进职业本科院校培养的技术技能人才满足行业实际需求，可以通过创办产业学院、校企双方投入等方式，搭建人才培养和员工培训的"双元"环境，以搭建平台化、提供项目化、促进生态化的方式加快产业技术开发、项目难题攻关和科研成果转化，着力提高校企合作"双元"育人的深度和效度。最后，充分发挥地区资源优势，加强校企合作。东部优质职业本科院校可以与当地行业企业建立校企利益共同体，将企业需求纳入课程设置和教学内容。实现教育与产业融合，在提高学生的实践能力和就业竞争力的同时，促进企业在校企合作进程中实现经济利益最大化。

总之，职业本科院校需要根据行业发展趋势和技术变革需求稳妥地扩大技术技能人才培养规模，更好地深化以市场为导向的校企合作，为产业升级提供强有力的人才支撑，才能持续稳定地延续职业本科院校长期生存和发展的生命线。

第八章

当代中国职业本科教育的保障与支持措施

随着 2022 年新修订的《中华人民共和国职业教育法》（以下简称"新职教法"）正式施行，我国职业教育正在从"大有可为"向"大有作为"转变。稳步发展本科层次职业教育既是时代必需，又是历史必然，同时也是缓解教育焦虑、就业焦虑，满足广大人民群众对更加满意的教育的必然回应，更是职业教育迈向高质量发展的必经之路。自 2019 年我国开展职业本科试点以来，全国已有几十所职业本科学校。要成功推进当代中国职业本科教育的发展，政策保障与社会支持是必不可少的。

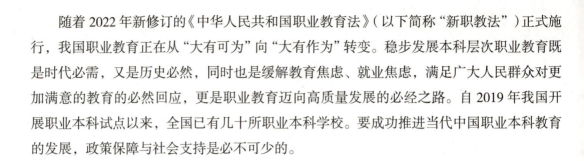

第一节　职业本科教育的政策保障与支持

一、完善职业本科教育的法律法规和政策文件

职业本科教育作为新生事物，对适应社会经济发展需要、构建完善的现代职业教育体系和培养高层次技术技能人才等方面具有非常重要的现实意义。开展职业本科教育：一是能够优化调整我国的高等教育层次结构，完善中国特色现代教育体系。二是不仅能够弥补我国高层次技术技能人才总数的不足，还能适当缓解高素质技术技能人才失衡的现象，为实现产业结构优化升级以及社会经济发展方式转变助力。三是能够形成中职、高职、职业本科、专业学位（研究生教育和博士教育）在内的完整的职业教育体系，给毕业生提供了提高学历、进一步增强自身技术技能的机会。在政策引力、内生动力、社会合力的作用下，职业本科教育的"领头羊"作用不断发挥，其吸引力和适应性不断增强。

当前，我国职业本科教育政策的发展呈现以下特点。

第一，政府统筹不断强化。党中央对职业教育的重视程度之高前所未有，推动职业教育改革发展的力度之大前所未有。近年来，国家层面把稳步发展职业本科教育作为完善现代职业教育体系的"主战场"，通过出台系列政策，形成政策"组合拳"，释放出构建现代职业教育体系、推进职业本科教育稳步发展的积极信号，引导职业本科教育落实落地。通过政策引力，释放政策效能，搭建平台载体，强化服务保障体系，彰显出在开启社会主义现代化国家新征程中，职业教育的前景广阔、大有可为。

第二，培养模式由"联合"到"独立"。国家文件精神是指引职业本科试点的行动指南，职业本科教育自启动以来，主要有以下三种试点模式。首先是联合培养，即优质高职院校与本科院校联合培养本科层次技术技能人才。为响应国务院印发的《国务院关于加快发展现代职业教育的决定》（国发〔2014〕19 号）文件精神，部分省份自 2015 年启动联合培养改革试点，近年来联合培养开始在全国推广。联合培养有"3+2""3+1""2+2"等分段培养（三年或两年专科层次的职业院校培养＋两年或一年普通本科层次的学校培养）和"4+0"联合培养（四年全部为专科层次的职业院校培养）。其次是转型培养，即地方普通本科高校转型培养应用技术人才。转型试点始于 2015 年，教育部等三部委《关于引导部分地方普通本科高校向应用型转变的指导意见》出台后，广东、河南、辽宁、吉林、云南等 20 多个省（区、市），从简政放权、专业设置、招生计划、教师聘任等方面出台了引导部分普通本科高校向应用型转变的相关政策，支持高校转型改革。根据教育部官网统计，截至 2022 年 5 月 31 日，我国共有普通本科高校 1270 所，其中应用本科高校 672 所，占我国普通本科高校的"半壁江山"（52.91%）。最后是升格培养，即专科层次职业院校通过升格职业本科或与独立学院合并设为职业技术大学，独立培养本科层次技术技能人才。2020 年，教育部《关于加快独立学院转设工作的实施方案》提出，鼓励各地积极创新，可探索统筹省内高职高专教育资源合并转设，也可因地制宜提出其他形式合法合规的转设路径，经教育部同意后实施。高职院校与独立学院合并转设为职业技术大学，成为 2021 年许多地区大力推进高职升本最主要的途径。

第三，升格院校由"民办"到"公办"。统计盘点 2019 年之后启动的职业院校升格为职业技术大学的 33 所学校，民办高职院校是升本大军。33 所职业本科学校，从学校性质上看，有 22 所民办学校，11 所公办学校。从升本方式上看，有独立升格和合并转设。从升格时间上来看，最早的一批是 2019 年全国首批职业本科试点学校，共计 15 所，全部为民办学校；第二批为 2020 年独立升格学校，共计 6 所，民办 5 所，公办 1 所；第三批是 2021 年合并转设学校，共计 11 所，民办 2 所，公办 9 所。2023 年 5 月 22 日，教育部发布《关于拟同意设置本科高等学校的公示》，其中拟同意以深圳职业技术学院为基础整合资源设立"深圳职业技术大学"，预示着公办高职院校"升格"通道正式打通，是推进高等职业教育深化改革又好又快发展的又一力作，开启高职院校重在内涵式"升格"的新时代。

第四，政策保障更加有力，政策语境由"严禁"到"放开"。在本科层次职业教育发展的过程中，有三个最为关键的时间节点：一是 2014 年，以国家文件形式在学制层面确认了本科层次职业教育的存在，为行业、地方本科转型举办职业教育提供了制度依据；二是 2019 年，以国家文件形式确立了职业教育的类型地位，将过去有限的"类型化"扩展为体系的"类型化"，同时确立了高职院校举办本科层次职业教育的合法地位，为优质高职院校独立升本提供了可能性；三是 2021 年，以国家文件形式去掉了"高等职业学校原则上不升格为本科学校"的表述，彻底打开了高职院校独立升本举办本科层次职业教育的通道。自 2014 年"本科层次职业教育"首次被提出，到 2019 年职业教育的类型地位被正式确立，再到 2022 年《新职业教育法》修订生效，相关政策举措和法律制度密集出台，这些都为职业本科教育稳步发展提供了有力保障。在国家出台一系列发展职业本科教育政策的强力推动下，职业本科教育从"个别先行"到"试点推进"，再到"分批发展"，呈现出起步稳、发展快和前景广的态势。总的看来，国家相关政策从专科层次的职业院校"不能升本"到积极开展"试点升本"、从嫁接体系外"升本"到贯通体系内"升本"、从外部转型"升本"到内生增长"升本"。政策的松动，预示着未来一个时期，构建高质量职业教育体系重点将在强基固本和提升层次上发力。基于专科层次职业教育的主体性和我国高等教育布局的现实性，在稳步发展本科层次职业教育的过程中，要把控专科层次职业院校进阶上移的节奏、延续优中选优的政策语境，这意味着发展本科层次职业教育速度不能太快、规模不能太大，关键的是要在提高质量上下功夫。

职业教育相关法律法规是本科层次职业教育发展的根基。《高等教育法》也已颁布实施了近二十年，随着社会的发展，某些方面在一定程度上也已经不适应当前阶段的现实需求。2022年5月正式实施的新版《中华人民共和国职业教育法》从法律层面解决了职业教育定位问题，但是在职业教育高考制度、中考普职分流、社会支持政策等方面存在较大争议。并且新版《职业教育法》用了大量的"建立健全""采取措施""应当""鼓励"等词汇，缺乏配套法律法规、地方政策规章。本科层次职业教育的顺利实施需要不断完善的立法和配套法律法规，才能够充分体现国家对于职业教育发展的高度重视，改观社会各界对职业教育认识的欠缺，使其得到快速而长远的发展和进步。

发达国家和地区的职业本科院校建设中，政府通过法律法规等手段确立职业本科院校的办学定位是非常重要的。这些法规可以为职业本科院校提供保障，帮助其形成自身的办学特色，并规范、引导和调控职业本科教育的发展。在这一方面，一些发达国家和地区有许多成功的案例值得借鉴。例如，德国于1976年颁布了《高等教育总纲法》，明确了应用技术大学的办学地位，这也标志着德国的职业本科院校开始受到重视。此后，德国政府进一步出台了许多法规和政策，促进职业本科教育的发展，例如成立了联邦职业教育局，并投资建设了一批职业本科院校。这些措施有效地提高了职业本科教育的质量和地位。日本在20世纪60年代通过《高等专门学校法》，在法律层面确立了职业技术教育的地位。此项法规的出台，不仅促进了职业技术教育的发展，也为日本经济的快速发展提供了有力的人才支撑。澳大利亚在20世纪90年代颁布《职业培训保障法》，通过法规的引导和政策的扶持，促进了职业教育的校企合作有序推进，加强了职业教育的实战性和适应性。荷兰于1986年颁布了《高等职业教育法》，确立了应用技术大学与其他大学同等地位，为荷兰职业本科教育的发展奠定了坚实的法律基础。这些法规的出台，不仅使得职业本科教育得到规范和提升，而且还有助于增强职业教育的国际竞争力。

然而，在我国目前的高等教育法规中，职业本科教育仍未得到明确的界定，我们仍需要加强相关法律法规的制定。如政府应该建立健全职业本科高校的法律和政策法规保障，并明确职业本科院校的法律地位。虽然《职业教育法修订草案》首次提出了本科职业教育办学的概念，但并没有专门针对职业本科院校的条款。因此，充分利用《职业教育法》修订的政策空间，明确职业本科院校在中国现代职业教育体系中的地位，并赋予职业本科院校与普通本科高校享有相同的法律地位十分必要。除了在法律上拥有相同的地位之外，职业本科院校与普通本科高校享受同等的学生资助、教师研究资助政策待遇，以及在资源配置、招生政策、校园面积等方面，营造宽松的发展环境。政府对职业本科院校的教师和学生提供经费资助和其他扶持的手段，能够有效地促进职业本科院校的发展。

此外，国家和相关教育部门需要出台相应政策，明确职业本科高素质技术技能人才培养的定位。国家顶层设计具有权威性和强制性的手段，可以有效确保职业本科高素质技术技能人力资源的高质量稳定供给。应鼓励职业本科院校注重发掘学生潜能，鼓励其掌握多种知识与技能，以构建层次分明、衔接紧密的职业教育体系。要加强职业本科标准化和政策保障体系建设。一方面，加快职业教育类型发展要素的标准化建设，发挥标准在职业教育质量提升中的基础性作用，提高实践的有效性和成果的可推广性。职业教育类型发展必须具有和普通教育同等的教育质量，通过建立从入口到出口的育人全过程评价标准和学位体系，为我国职业教育人才培养质量的全面提升提供认证尺度。另一方面，以修订《中华人民共和国职业教育法》和贯彻2019年国务院印发的《国家职业教育改革实施方案》为契机，制定出台职业教育与普通教育及技工教育等教育类型之间的融通政策、国家资历框架和学分银行管理制度、产教融合财政政策、企业行业社会组织参与办学促进政策、职业教育招生制度、职业本科设置与评价规定、职业教育学位制度等一整套以法律法规为基础的，具有较强约束性、科学性、规范性、操作性和保障性的职业教育类型基本制度。

二、增加职业本科教育的财政投入和资金支持

随着社会的不断发展，教育的重要性也日益凸显，提供优质的教育资源对于国家的健康发展及社会的和谐稳定至关重要。近年来，职业高校在高等教育中扮演着越来越重要的角色，但目前他们在生源保障、专业发展、师资建设等各方面的发展仍不均衡，仅依靠学费收入来解决以上问题是不现实的，所以财政补助对于职业本科院校的转型变得越发重要。在政府政策方面，政府是职业本科院校办学经费的主要投入者，财政的大力支持和相关教育部门的政策引导能为职业本科提供更优质的办学资源并促进其提质培优。在这方面，职业本科教育的建设面临着和民办高校发展初期相似的困难，职业本科教育建设可以借鉴民办高校的发展经验。

首先，设立职业教育专项资金，解决资金短缺的问题，使其得以投资于师资培养、设备更新、学科建设等方面，从而促进教学质量的提高和学科的发展。民办高校在此方面表现突出。2017年福建省安排民办高校发展专项资金3000万元，惠及27所民办高校，2019年河南省拨款4900万元专项经费支持25所民办高校的44个专业，为民办普通高校品牌专业建设点，2023年广东省年对民办教育提供专项资金，并根据实际教育情况，安排9508万元支持36所民办高校发展，根据评价等级分为三个不同资助层次。以上省份政府应通过设立专项资金，支持民办高等教育的发展，推动高等教育资源合理配置，改善教育资源利用率。

　　其次，健全财政补助政策，支持职业本科学校转型发展。例如，2014年广西壮族自治区明确完善民办教育扶持政策，并且加大对非营利性民办高校的扶持力度，鼓励金融部门增加民办高校的贷款额度，2018年浙江省制定《浙江省公共财政扶持民办教育发展实施办法》《浙江省民办学校财务管理办法》，进一步加强民办高等教育内涵发展。这些政策通过建立科学合理的财政补助政策，改善了民办本科院校办学条件和提升办学质量。同理，职业本科教育也需要这样的财政补助政策。

　　最后，完善资金监督机制。为保障资金有效到位发挥最大效用，通过建立闭环式的监督机制，政府部门、财政机构和受益学校责任联动的财政补助监督机制；推行不定期抽查，对财政补助的使用情况进行监督检查，及时发现问题，建立责任追究机制，以加强财政补助的管理与监督。2023年湖南省出台了《关于进一步加强民办学校资金监管工作的通知》，为进一步加强民办学校资金监管，促进民办教育事业健康发展发挥了重要作用。所以，对职业本科教育的资金监督是必要且有用的。

　　总之，通过财政补助，能够促进职业本科院校良好发展环境的形成，让职业本科院校更加融入教育发展体系，还能推动职业教育的可持续发展，保障社会教育资源的均衡发展。

　　除了政府之外，在社会媒体方面，媒体需要发挥正能量，呼吁大众摘掉对职业本科教育的"有色眼镜"，改善职业本科教育社会认可度低、缺乏社会知名度等窘境，由此增强职业本科院校的办学信心，促使其人才培养质量不断提高。在企业方面，促进以市场为导向的校企合作。高素质技术技能人才的培养必须紧紧围绕高端产业和高新技术等领域的高质量人才需求，保证该类人才的优质资源在行业企业中被充分利用，保证有足够的经费，进一步加强基本办学条件建设、专业建设、实训基地建设、教师队伍建设等。通过积极吸引社会力量捐助、拓宽办学筹资渠道、完善校企合作中学校报酬分配制度、加快技术技能转化为成果等途径，确保有足够的经费投入高层次技术技能人才培养过程。

　　为保障校企合作投入的经费，又应建立政府财政投入为主的经费保障机制，例如建立健全政府购买服务机制，借助财政力量推动企业参与校企合作。同时，设立监管机构，加

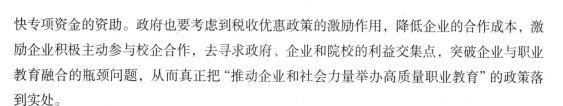

快专项资金的资助。政府也要考虑到税收优惠政策的激励作用，降低企业的合作成本，激励企业积极主动参与校企合作，去寻求政府、企业和院校的利益交集点，突破企业与职业教育融合的瓶颈问题，从而真正把"推动企业和社会力量举办高质量职业教育"的政策落到实处。

与此同时，在职业本科院校方面，结合"三教""三融"的要求，与高等教育和继续教育相衔接，拓宽高素质技术技能人才的上升发展空间。在组织层面要求职业本科院校加强产教融合，共同推进教师、教材、教法以及教学评价方式的改革，推动职业本科教育实现提质增效的根本目标。职业本科教育要根据财政支持，树立高阶育人目标。当政府职能部门加强财政支持，适当增加教育资金，深化产教融合的物质基础。同时确立健全法律依据，政府要从现实出发，不断完善产教融合法律制度，明确职业本科教育合作优惠、实习过程中保障。职业本科教育更加明确自身责任和义务，努力适应国家政策。此外，政府着眼于经济发展现状下职业本科教育的发展、职业本科教育发展要明确的办学方向，不仅让学校的课程体系具有一定的特点，而且能帮助掌握学生更多技能。政府部门的管理、激励和支持，有效地帮助职业本科院校为培训提供更好的就业场所。职业本科教育院校还要根据银行金融机构，树立高阶育人目标。政府需要提高职业本科参与产教融合教育模式的积极性。政府协调银行金融机构，积极支持产教融合项目。对产教融合的职业本科，政府应该积极指导金融机构为职业本科放宽渠道，为职业本科提供更好的服务。职业本科教育院校更要根据综合试点工程，树立高阶育人目标。在产教融合过程中，政府可以发挥宏观调控的作用，从而协调所有各方的利益，指导和控制合作进程，促进合作关系的建立。可见，政府部门虽然不直接参与"校企合作"，但可以协调职场产教融合模式的发展。政府实施产教融合综合试点工程，培育职业本科，积极支持各地区职业本科促进产教融合试点建设，加强职业本科院校的参与。

除此之外，政府与学校还应为教师提供优质的工作环境。要尊重、信任、理解和支持教师，给予教师一定的自主权。合理设置教师的工作时间安排，减少各方面的打扰，确保教师有充足的时间进行科研和教学工作。此外，还应重视教师的住房、配偶工作、子女上学和就业问题等，确保教师在院校工作没有顾虑，这样才能将精力投入到教学工作当中。一是提高职业本科院校教师的工资水平。院校管理者要高度重视教师的收入问题，科学合理地设置工资标准，提高教师的收入，制订相应的计划并充分落实，从而调动教师的工作积极性。二是发放绩效工资和岗位津贴，坚持多劳多得、优绩优酬的原则，完善基本工资、绩效工资和岗位津贴三位一体的工资体系，从而确保教师的收入水平。

通过政府、职业本科院校、社会媒体、行业企业等利益相关者的通力合作、协同治理，构建职业本科高素质技术技能人才培养的多元质量保障体系。这一体系既能满足社会经济发展对高素质技术技能人才的需要，又能为促进职业教育高质量发展提供有效保障。

三、优化职业本科教育的管理体制和运行机制

我国职业本科教育的体制机制事关国家教育大局。我国目前的职业教育体系早已不能适应新时代的新要求，现代职业教育体系的不完善亟待解决。2019 年以来，随着职业教育改革进入攻坚期，影响职业教育高质量发展的弊端已绕不过去，应依新《职业教育法》、党的二十大精神和《关于推动现代职业教育高质量发展的意见》（以下简称《意见》）的相关要求，发力于职业本科教育提质增效、增值赋能，从体制机制上消除职业本科教育发展的障碍，为实现职业本科教育高质量发展提供坚实保障。提升职业本科教育质量需在以下四个方面着力。

（一）发挥公办本科职业院校优势发展职业本科教育

1.公办学校有更多的资金支持

虽然民办职业本科学校和公办职业本科学校具有同样的政策支持、社会和师生期盼，但在政府投入方面，公办学校比民办学校更有优势，能得到省级政府较多的资金支持。公办学校利用资金可以改善办学条件、引进高层次人才、创新人才培养模式、进行资源建设，从而快速提升学校的办学内涵，带动学校高质量发展。

2.公办学校有高水平的专业建设

公办本科职业学校来自公办优质高职院校，这些学校基于长期对区域产业发展、企业生产情况的调研和教育规律的探索，形成了对专业内涵的深度认知，这样的专业建设理念更能匹配职业本科教育的办学逻辑。且经过多年持续的投入、建设和发展，形成了深厚的专业积淀和底蕴。而民办本科职业学校基于市场需求开设专业，什么专业好就业、学生希望学什么，学校就开办什么专业，专业建制的稳定性不强、投入不高，建设质量也不高。

3.公办学校有更好的办学成效

根据《中国高等职业教育质量年度报告（2022）》数据统计，32 所职业技术大学中，公办本科职业学校的育人成效、教学资源、服务贡献、学生发展指数、教师发展指数五项指标均优于民办本科职业大学。总而言之，虽然 32 所职业本科学校在各自办学性质类别里都是办学实力强的优质学校，但综合对比，公办职业本科学校具有民办职业本科学校无法比拟的优势，这也是我国优质公办高职院校的综合办学实力远远高于优质民办高职院校的延续。

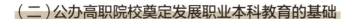

（二）公办高职院校奠定发展职业本科教育的基础

1.为职业教育类型地位确立打下基础

多年来，我国公办专科层次的高职院校在国家的持续投入下，坚持普适性和拔尖性建设并举，在办学模式、人才培养、专业建设、师资队伍、管理机制、办学效益等方面得到较大提升，大改革大发展的成就令世界瞩目，中国职教声音在世界范围赢得喝彩。公办高职院校具有浓厚的行业背景和地域特色，服务区域经济发展，办学定位明确，人才储备丰富，设施设备完善，且与地方政府、行业、企业建立了稳定和深度的合作机制，有着校企联动的"双师"教师团队和生产性实习实训条件，为高等职业教育在高等教育中类型地位的确立打下了坚实基础。

2.为职业本科教育发展打下基础

经过示范校、骨干校、优质校和双高校的"四轮"建设，公办高职院校整体办学水平实现了质的突破。公办优质高职院校深厚的办学底蕴和办学基础，及其对技能人才成长规律的深刻理解和职业教育特性的生动诠释，奠定了其举办职业本科教育的合理性和合法性基础。尽管这些学校在办学层级上发生了变化，但不变的是它们扎根本土、不忘初心、服务发展的作风和使命。就像它们从其前身——优质中等职业学校质变升格为高职院校一样，经过多年的探索积淀，它们从现在的优质高职院校蝶变升格为职业本科院校，就是水到渠成的事情了。

（三）双高计划院校成为发展职业本科教育的主力

1.举办职业本科教育是"双高计划"学校发展的内在张力

国家实施"双高计划"建设的目的，将学校建成技术技能人才的培养和创新服务高地，培养面向生产、建设和服务社会主义现代化建设的创新型技术技能人才。将A档或B档"双高计划"学校作为"职业技术大学"种子选手或职业本科教育试点，有助于在保持职业本科教育类型特征前提下，建构起完整的具有中国特色的职业教育体系，以破解当前职业本科教育试点工作遇到的难题。所以，在"双高计划"学校基础上试行职业本科教育，是高等职业教育内涵的进一步延伸和拓展，通过"双高计划"项目发挥职业本科教育的创新性和引领性，有助于突破高职院校办学桎梏，推动"双高计划"学校高质量发展。

2.举办职业本科教育是现代产业优化与创新的外在需求

新时代，新产业、新技术不断涌现，信息化、数据化、智能化使系统连通、功能集成。产业转型升级、技术迭代更新和生产管理模式深刻变革，技术人才的岗位能力需求已经从单一的岗位技能变为复合、跨界、创新等技能。生产方式的变革迫切需要岗位人才具有创新思维能力和跨界协作能力，而传统的三年制专科职业教育，已经无法培养经济社会发展需求的复合型技术技能人才，需要依托优质高职教育资源发展四年制职业本科教育，实现人才培养规格和标准的"上移"。经过三年"双高"建设，"双高计划"学校已经基本具备实施本科层次职业教育的办学条件，能满足高标准建设职业本科学校和专业的要求，必将引领带动职业教育培养数以千万计的高素质技术技能人才，成为支持地方经济转型升级和服务国家战略的重要力量。

（四）加快构建一体化的职业人才培养体系，促进不同教育的融合

1.形成不同层次职业教育的贯通机制

加快构建一体化的职业人才培养体系，形成不同层次职业教育的贯通机制一体化的职业人才培养体系是完善现代职业教育体系的关键一环、重要途径。新《职业教育法》、党的二十大精神和《意见》着力构建完善的现代职业教育体系，以解决职业教育发展中人才培养的"瓶颈"和定位偏低等问题，一体化的职业人才培养体系是中国职业教育健康发展的必然趋势，是统筹推进职业教育与普通教育协调发展，满足社会对多样化人才的必然需求。依照新《职业教育法》，一体化的职业人才培养体系的构建思路是逐步健全"高中或者中职—职业本科或者职业专科—职业研究生"，职业教育实现层次递进提升，形成不同层次职业教育的贯通机制。依照新《职业教育法》，依法治教，构建现代职业教育体系，纵向贯通是打破职业教育发展的必然途径，也是我国现代职业教育体系的层次逻辑。因此，以加大职业本科办校力度为切入点探究现阶段现代职业教育体系的发展，不断完善职业教育的衔接通道，以实现职业教育机制的有效贯通。新时代，构建一体化的职业人才培养体系的首要举措是大力支持一批优质的职业专科升为职业本科，明确这些职业本科学校的办学定位和质量管理等规定，依法实施职业本科教育。在职业本科教育发展到一定规模、日益成熟之后，再逐步构建更高层次的职业教育。

2.形成职业本科教育和职业培训并重的教培并重机制

新《职业教育法》和《意见》一致规定要"建立健全职业学校教育和职业培训并重的现代职业教育体系"。一方面，职业本科教育可以通过职业培训扩大社会影响力、加快自身发展；另一方面，职业本科教育的质量提升需要强化职业培训、服务社会。职业本科教育、职业培训两者教培并重和教培并举是我国职业教育的基本特征，也是培育人才的重要途径。两者都可以分类实施，都是职业教育的重要组成部分，职业本科教育教培并重机制充分体现了现代职业教育体系的办学和发展逻辑。

3.构建职业教育与普通教育相互融通的职普融通机制

职业教育与普通教育是相辅相成的，新《职业教育法》和《意见》一致强调，要因地制

宜统筹推进职业教育与普通教育协调发展，这充分体现了党和国家高度重视职普融通协同发展，增强其融通性，加快构建职业教育与普通教育相互融通的职普融通机制。推进职普融通协同发展，促进职业教育与普通教育的学分、学位、成果等互认互通，搭建职普立体融通桥梁，创新职普奖励、激励机制，激发职业教育主体自我发展与完善的内生动力，助推职普协同发展。

第二节　职业本科教育的社会保障与支持

一、提高职业本科教育的社会认可度和声誉度

根据 2021 年 4 月 30 日《光明日报》发表的《中国职业教育发展大型问卷调查报告》（以下简称《报告》），社会认可度、人才培养质量和地方政府重视程度是当前职业教育发展面临的三大困难，其中社会认可度排名第一。

（一）我国职业教育社会认可度的现状分析

职业教育在大众的传统观念中是以面向一般性就业为主的教育类型，而我国社会大众长期受"学而优则仕"的传统观念影响，往往把职业教育看作是"成绩不佳"者的被迫选择，"职业"二字使得职业本科和技术技能人才的教育价值深受遮蔽，这在一定程度上不可避免地降低了职业本科教育的社会认可度。

尽管国家以立法的形式确认了职业本科毕业生与普通本科毕业生的"同等性"身份，但职业教育获得普遍性认同仍需一段较长的时间。毋庸讳言，社会对职业教育仍定位在中低层次教育，认同感不强。社会认同中最重要的是产业、企业认同和家长认同。产业认同是产业和企业对人才培养质量的认可与评价，在现实中职业院校毕业就业待遇是最直接的认同"晴雨表"。既往职业教育人才培养存在"高延时性"人才供给的品质滞后于企业、行业、产业的需求，导致职业教育毕业生的收入水平普遍不高。如果说，产业认同是一种"出门"认同，那么家长认同就是一种"入门"认同。一直以来，职业教育始终面临"巧妇难为无米之炊"的掣肘。必须承认，与具有悠久工业史背景的西方发达国家的职业教育环境相比较，我国社会面对技术教育的认知尚处于启蒙阶段。学生家长对中国职业本科教育类型的内涵、特点、发展前景和政策知之甚少，加之"劳力者治于人"的前见束缚，往往导致考生在同等条件下优先选择普通本科院校，而将职业技术教育作为一种备选项，由此带来

了普通本科教育的"超载"和技术教育生源的"质量"不足。

（二）职业本科社会认可度不高的原因

大众对职业本科社会认可度不高的原因之一是社会媒体宣传不够。《报告》显示，中职学生、高职学生和家长通过"社会媒体"途径了解职业院校的比例分别仅占 20.52%、23.73% 和 11.9306%，与"他人推荐"和"学校平台宣传"等途径相比占比最低。社会媒体对职业教育的宣传力度不足，导致社会大众对职业教育缺乏深刻了解，尤其是对作为新兴事物诞生的职业本科感到陌生就更不足为奇了。据此，职业本科教育迫切需要通过各类社会媒体的大力宣传，提高社会认可度。

职业本科教育的社会认可度较低还直观反映在招生方面。有学者对 2021 年本科招生情况进行分析发现，在 21 所民办职业本科院校中仅有 6 所一次性招满，占比不到 30%。并且通过查阅各个职业本科院校官网的招生数据发现，其招生分数线普遍低于普通本科。这表明职业本科院校整体处于本科招生选择的末端，地位明显低于普通本科，特别是公办本科，因此职业本科的社会认可度亟待提高。在社会层面，受劳动力市场分割理论及筛选假设理论的影响，职业本科教育难以破除长期以来形成的以知识传授和知识接收为主的人才培养桎梏。在此背景下，导致大众对职业本科高素质技术技能人才的社会认可度普遍较低。

（三）提高职业本科教育社会认可度的方法

提高职业本科教育的社会认可度必须加大职业本科尤其是高素质技术技能人才的社会影响力。在社会舆论层面和行业企业层面使广大人民群众以及业内人士意识到职业本科高素质技术技能人才是复合型技术技能人才，是拥有深厚的专业理论知识并可以胜任生产研发工作和统筹管理工作的优质稀缺人才。一是可以通过新闻媒体等的正面宣传，例如"学习强国"、央视媒体、地方政府公众号、各地教育部门官网等渠道对职业本科教育加大宣传，拓宽社会大众对职业本科教育的了解渠道。加强社会大众对职业本科院校的优势特色、办学情况等的认知，逐步提高职业本科的社会声誉，吸引更多的优秀学子报考，改善生源质量，进而提升职业本科的社会认可度。二是教育部门可以鼓励一批优质的公立高职（专科）院校升格（如 2023 年 5 月 22 日教育部公示将深圳职业技术学院升格，设立深圳职业技术大学）并吸引广大企业和投资者参与办学，完善职业本科院校硬件设施建设，增强职业本科院校在招生方面的宣传优势。三是利用政府政策引导，出台相关普惠政策，提升高素质技术技能人才的薪资待遇和社会地位，例如，向高技能人才提供城市落户资格、帮助解决其配偶就业和子女入学等问题，通过改善高素质技术技能人才的福利待遇，吸引社会大众对职业本科的关注，进一步加强人们对职业本科教育的深刻了解。

通过逐步加大职业本科在社会中的影响力度，让广大人民群众意识到职业本科教育是面向大众的、开放式的职业生涯教育，是顺应世界职业教育和高等职业教育发展的大趋势。

观念是行为的导向，教育的观念影响着教育的行为，只有自上而下具有正确、科学的教育观念，才能在教育发展路径上采取正确的行为。纵观国际，在本科层次高等职业教育发展的历史进程中，日、德、英、美等发达国家早已位居前列，已经形成了正确的、系统的职业教育理念和认识。以德国为例，由于其从历史角度、政府层面、社会层面和学校层面均重视职业教育的发展，社会各界崇尚工匠精神，德国成了最早一批开展本科层次职业教育的国家，率先组建应用科技大学，开展"双元制"职业教育，创造精品"德国制造"的制造业辉煌，带动国家经济飞速发展。正确的理念，正确的路径，由此德国职业教育能够培养出真正意义上的技术技能人才，符合行业发展需要，受到国内工商界一致认可和高度评价，这部分人才在一段时期内支持德国产业迅猛发展，并带来持续正向的效应，称为"桥梁式的职业人才"。而我国对职业教育认识一直固化在"高职高专"等思维中，不能很好地发展职业教育。党的十八大以来，现代职业教育体系的构建被放在了国家战略地位，影响着国家经济的发展。我们需要认识的是本科层次职业教育与普通本科教育是平行的教育体系，职业教育体系将实现从中职、高职、本科、研究生等一体化，实现受教育者的可持续发展需求，不再是"断头式"的教育。本科层次职业教育着重培养综合能力，一方面要达到本科层次的所需的学术标准，另一方面也要用现代职业教育理念培养以达到综合型技术技能人才培养的目标。

《中华人民共和国教育法》中指出我国教育发展目标，教育服务于社会主义现代化建设，要与生产劳动相结合。本科层次职业教育是现代职业教育体系中的必要环节，与社会经济发展协同耦合，具有高等教育属性和职业属性。我国职业教育总目标需要本科层次职业教育培养有科学文化基础知识和较强职业能力的，德、智、体、美、劳全面发展的专业型人才。本科层次职业教育目标定位和社会责任区别于其他类型教育。其中，普通本科教育以知识为本位，培养理论型人才为主，普通专科教育以技能型人才培养为目标，而本科层次职业教育的人才培养目标综合两者属性，不仅教授技术原理，还需要学生将原理转化为实际生产力。从教学目标导向看，本科层次职业教育培养的毕业生被期望能够适应更为多样化的岗位类型工作。因为他们不仅拥有专业技术，还被期望着掌握生产过程中的技术原理，这些素质则使他们区别于普通专科教育所培养的人才，而这些人才的教学目标是面向一些特定的职业技术工作类型。在本科层次职业教育目标实施过程中，需要政府的引导与各类教育培训，树立科学教育观念，提高职业教育认识，加速开展本科层次职业教育。

对职业本科教育而言，要想取得广泛的社会认同，人才培养质量是立足的根本所在。

就大众立场而言，主要是从实用主义角度来理解人才培养质量。如果通过接受职业本科教育，无法获得社会所需要的知识和能力，无法帮助其在激烈的职场竞争中获得优势，那么将很难对职业本科教育产生社会认同。从长远来看，提升职业本科教育人才培养质量必须遵循技能型人才成长的基本规律。技能型人才成长的跨界性特点，决定了职业本科教育不可关起门来办学，提升人才培养质量的关键仍在于深化产教融合、校企合作。对此，黄炎培专门提及，"职业学校有最紧要的一点，譬如人身中的灵魂，'得之则生，弗得则死'，从其作用说来就是社会化"。这种社会化意味着：职业本科教育的课程设置、教材开发、教学实施、实习实训等各个环节的进行，都离不开产业、行业、企业等跨界主体的深度参与；教师队伍中应该有相当一部分来自企业一线，具有企业工作经验的"双师型"教师应该占有相当比例；校长应该具有较强的社会活动力，有能力整合社会资源，并积极引导社会力量参与办学。

教育功能理论认为社会的每一个组成部分都对整体发生功能，并且由此维持社会的整合和稳定。高等职业教育是地方文明发展、经济建设和社会进步的主要支撑，为此职业本科院校应该深入社会，积极发挥自身的教育功能。信息传播技术的高速发展，家长和学生获取职业本科院校的信息越来越便捷全面，渠道也越来越多样化。第一印象的好坏也就直接决定了学子是否还会继续了解院校相关信息，因此各职业本科院校更应该重视舆论宣传。随着新媒体时代的来临，只依靠旧的舆论宣传模式难以满足自身舆论宣传的需要，对职业本科院校舆论宣传提出了新的挑战，很多职业本科院校的宣传体系不够完善，因此院校相关工作人员应该充分意识到当今新媒体发展趋势，加强有关理论研究，将理论结合实际，提出有效的宣传对策，高质量完成舆论宣传。

首先，职业本科院校应该创新宣传理念。职业本科院校校方应当立足长远，将舆论宣传工作放到重点，聚集学校力量，筛选优质人才，组建高水平舆论宣传队伍。构建院校舆论宣传体系，使舆论宣传工作得以有效地进行。运用社会上比较流行的网络直播、公众号、短视频平台等手段来获取社会的关注，采用学校活动、文艺汇演、学校成果展示等方式对院校进行宣传，使学校形成独特的品牌效应，打造学校积极的社会形象。其次，职业本科院校应该加强宣传内容的策划。院校方面应该以学校的办学特色为基础，弘扬校园文化，以优秀毕业生、优秀教师等为主题进行宣传，紧抓学校时事热点和工作重点，充分发挥新媒体平台的作用，持续输出优质的内容，以正确的"三观"引领青春力量，努力打造院校特色品牌，营造积极健康的舆论氛围。最后，职业本科院校应改善舆论宣传技巧。宣传工作人员可以针对不同的受众，使用不同的话术迎合不同群体喜爱的交流方式。语言的正确使用可以吸引更多的受众群体，从而帮助院校的舆论宣传。注重负面信息的管控。在信息技术高速发展的时代，负面消息的传播速度超乎想象，对院校的舆论宣传工作造成负面的

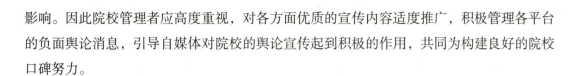

影响。因此院校管理者应高度重视，对各方面优质的宣传内容适度推广，积极管理各平台的负面舆论消息，引导自媒体对院校的舆论宣传起到积极的作用，共同为构建良好的院校口碑努力。

二、加强职业本科教育与社会各界的合作与交流

《关于推动现代职业教育高质量发展的意见》指出，要保持职业本科教育办学方向不变、培养模式不变、特色发展不变。职业本科教育办学的本质依然是政府、学校、行业、企业和其他社会力量等多元主体参与下的共商共治，其办学行为也依旧是多元权力主体协同参与的组织行为。

由于职业本科教育兼具"职业属性"与"高层次性"的双重属性，其办学治理势必包括多元主体的合作行为、合作下的组织目标、制度化的组织结构、规范化的协同行为等要素。英国学者格里·斯托克（Gerry Stoker）曾指出，系统协作的伙伴关系涉及"规则的游戏（Games about rules）"，这是由于协同过程必须设计或采用某些治理规则和结构。职业本科教育办学中的利益相关者是为实现协同合作而自愿进入治理组织的主体，但由于各治理主体的利益诉求不尽相同，在面临办学利益冲突时可能会出现协调失控的情况。著名经济学家曼瑟尔·奥尔森（Mancur L.Olson）在《集体行动的逻辑》一书中指出，"几乎所有的集团和组织都服务于其成员的共同利益"。因此，必须基于协同治理的视角，形成多方参与的合作办学利益契合点，营造一种和谐共处的协作环境，为跨界的利益协调提供规则平台。

（一）职业本科教育系统

从某种意义上讲，职业本科教育可以被看作一个系统。作为一个系统，必须具备两个基本条件：第一是需要有其基本组成部分（要素或子系统），第二是各个要素或子系统之间相互关系相互作用。本科层次职业教育作为一个系统，包括管理层子系统、协同层子系统、执行层子系统和评估层子系统。

一是本科层次职业教育的管理层子系统，是指国家、各级政府通过制定法律法规、政策制度、划拨经费等方式对本科层次职业教育发展进行宏观管理，确保本科层次职业教育发展的方向，并为其提供各方面保障。二是本科层次职业教育的协同层子系统，是指校际、校企、校社（社区）通过互动合作、协同配合来推动本科层次职业教育与市场经济、社会发展的可持续发展。三是本科层次职业教育的执行层子系统，是指实施本科层次职业教育的职业技术大学和职业大学，其内部与本科层次职业教育密切相关的办学模式、人才培养模式、师资队伍建设、课程教学模式等。四是本科层次职业教育的评估层子系统，是指各

级教育行政部门或社会组织对本科层次职业院校的办学条件、办学水平和办学质量进行的督导与评价。

发展高质量的本科层次职业教育是一项系统工程，需要统筹规划、周密考虑。既不能忽视各个子系统科学组合基础上的整体功能发挥，也不能忽略各个子系统间的良性互动与合作互通。既要优化系统内部运行机制，又要完善系统外部协调机制，并推进内外部运行、协调机制的相互联系和相互作用，以达到最优状态。

（二）推进要素发展的重要举措

优化顶层设计，加快构建与本科层次职业教育高质量发展相适应的制度体系，是推进各个要素间整体性发展的重要举措。

1. 充分发挥政府的主导作用

进一步完善我国本科层次职业教育整体配套法律法规，充分发挥政府主导作用。新《职业教育法》为本科层次职业教育稳步发展提供了有力的法律保障。随着我国本科层次职业教育试点规模不断扩大，相关的法律法规建设与政策体系方面仍需要不断完善。因此，一方面，地方政府需要在新职业教育法关于本科层次职业教育相关规定的基础上，出台地方性本科层次职业教育法规，保障地方本科层次职业院校办学主体的合理地位。另一方面，需要进一步明确本科层次职业教育的法定地位、办学定位和办学标准，例如全面实施职教高考制度、健全完善招生制度、学生就业创业等方面的政策保障和明确本科层次职业教育的学位授予条件等，以进一步适应本科层次职业教育快速发展的需要。

2. 强化政府的协调功能

政府在本科层次职业教育高质量发展中扮演着综合协调者的角色。当前，政府协调本科层次职业教育工作的重心应置于如何保障本科层次职业教育各参与主体最大限度地发挥其功能。一方面，政府应该宏观引导本科层次职业院校进一步明确办学定位和办学方向，着力营造促进本科层次职业教育高质量发展的政策环境，保证本科层次职业院校在专业设置、课程开设、教材选用、评聘教师等方面拥有更多自主权。另一方面，政府应给予校企合作单位更多的激励政策，在明确双方权利与义务的前提下，充分发挥企业在学生职业能力培养与提升中的作用，实现本科层次职业教育与经济市场紧密相连、有机衔接。此外，政府还应从社会角度明确本科层次职业教育的地位，树立本科层次职业教育良好社会形象。通过采取积极宣传转变社会大众对本科层次职业教育的偏见，提高社会大众对本科层次职业教育的认知度、认可度，营造本科层次职业教育与社会之间思想共振、协同共生的良好氛围，为我国本科层次职业教育发展削减认知阻力。

3. 推进资源要素的统筹利用

本科层次职业教育资源要素体系是一个大的范畴，包括区域内的各类软硬件资源、人力资源、资金资源等。区域本科层次职业教育资源的合理优化配置，是本科层次职业教育高质量发展的"土壤"。例如，山东省 2023 年推动落实"金融＋财政＋土地＋信用"的组合激励政策，金融方面鼓励银行机构针对高职本科提供金融服务，加大信贷资源支持。财政方面落实税收优惠政策，给予财政支持保障。土地方面，优化土地供应，给予本科层次职业教育办学用地支持，在信用方面，优先给予激励支持。这一政策打破空间围墙和数据壁垒，推动了资源要素的共享，促进了要素聚集，为本科层次职业教育发展提供了经验。在未来的发展中，应善用经济手段，关注财政政策的支持作用，不断吸纳与创新要素统筹发展模式，推动财政、土地、人才等多方面要素相融合，共同促进本科层次职业教育发展。

4. 推动内部要素的整体发展

要从专业、课程、教学、评价等方面协同发展，补短板、提弱项，构建整体发展格局，预防部分要素的滞后导致阻碍本科层次职业教育整体的发展。因此，应完善本科层次职业教育内部要素的整体发展，建立和完善监督机制及问题反馈机制，对于发展过程中滞后的关键性问题及时发现、分析并解决，保障本科层次职业教育中的各个教育要素全面和谐发展。

职业本科要坚持以"融合、合作、协同"思维拓宽建设主体内涵，培育多元共建的育人环境。在知识爆炸的时代，学校不再是获得知识和技能的唯一渠道。现代教育应当运用社会系统中一切主体性要素的育人功能。职业本科教育在"职业"和"教育"中的跨域化特质，本身就反映了以参与性、开放性和互动性为核心理念的现代教育的"共建"趋势。教育活动必然要依托政府、学校、企业、行业、家庭等多元主体。要通过对话、协商、互换等协同方式实现多元主体之间的风险共担和利益共赢。全社会都要自觉融入和主动关心职业本科教育的发展。新媒体和传统媒体要加大职业本科教育的宣传普及，协助学生家长把握国家政策的精神、明确本科职业教育发展大趋势，避免产生职业教育办学不正规、工作不体面、就业不稳定的偏见。政府要将职业本科教育作为事关党和国家事业、民族前途命运的基础性工作紧抓不懈，制定职业本科院校发展数量的五年规划，面向战略性、区域性需求确定重点扶持提升办学层次的职业院校名单，对已经获准的职业本科院校要提供职业本科院校实现硬件、软件达标的政策和物质支持。学校要与政府、企业、行业共建技术转移中心、数据共享中心、创新集成中心、企业培训资源库等平台，促进各种资源在多元主体间自由流动、快速流动、制度化流动，不断推动协同育人的机制体制创新。

5. 深化产教融合，优化职教生态

除此之外，形成社会合力，有助于让职业本科教育"快车"大有作为。

一是深化产教融合，构建校企双主体育人机制。与产业发展紧密对接是职业教育的基本属性。产教融合、校企合作是职业教育的生命力。近年来，职业院校积极与企业开展订单班、现代学徒制、产业学院、集团化办学等多种形式的合作，职业教育产教融合的底色更加鲜明，办学路径更加宽广。截至2021年，全国组建了约1500个职教集团（联盟），涵盖了企业、学校、行业、科研机构在内的4.5万余家成员单位，吸引13万多家行业企业加入，覆盖近70%的职业学校。全国培育了3000多家产教融合型企业，并给予"金融＋财政＋土地"等多项优惠政策，试点建设了21个产教融合型城市，构建起以城市为节点、行业为支点、企业为重点的产教融合新模式。

二是优化职教生态，打造多方协同治理体系。确立了"管办评分离"的教育治理原则，形成了政府、学校、社会三者权责关系明晰、职能边界清晰，多元主体充分发挥作用的新格局，政府深化职能转变，变教育"统管"为教育"督导"行业指导和企业重要办学主体作用凸显。社会监督体系不断完善，积极发挥职业教育评价作用，引导职业教育良性发展。经费投入机制不断健全，引导社会力量举办职业教育。

三、建立健全职业本科教育与就业市场的对接与反馈机制

职业本科的出场是社会环境和教育环境变化的产物，在现实性上必然涉及人才培养方案的转变。基于"职业"和"本科"的定位，开展职业本科教育一要坚守职业技术教育的实践性特色。从知识生产的角度来看，相对于普通本科的科学知识、专业知识与"解释世界"的旨趣，职业本科教育的课程要始终强调实践导向和"改造世界"，更加注重技术知识、技能实践。二要把握教育的生成性特点，促进既定性思维向生成性思维转化。校内课堂注重基本原理、方法和技术传授，企业课堂则注重给学生留下更多探索和创造空间。三要依托场景化要素落实教学内容。职业知识是个体在工作场所中形成的"行动中的知识"，因而要善于从教材中的虚拟性场景向工作的现实性场景转进，以产业动态、企业需要、岗位要求为导向，超越教材内容和既有方法，从产业和企业的现实问题出发，挖掘生产场景中的技术性问题。四要让教学目标既有现实性，培养学生拥有"学历证书＋职业技能等级证书"，又要服务于人的自我完善、全面发展，在教书育人中促进学生自觉提升技术能力、职业素养和高尚价值，探索职业教育对象从"技术人—职业人—完整人"的阶梯式递进路径。

任何系统并非是孤立封闭的状态，而是不断与周围环境产生交互作用，本科层次职业教育系统亦是如此，其良性运行的前提是保持自身的开放性。

本科层次职业教育的开放性主要体现在校企合作实现双向赋能上。

（一）学校层面

第一，学校要遵循专业瞄准产业的原则，实现学校人才培养和企业人才需求的统一。因此，本科层次职业院校在进行专业设置前，既要深入了解当地目前经济发展和产业格局总体状况，也要科学研判当地区域经济和产业格局未来的发展趋势，实现专业设置和产业需求的"同频共振"。学校应依托产业发展需求，夯实职业本科教育专业建设。职业本科教育主要是为社会培养高层次的技术技能人才，满足产业调整和经济发展的需求，而办好职业本科教育的关键和基础在于专业建设。本科层次职业教育的办学定位决定了其专业设置应坚持适应性、职业性和区域性的特征，根据《本科层次职业学校设置标准(试行)》所提出的"面向市场、服务发展、促进就业"的办学方向，坚定职业教育定位、属性和特色，培养国家和区域经济社会发展需要的高层次技术技能人才的办学定位，对标对表，职业本科院校要深入开展调查研究。通过加强前期研究分析，建立政府引导机制、成立职业本科专业建设指导委员会、健全专业设置调研论证工作机制，了解行业企业对高层次技术技能人才的现实需求，围绕国家或地方区域经济社会发展重点产业、行业领域，结合新技术革命及产业转型升级对高层次技术技能人才培养的需求，科学设置职业导向的专业，满足社会需求。在明确职业本科教育专业建设目标、找准专业发展方向的基础上，寻求差异化专业发展方向，创新专业教学模式，夯实专业基础，紧跟产业数字化、智能化发展趋势，动态实时加快专业数字化改造和转型升级，抢占数字化人才培养竞争制高点，增强适应能力。

第二，完善产教融合、校企合作政策，创新工作机制，广泛吸引外部资源参与办学。一是要提高参与主体的广度，实施以"全要素"为纽带的产教融合改革，更好发挥地方政府的主导作用，协调好产业界和教育界之间的利益关系。二是要重点在产教融合的深度、广度和效度上着力，在企业参与专业建设、人才培养方案制订、共建实验实训基地、共建人才培养及技能鉴定中心、共建共享设备基地及校企协同解决技术工艺难题等能够反映企业深度参与人才培养工作的各个方面持续强化。三是要致力于打造校企合作的品牌和知名度，深化与区域龙头骨干企业、上市公司、国有企业、行业协会或产业联盟、国家级高新技术企业等合作，打造地方特色产业行业学院，帮助学生更好地在实践中成为合格的"技术人"和"职业人"，提高人才培养质量。

同时学校应积极向行业企业公开招聘，并根据专业类别采取"多样化技能操作+试讲+开放性面谈"的考核方式，引进一批实践能力强、企业经验丰富的专业技术技能人才，打造新时代"双师型"教学团队。此外，学校也可通过各种形式让企业充分认识到与学校合作的优势(如提升企业正面形象、承担社会公共责任)，或者切实协助企业解决员工培训、技术升级等难题，让企业用得上学校，增强企业对学校的黏性。

（二）企业层面

校企合作是任何类型、层次职业教育办学所必要的组织形式，职业本科教育办学更需要校企之间的深度合作。对此，既要"刚性"地通过指标化的要求推动企业同职业本科院校展开务实的育人合作，使企业切实参与学校治理、院系办学、专业建设、人才培养和社会服务全过程，又要"柔性"地通过培养、筑牢共同体意识，激活企业融入教育的主体性。要使企业充分意识到参与办学的共同体价值。一方面，通过"订单培养""共享资源""工学交替"等方式与学校开展合作，既可为企业节省员工培训成本，在"联合"培养过程中对企业产品、案例、文化的介绍又可降低宣传成本，让企业切实分享"共享经济"时代带来的人才红利、技术红利、质量红利。另一方面，企业的社会效益也通过参与高等教育的方式得以实现，在"共同教育"中彰显更多的社会价值，赢得更多的社会声誉。企业获得现实利益和长远利益后，相关技术产业的发展前景得以凸显，也会反过来倒逼教育的深化改革，推动高中阶段的职普分流，完善知识、技能并重的课程体系建设，促进职业本科教育人才培养方案的优化、实用和精准，从而实现校企深度合作、持续合作的良性循环。

企业应继续践行"合作办学、合作育人、合作就业、合作发展"等校企合作人才培养理念，不但要及时选派企业主管人员与学校共同针对行业新规范、新技术等优化本科层次职业院校的专业设置、教学评价等标准，充分将企业人才需求与学校培养人才实现对接。而且要建立根据企业需求提供学习课程、实践操作培训，帮助学生快速地实现由"校园人"向"职业人"的转变。例如中国新能源汽车行业、杭州东世科技有限公司，目前已经与洲江职业技术大学达成合作协议，积极为在校生提供汽车建模设计研发的实习岗位，毕业后该批学生顺利成为正式员工。

要深化产教融合，构建校企"双主体"育人模式。职业教育的类型特征决定了产教融合、校企合作的"双主体"育人模式是其人才培养的显著特征。职业本科教育作为专科教育的纵向提升，承担着为现代产业发展提供高层次技术技能人才的任务，加强校企深度融合、提升校企合作"双元"育人质量，是职业本科教育人才培养的重要使命。高起点、高标准、高质量办好职业本科教育，必须进一步深化职业本科院校内涵建设，激发内生动力。在人才培养方案上要明确职业本科教育的人才培养目标及培养模式，由校企共同针对新技术、新工艺、新方法制定职业本科教育特色鲜明的人才培养方案。校企合作上要注重加强与新兴技术、高新产业的深度融合，通过"引企入校、引校驻企"等多种形式引导企业参与合作办学，建立"校中厂"和"厂中校"，实现校企"双元"育人。